NESA PETH I DDIM

NESA PETH I DDIM

Hunangofiant Meic Povey

Argraffiad cyntaf: 2010

Rhif rhyngwladol: 978-1-84527-240-1

Mae'r cyhoeddwr yn cydnabod cefnogaeth ariannol
Cyngor Llyfrau Cymru

Cynllun clawr: Sion Ilar/CLlC

Cyhoeddwyd gan Wasg Carreg Gwalch,
12 Iard yr Orsaf, Llanrwst, Conwy, LL26 0EH.
Ffôn: 01492 642031 Ffacs: 01492 641502
e-bost: llyfrau@carreg-gwalch.com
lle ar y we: www.carreg-gwalch.com

I fy mhlant, Catrin a Llion,

a fy ŵyr bach, Jaco,

ac er cof am Gwen

1953–1962

Mae'n gwbl amlwg, i ddyn ac anifail, nad oeddwn yn cadw dyddiadur yn 1953, gan mai yn 1950 y ganwyd fi. Toeddwn i ddim bryd hynny, fwy nag ydw i rŵan, yn Einstein a phrin oedd fy ngeirfa, heb sôn am fy ngallu i ysgrifennu. Fodd bynnag, perthyn y cof cyntaf sydd gennyf i'r flwyddyn honno, 2il Mehefin yn benodol, sef dyddiad coroni'r Dywysoges Elisabeth yn Elisabeth yr Ail. Fel pob un arall o'i deiliaid yn y 'Deyrnas Unedig' (honedig) roeddwn yn dathlu, ynghyd â gweddill trigolion pentref Nantgwynant yn Eryri. Roedd pob math o weithgareddau wedi'u trefnu, a phob aelod o'r gymdeithas wledig, glòs, uniaith Gymraeg honno, bron, yn ymfalchïo yn y ffaith fod rhywun mor ifanc a deniadol yn mynd i'w rheoli a'u gwarchod am flynyddoedd i ddod. Tasan nhw ond yn medru gweld yr hen grachan y dyddia yma. Gan nad oeddwn i rioed wedi cwarfod â Lisabeth (a ddim yn debygol o wneud bellach), llun llonydd ohoni, ar fŵg a thun bisgedi, a hynny am ddeng mlynedd, bron, nes cafon ni deledu yn 1962, oedd fy unig gysylltiad â hi. Yr unig berson 'byw', go iawn dwi'n gofio o'r diwrnod hwnnw ydi Nhad. I'm llygaid dyflwydd a hanner i roedd o'n dal (toedd o ddim mewn gwirionedd, gŵr cymharol fyr oedd o), yn gwisgo siwt ac yn smocio. Roedd Dad yn smociwr ymroddedig. Chwi gofiwch Dennis Potter, hwyrach, yn ei gyfweliad olaf, dewr â Melvyn Bragg, yn dal i ganu clodydd sigaréts er bod eu heffaith yn ei fwyta'n fyw a'i fod, bob rhyw ddeng munud, yn gorfod yfed morffin o ffiol oedd ganddo rhag y boen erchyll. Wnâi o ddim bradychu ei gyfaill pennaf. Felly fy nhad tan y diwedd un. Ond ar y diwrnod hwnnw, bedwar deg o flynyddoedd cyn ei farwolaeth, roedd yn seren. Yn wir, toedd o ddim yn annhebyg i'r seren ffilm Clark Gable – neu Cable, fel roedd o'n cael ei alw yn ddiwahân; yn yr un modd âi Cary Grant yn

Gary, Kit Carson yn Kid, a Wells Fargo yn Welsh (wrth reswm pawb).

Cymry, aeth yn Saeson, ddaeth yn Gymry drachefn ydi fy nheulu. Sut? Pam? Sais oedd fy hen daid ar ochr fy nhad, George Povey, a gŵr o'r enw Francis Longer (Longhorn yn wreiddiol) ddaru fagu fy nain ar ochr fy mam, er bod cryn amheuaeth a oedd yn dad gwaed iddi ai peidio. Roedd y naill yn hanu o Gaer a'r llall o'r Alban. Dwn i ddim am Francis, ond roedd cyndeidiau George bron yn sicr yn Gymry Cymraeg. Dechreuodd y cyfenw Povey ei oes hir fel Hwfa, Hofa a Hova. Dau enw o'r drydedd ganrif ar ddeg ydi Ythel ab Houa ac Jorwerth ap Howa. Yng nghofnodion Croesoswallt mae 'na le o'r enw Carreghwfa. Yn raddol, dros y canrifoedd aeth yr Ab Houa a'r Ap Howa yn Hovey, Povah, Poval, Pova, Pivah, Pover ac, wrth gwrs, yn Povey. Mae enghreifftiau o'r enw yn niferus hyd heddiw yn ardaloedd y Gororau a Chaer, ac mae holl Poveys y Gymru Gymraeg yn perthyn mewn rhyw ffordd neu'i gilydd.

Aeth fy hen nain, merch Ystumguddiedig Bellaf yn Eifionydd, am Gaer i weini, rhywdro tua diwedd y bedwaredd ganrif ar bymtheg. Yno, cyfarfu â George. Ond toedd y garwriaeth ddim yn plesio'i rhieni ac fe'i gorfodwyd i ddod adre.

Aethant ar ffo; dygwyd y ferch yn ôl; aethant ar ffo drachefn a phriodi gan setlo yn Eifionydd yn y diwedd. Yn y cyfnod hwnnw, a'r gymuned bron yn gwbl uniaith, roedd yn rhaid i George ddysgu rhywfaint o'r Gymraeg. Dywedir mai'r unig berson y medra siarad Saesneg ag o ar y pryd oedd gorsaf-feistr stesion Bryncir. Gresyn na fyddai'n dal felly.

Magwyd Nhad a Mam o bobtu ffin Llŷn ac Eifionydd, Mam yn Edern a Nhad yn Chwilog, ar fferm o'r enw Llwyn Dwyfog. Byddwn wrth fy modd yn clywed Nhad yn adrodd straeon am ei blentyndod a'i lencyndod, achos fod y gymdeithas y cafodd ei fagu ynddi a'r ffordd o fyw mor wahanol yr amser hynny. Roeddwn yn rhyfeddu cymaint o newid welodd o yn ystod ei oes (bu farw yn 1998 yn 76 mlwydd oed). Roedd car a ffôn, wrth reswm, yn bethau prin ar y naw yn Chwilog a'r cylch yn ugeiniau'r ganrif ddwytha, a theledu ddim hyd yn oed yn bodoli. Eto, bu Nhad fyw i weld y defnydd o ffôn lôn yn rhywbeth cyffredin iawn, ac yn declyn hanfodol i'r rhan fwya ohonom. Dwi'n cofio gofyn iddo unwaith sut Ddolig fyddan nhw'n arfer ei gael pan oedd yn blentyn ac yn llanc yn Llwyn Dwyfog. Dywedodd ei fod yn union fel dydd Sul, ond mai ceiliog fydda i ginio yn hytrach na'r iâr arferol. Mae'n debyg mai'r drefn fydda iddo fo a'i frodyr – George, Wil a Huw – godi'n fora i odro a phorthi; wedyn mynd yn ôl i'w gwlâu. Codi i ginio, a mynd i'w gwlâu drachefn. Y Sul oedd yr unig ddiwrnod na ddisgwylid iddynt weithio, heblaw am orchwylion angenrheidiol, a byddent yn manteisio'n llawn ar y cyfle i gysgu hynny fedrent. Mae'n amlwg nad oeddynt yn rhyw grefyddol iawn, achos chlywis i rioed mo Nhad yn sôn am fynd i'r capel, na bod gorfodaeth arno i fynd. Toedd Mam ddim yn grefyddol chwaith; a bod yn onest, dydw i rioed yn ei chofio hi'n twllu na chapel nac eglwys. Serch hynny, mynnai ein bod ni, blant, yn mynychu'r ysgol Sul yn weddol reolaidd nes oeddem yn ein harddegau hwyr. Enghraifft gynnar o ragrith, mae'n siŵr gin i.

Hen lanc oedd Yncl George, brawd fy nhad, er bod sôn iddo fod yn canlyn am gyfnod, unwaith yn ei fywyd. Trwy gydol 1946, dywedir mai ond grôt ddaru o wario (sef pedair hen geiniog, tua dwy geiniog newydd): dwy i brynu stamp a dwy i brynu amlenni.

Wedi i Mam a Dad briodi yn 1944 aethant i fyw i fferm Croesor Uchaf yng Nghwm Croesor wrth droed y Cnicht, lle ganwyd y tri plentyn hynaf (o ddeg) – sef Lilian, John ac Emyr. Dyma ddechrau cysylltiad hir rhyngddom ni fel teulu a'r cwm hyfryd hwnnw, yn ogystal â phentref cyfagos Garreg

(Llanfrothen). Bu i Lilian briodi amaethwr o Groesor, Gerallt Annwyl, ac mae'n byw yno rŵan ers tua deugian mlynedd. Bu fy niweddar frawd, Emyr, hefyd yn byw yno cyn symud i lawr i Garreg lle bu am gyfnod yn cadw tafarn y Brondanw Arms, neu'r Ring fel y'i hadweinir gan bawb. Yn blentyn, byddwn yn mynd ar wyliau i Groesor, at wraig o'r enw Anti Gwen (Gwen Rowlands) oedd yn 'Anti' i gannoedd ond nad oedd yn perthyn yr un dafn o waed iddynt. Saesneg bob gair a siaradai, a 'toes ryfedd gan mai Saesnes oedd hi, ond rhaid ei bod yn 'medru' cystal â minnau, achos mi fyddai'n darllen *Yr Herald Cymraeg* o glawr i glawr yn wythnosol. Roedd Gwen yn un o gonglfeini'r pentref, a bu'n gogydd yn yr ysgol gynradd yno am flynyddoedd lawer.

Bu Croesor yn noddfa i lu o enwogion llenyddol dros y blynyddoedd. Roedd Patrick O'Brian, awdur meistrolgar yr ugain nofel yn y gyfres Aubrey-Maturin yn un ohonynt. Roedd ei fywyd yn llawn 'dirgelwch'; dywedir iddo fod ar un adeg yn ysbïwr i MI5 – neu Em Wan Ffeif fel byddai Nhad yn ei ddweud – a'i fod wedi ffoi i Gwm Croesor i guddio rhag gelynion sinistr. Ysgrifennodd lyfr o'r enw *Three Bear Witness* sy'n ymdrin â'r cyfnod dreuliodd o yno. Yn ôl Mam, roedd yr argraffiad cyntaf o'r llyfr hwnnw, tasa dyn yn ddigon lwcus i gael gafael ar gopi, yn werth pensiwn prif weinidog – h.y. ffortiwn go iawn. Un arall oedd yn gysylltiedig â'r ardal oedd Pat Pottle, ddaru roi help llaw i'r bradwr George Blake ddianc o garchar a'i gludo'n gudd mewn hen fan yr holl ffordd i Rwsia. Ond yr awdur enwocaf o ddigon i ni'r Cymry oedd Bob Owen, y llyfrbryf, ac mae gennyf gof plentyn ohono gan ei fod yn byw yn yr un rhes ag Anti Gwen.

Yn 1950, heliodd Dad ei bac ac aeth â'r teulu ar y daith fer dros y Cnicht, o sir Feirionydd i sir Gaernarfon, i ardal Blaen Nantmor, a fferm yn nhin y mynydd o'r enw Gelli

Brodyr a chwiorydd – Lilian, John, Emyr, Magwen, Michael a David Povey, Ysgol Nantgwynant, tua 1958. Smalio gwrando ar y weiarles, llun wedi ei ffugio i bapur newydd Y Cymro.

Iago. Anfarwolwyd y mudo mewn cyfres o englynion gan Dafydd Annwyl, Croesor Bach. Dyma dri ohonynt:

Wel, wel, mor drist ffarwelio – â Griffith
A'i wraig graffus effro;
Meddai'r stryd, 'Mae'r ddau ers tro
Â'u llygaid ar Gelli Iago.'

Lle egr yw Gelli Iago – a gwylltir
A gelltydd i'w dringo
Ond llwyddiant heb fethiant fo
Eich hanes pan ewch yno.

Yng ngoror craig Eryri – os hiraeth
Cas hwyrach ddaw iti,
'Nis i lawr ar y glas li
I bafin, dos 'rhen Bofi.

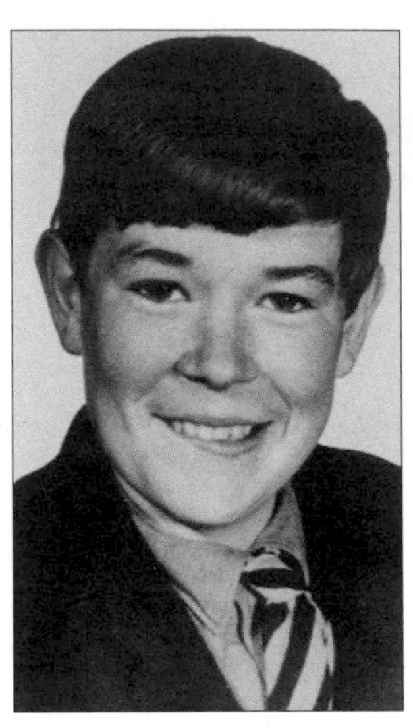

Fy mrawd David yn 1967, ychydig cyn iddo gael ei ladd mewn damwain car

Bu iddynt fyw yn Gelli Iago am oddeutu deuddeg mlynadd, lle ganwyd chwe plentyn arall: Magwen, Michael, David, Arthur, Sian, Iolo. Roedd Gelli Iago yn perthyn i Hafod Llan, fferm sylweddol wrth droed yr Wyddfa ym mhentref Nantgwynant, rhyw dair milltir i lawr o'r mynydd. Roedd fy nhad yn gweithio i'r perchennog, Pyrs Williams. Yn y ddrama lwyfan *Diwedd y Byd*, digwydd yr ymgom isod rhwng Deio, mab un ar ddeg oed y tirfeddiannwr, ac Em, yr un oed, mab y llafurwr. Maent yn chwarae cowbois, Wil a Jec, ac mae sefyllfa'r ddau gowboi'n adlewyrchu bywydau Deio ac Em go iawn, ac yn ddiau sefyllfa fy nhad a Phyrs Hafod Llan, fel y'i gelwid gan bawb.

DEIO: Gin Wil ma'r ranch, gweithio iddo fo ma' Jec.
EM: Pwy sy'n deud?
DEIO: Pictiws!
EM: Pam na sgin Jec dir ta?
DEIO: Achos ... achos ... 'sgyno fo ddim, Em!
EM: *(Styfnigo)*
Oes ma' gyno fo. Dacw fo, 'fan'cw.
DEIO: Nag oes! Nid Jec sy' pia hwnna, 'Nhad i sy' pia fo.
EM: Nid Wil ydi dy dad ti.
DEIO: Nid Jec ydi dy dad ti!
(Ennyd ddryslyd)
DEIO: 'Nhad sy' pia fo, Em! Sbia! O Fwlch y Gwyddal i gopa'r Geuallt, ar draws i Lam y

Trwsgwl, yn ôl tuag at Foel y Diniewyd, a heibio i Lynnau Cerrig y Myllt am filltiroedd! Heb sôn am be' sy' gyno fo yn Sir Fôn! 'Nhad sy' pia fo'i gyd, met, 'sdim tir ar ôl i neb arall, hyd yn oed 'tasa gin dy dad ti bres i brynu peth!

EM: Dad sy' pia cae dan tŷ.

DEIO: Naci, 'Nhad i sy' pia hwnnw hefyd! Rhoi i fenthyg o i dy dad ti mae o, mi fedar o'i gymryd o oddi arno fo unrhyw adag lecith o!

EM: Dyna ma' Jec yn weld ta!

DEIO: Be' mae o'n 'i weld?

EM: Cae dan tŷ. Y... ffild yndyr rhows... us mein.

DEIO: Us mein tw boro!

Pan fyddaf yn mynychu cyrsiau sgwennu fel tiwtor, mae un hanesyn fydda i'n hoff o'i ddwyn i gof sy'n deillio o gyfnod Nantgwynant. Ar y cyrsiau, bron yn ddieithriad, fe ofynnir y cwestiwn, gan amlaf gan ferch ifanc, oherwydd ar y cyfan merchaid ifanc sydd yn ymddiddori fwyaf mewn ymhél â sgwennu: 'Pa gyngor fedrwch chi ei roi i rywun sydd yn dechrau?' Byddaf yn ateb: 'Dechreuwch wrth eich traed.' Af ymlaen i adrodd mai un o'n gorchwylion gaeafaidd pan oeddem yn blant oedd hel cerrig oedd wedi dod i'r amlwg ar wyneb caled y caeau. Joban oer, ddiflas. I lygaid plentyn, roedd y cae yn ymestyn i bellafoedd daear, a'r orchwyl i'w gweld yn ddiddiwedd. Felly, y cwestiwn a ofynnid oedd: 'Lle ydan ni'n dechra, Dad?' A'r ateb fydda: 'Wrth 'ych traed.' Ac i rywun ifanc, dibrofiad mae'n lle di-fai i ddechrau sgwennu – h.y. dechrau efo'r cyfarwydd, yr hyn sydd 'gosa atoch chi.

Pan werthwyd rhan helaeth o'r Wyddfa i'r Ymddiriedolaeth Genedlaethol rai blynyddoedd yn ôl gan Richard Williams, ŵyr Pyrs, teitl y gwerthiant oedd 'The Hafod Llan and Gelli Iago Estate'. Chwi gofiwch i'r

Americanwr enwog Anthony Hopkins gyfrannu miliwn tuag at y gost. Pwy feddyliai ar y pryd mai dyna fyddai hanes fy hen gartra. Am wn i fod crybwyll Anthony Hopkins yn addas yn y fan hon gan mai fy uchelgais gyntaf, pan oeddwn i tua saith oed oedd bod yn 'ffulm sdâr'. Breuddwyd Hollywoodaidd ym mherfeddion Eryri. Ond toedd hi ddim yn freuddwyd mor wallgo â hynny chwaith. Er nad oedd ganddom drydan yng nghyfnod Gelli Iago ac er mai ceffyl a throl ddefnyddiai fy nhad, yn hytrach na thractor, roedd acw weiarles, a'r cyflwyniad dramatig cyntaf i mi ei gofio oedd *Galw Gari Tryfan*. Yn gymharol ddiweddar, dywedodd ffrind i fy merch Catrin, yr actores Zita Zattar o'r gyfres *Casualty* – neu Zita Satan fel y'i gelwir weithiau pan mae mewn hwyliau drwg – ei bod yn cofio aros yn ein cartra yn Plasturton Gardens, Caerdydd, pan oedd y ddwy yng ngholeg Rose Bruford efo'i gilydd, a dod yn ôl o'r dre am ddau neu dri o'r gloch y bora, prepian am awran neu ddwy wedyn cyn syrthio i gysgu i sŵn fy nheipiadur, gan fy mod yn dechrau gweithio am tua pump yr adeg honno. Cofiaf Betsan, merch Idwal Jones ac awdur *Gari Tryfan*, yn adrodd hanes go debyg: fel y byddai hithau yn ferch fach yn mynd i gysgu i sŵn teipiadur ei thad – ond yn hwyr yn y nos dwi'n cymryd, nid am bump y bora.

Cyn bod sôn am 'Fro Gymraeg', roedd y bygythiad i'n hiaith a'n ffordd o fyw yn digwydd reit o dan fy nhrwyn yn Eryri'r pumdegau, er nad oeddwn yn ymwybodol o hynny ar y pryd. O'r wyth tŷ fferm neu dyddyn o fewn milltir i Gelli Iago – sydd, gyda llaw, yn ganolfan antur i ryw ysgol o Loegr ers i ni fel teulu fadal yn 1962 – roedd saith ohonynt yn dai haf, neu'n ail gartrefi: Bryn Bedd, Llwyn yr Hwch, Capel Bach, Gerynt, Fedw Bach, Berthlwyd, Buarthau. Tybed ydi Pontcanna, Caerdydd, yn 'fro' Gymraeg? Mae cannoedd o Gymry Cymraeg yn byw yma bellach, ac mae wedi mynd yn anodd osgoi'r diawlad, pur wahanol i fel roedd hi yn 1971 pan ddes i i Gaerdydd i fyw gynta rioed. 'Radag honno, roedd clywed Cymraeg ar y stryd yn beth digon prin; heddiw mae'n gwbl gyffredin. Dros y blynyddoedd, taswn i wedi cael swllt am bob tro y gofynnwyd i mi, 'Be' wyt ti'n dda yng Nghaerdydd 'ma?' mi faswn yn ddyn cefnog iawn. Fy ateb, wrth gwrs, oedd: 'Dwi'n byw yma ers bron i ddeugian mlynadd.' Mi fyddwn yn arfer teimlo'n embaras, yn chwilio am esgusodion a chyfiawnhau fy hun, yn enwedig yn y saithdegau pan oedd y ffasgwyr – sorri, Adfer – yn chwythu ar wegil rhywun. Heddiw, dwi'n ymfalchïo yn y ffaith fy mod wedi ymgartrefu yma. Tueddaf i gytuno â'r dramodydd Ed Thomas mai 'stad o feddwl ydi Cymreictod'. Ond mi faswn i'n dweud hynny, 'baswn? Un peth dwi'n sicr ohono: taswn i wedi aros yn Eifionydd, mi wn y byddwn yn sgwennwr tra gwahanol. Ond dyna fo, mae'r daith yn frith o 'be' tasa?' Er i mi adael Nantgwynant bron i hanner can mlynedd yn ôl, y cyfnod cymharol fyr a dreuliais yno fu fwyaf dylanwadol ar fy ngwaith, yn enwedig rhai o'r dramâu llwyfan megis *Diwedd y Byd, Yr Hen Blant, Fel Anifail, Indian Country* a *Tyner yw'r Lleuad Heno*. Dwi'n dal i gysidro fy hun yn 'hogyn o Eryri', ac nid yn 'hogyn o Eifionydd'.

Felly, roedd acw weiarles yn Gelli Iago, a hefyd bictiws. Nid yn y tŷ, toedd o ddim digon o faint, ond ym Mhenrhyndeudraeth. Mi fyddwn yn mynychu hwnnw yn weddol aml yng nghwmni rhai o fy mrodyr a'm chwiorydd, tra byddai fy nhad yn mwynhau llymaid neu ddau yn nhafarn y Griffin. Roedd mynd mawr ar ffilmiau crefyddol 'radag honno *(The Robe, Demetrius and the Gladiators)*, ffilmiau cowboi *(The Big Country)*, a ffilmiau rhyfel. Ond y ffilm enwocaf i mi ei gweld, o ddigon, oedd *The Inn of the Sixth Happiness,* a'r rheswm pennaf am hynny oedd bod y ffilm wedi'i saethu yn ardal Nantmor, Beddgelert a Dyffryn Ogwen ym Mehefin 1958. Ingrid Bergman, Curt Jurgens, Robert Donat, Burt Kwouk a'r actor Cymraeg Michael

David oedd y sêr. Mae hanes Michael David yn ddiddorol – a thrist. Roedd yn fab i gyfreithiwr, a chafodd lwyddiant cynnar yn Hollywood, gan gynnwys *The Inn of the Sixth Happiness*. Tro nesa i mi ei weld oedd yn 1971, yn chwarae rhan Long John Silver mewn cynhyrchiad awyr-agored o *Treasure Island* ym Mharc y Rhath, Caerdydd. Byddwn yn ei weld wedyn yn achlysurol, ddiwedd y saithdegau a dechrau'r wythdegau, yn tramwyo strydoedd Treganna, yn drempyn i bob pwrpas, wedi colli ei bwyll ac yn byw yn ei fyd bach ei hun.

Roedd y ffilm yn olrhain hanes Gladys Aylward, morwyn fach o Lundain aeth yn genhades i Tseina yn 1930 ac a arweiniodd gant o blant i ddiogelwch rhag y rhyfel rhwng Tseina a Siapan, dros fynyddoedd y Shansi. Adeiladwyd *facade* tref gaerog Yangcheng ar lethrau Cwm Bychan, Nantmor. Gwelwyd pentref Tsieinïaidd cyfan yn codi ar safle hen waith copor Sygun ym Meddgelert, ac roedd mynwent, gyda chofgolofnau plastr, i'w gweld ym mhentref Garreg, Llanfrothen. Croesawyd y dieithriaid gan y gymuned gyfan. Roedd y ffilm yn dod â gwaith ac incwm i ardal oedd yn brin o'r ddau beth, ac ar amser o'r flwyddyn pan nad oedd ond ychydig o dwristiaid o gwmpas y lle. Roedd pawb yn awyddus i elwa tra medren nhw. Cyflogwyd fy chwaer Lilian a John, fy mrawd hynaf, fel 'ecstras' am un diwrnod; roedd y tâl yn bedair punt y dydd – ffortiwn pan nad oedd cyflog fy nhad am wythnos o waith go iawn yn ddim ond rhyw seithbunt. Bu troeon trwstan, wrth reswm. Pan gyrhaeddodd dwy lorri anferth o stiwdios Boreham Wood mi fethon droi ar bont Aberglaslyn, a bu'n rhaid dadlwytho ym Meddgelert a gwneud sawl siwrna mewn loriau llai i fyny i Nantmor.

Dros ddeugian mlynedd yn ddiweddarach, oddeutu 2002, roedd Gwen a finna'n gadael gwesty'r Aldwych One yn y Strand yn Llundain. Daeth gwraig osgeiddig iawn i'n cwfwr ni, ar ei ffordd i mewn. Oedodd, gan edrych ar Gwen. Dywedodd 'Hello!' fel tasan nhw'n hen lawiau. Yn reddfol, dywedodd Gwen 'Hello!' wrthi hi. Toedd hi'n neb llai nag Isabella Rossellini, merch Ingrid Bergman, seren *The Inn of the Sixth Happiness.* Yn amlwg, roedd hi wedi camgymryd Gwen am rywun arall.

Er mai fy mreuddwyd oedd bod yn 'ffulm sdâr' roedd fy niddordeb yn fy ngyrfa ddewisedig (fel sgwennwr o leiaf) yn ei amlygu ei hun yn gynnar iawn, fel y tystia adroddiad tymor Ysgol Gynradd Nantgwynant, haf 1957: 'Wrth ei fodd yn gwrando ar storïau – ac yn eu cymryd i mewn bob gair.' 'Syniadau gwreiddiol – ac yn mynegi ei hun yn dda.' Biti na faswn i'n cofio rhai ohonyn nhw.

Mynychais Ysgol Nant rhwng 1956 ac 1962. Ar y mwya, toedd yno ond tua dau ar bymtheg o blant yn y cyfnod y bûm i yno, ac un athrawes: Miss Kate Jones, Caeathro, i gychwyn, ac wedyn Miss Eleri Williams, oedd yn ferch ifanc iawn ar y pryd. Mae'n debyg fy mod i'n naw, ddeg oed pan gyrhaeddodd hi ac yn naturiol roeddwn wedi disgyn dros fy mhen a 'nghlustiau mewn cariad â hi cyn medrach chi ddweud 'tweis wan tw, tweis tw ffor', neu o leia roeddwn yn ymwybodol o 'deimladau', a bod pethau rhyfedd iawn yn dechrau digwydd i fy nghorff. Rhyw gymysgfa ddryslyd o gynnwrf ac ofn. Mae merchaid yn dal i sbarduno'r un teimladau ynof – cynnwrf ac ofn – hyd y dydd hwn. Ar yr un pryd, roeddwn yn dechrau ymddiddori yng ngwir gariad cyntaf pob hogyn call o'm hoed 'radag honno – sef smocio. Dwi'n cofio gofyn i'r hen gyfaill Stewart Jones (smociwr ymroddedig arall), wedi iddo gael llawdriniaeth go hegar pan oedd oddeutu saith deg, a oedd am ystyried rhoi'r gora iddi. Atebodd nad oedd, gan ychwanegu: 'Chwara teg, ma'r hen smôcs wedi bod yn driw iawn i mi ar hyd y blynyddoedd. Fedra i ddim troi fy nghefn arnyn nhw rŵan.' Dennis Potter eto. Yn hogyn deg oed, dyna'n union oeddwn

Ysgol Nantgwynant ganol y 50au.
O'r chwith i'r dde: David a finnau, Alun Bwlch, Rhian Hafod Llan (mae'r cymeriad Rhi yn Diwedd y Byd *ac* Yr Hen Blant *yn seiliedig arni hi)*

Ysgol Nantgwynant, Eryri, tua 1955.
Dwi'n eistedd ar y llawr, ar y chwith. Hefyd yn y llun, tri brawd a dwy chwaer (Lilian, John, Emyr, Magwen, David)

inna'n ei deimlo. Roedd smôc yn gymar tipyn pwysicach nag unrhyw 'hogan'. Ond roedd Miss Williams yn wahanol, hwyrach am fy mod yn gwybod ei bod hi tu hwnt i'm cyrraedd; toedd dim 'peryg' wrth ei deisyfu o bell. A da o beth oedd hynny. Roeddwn yn bur ddryslyd ynglŷn â thacla merchaid ar y pryd, a beth yn union oedd swyddogaeth y cyfryw rannau. Cymaint oedd fy naïfrwydd rhywiol fel y bu i'r dryswch hwn bara nes oeddwn yn fy arddegau gweddol hwyr.

Pan oeddwn yn blentyn ifanc iawn, yn bump, chwech oed, byddwn yn gorfod rhoi fy llaw (fach) i 'fyny' dafad oedd yn cael trafferth i eni oen (gan fod llawiau'r dynion yn rhy fawr). Roedd yn rhywbeth cwbl naturiol ar y pryd, er mae'n amlwg na ddysgodd y profiad bygyr ôl i mi. Adlewyrchir fy niffyg gwybodaeth yn y sgwrs isod rhwng Deio ac Em yn *Diwedd y Byd*:

DEIO: Wyddost ti be'di'o go iawn? Wyddost ti? Dw'i 'di sbio yng Ngeiriadur Mawr Cymraeg Dewyth' Dafydd, mae o'n deud yn fa'no. 'Stynis i o'i lawr o ben dresal, a sbio. 'Dirgelwch gwraig fagina', dyna mae o'n ddeud yn hwnnw.
(Mae'n dweud 'fagina' yn seinegol)
EM: Gwraig pwy?
DEIO: Fagina!
EM: Nid dyna mae o'n cael 'i alw!
DEIO: O, ag ers pryd ma' gyno chi Eiriadur Mawr Cymraeg?
EM: Nid dyna mae o'n cael 'i alw, Deio! Nid 'dirgelwch gwraig fagina' fydd 'Nhad yn 'i ddeud, pan ma' Mot y ci yn myllio ac yn mynd i ganol y defaid yn lle o'i cwmpas nhw!
DEIO: Pobol capal, dyna ma' nhw'n 'i ddeud ta!
EM: O!

Bi-co-se, lai-bai (because, lay-by). Dyna fel y swniai'r iaith Saesneg i mi pan oeddwn yn blentyn yn Nantgwynant. Gwahanol iawn i'r Gymraeg seinegol. Deio ac Em eto, yn *Diwedd y Byd*:

EM: Dwi'n medru Susnag. Mus Wilias wedi 'nysgu fi.
DEIO: Susnag! Chdi!?
EM: Mi rydw i!
DEIO: Pwy ddudodd 'thyrs'? Ty'd yn d'laen, pwy a'th i siop Mistyr Grin a gofyn am 'pown o thyrs'?

Nid 'pown o thyrs' ddywedwyd yn union, ond yn hytrach 'thyrs' ar ei ben ei hun. Magwen, fy chwaer, oedd yr euog un, pan gafodd ordyrs gan Miss Jones i fynd i'r post cyfagos i brynu stamp. Saesnes uniaith oedd yn rhedeg y post, hyd yn oed 'radag honno. O flaen ei hamser, dybiwn, gan i'r arfer fynd yn ffasiynol iawn yn y 'Fro' ers hynny. Holodd y bostfeistres Magwen ynglŷn â be' gafodd i ginio y diwrnod hwnnw. Toedd gan Mags druan ddim clem beth oedd 'iau' yn Saesneg, ond gwyddai mai 'Thursday' oedd dydd Iau, felly yn naturiol ddigon mi gyrhaeddodd 'thyrs'.

Er bod Saesneg i'w chlywed ym mhobman yn ystod misoedd yr haf, roedd yn dal yn iaith estron dros ben. Rhaid bod diffyg teledu wedi helpu'r achos mae'n siŵr gin i, cymaint yw grym dinistriol y ddyfais honno. O ganlyniad, roeddwn yn darllen llawer, i gyd yn y Gymraeg: *Eluned Bengoch, Helynt Coed y Gell, Blacmel, Hogia'r Dre, Esyllt, Mêt y Mona*. Comics oedd yr unig gyhoeddiadau Saesneg a ddôi i'r tŷ: *Beano, Dandy, Topper, Beezer*. Unwaith y flwyddyn byddai Saesnes o'r pentref, Musus Will Will (nid ei henw iawn wrth reswm), oedd yn reidio beic injian ac yn cael trafferthion efo'i esys (dyna pam y glasenw) yn ymweld â'r ysgol i'n gwobrwyo ni, blant, am ein hymdrechion. Dwi bron yn siŵr mai am sillafu yn Saesneg roedd y Mars Bar, y Bounty a'r KitKat yn cael eu rhoi. Wrth sbio 'nôl, roedd fel tasa cynrychiolydd o'r Ymerodraeth Brydeinig, rhywle yn India, yn gwobrwyo'r brodorion am fod yn blant bach da, ac am wneud cymaint o ymdrech i ddysgu Saesneg. Go brin y byddai arferiad mor chwydlyd o nawddoglyd yn cael ei ganiatáu heddiw.

'Cariad' arall i mi – heblaw am Miss Williams – oedd Hayley Mills, er nad oedd yn ymwybodol o hynny ar y pryd (mae hi'n dal yn y niwl). Gwelwyd hi'n ddiweddar yn y gyfres deledu ofnadwy honno *Wild at Heart*, wedi crebachu fel hen brwnsan. Dyfynnaf un o fy hoff linellau (Y Ferch yn *Tair*): 'Saethwch fi pan dwi'n thyrti!' Ond cyn i mi ei gweld yn *Wild at Heart*, a'i dirywiad trist, roedd Hayley yn dair ar ddeg oed, ac mewn cariad â mab y mynydd.

Whistle Down the Wind oedd un o'i ffilmiau enwocaf (ynghyd â *Tiger Bay* a *Pollyanna*). Mae'r stori yn olrhain hanes criw o blant sydd yn camgymryd ffoadur (Alan Bates) am Iesu Grist. I mi, roedd hanes ffuglennol y ffilm yn rhedeg yn gyfochrog â hanes ffeithiol Robert Boynton, y gwallgofddyn ddaru saethu a dallu'r plismon Arthur Rowlands yn mis Awst 1961. Gan fod Boynton yn crwydro mynyddoedd Eryri a'r Canolbarth ers y pumdegau, cofiaf y fyddin yn chwilio amdano, yn ystod y tri diwrnod y bu ar ffo yn dilyn ei weithred ysgeler, ar y llethrau uwchben Gelli Iago, a ninnau, blant, yn cael ein siarsio i gadw'n agos at y tŷ, ac i beidio mentro ar gyfyl unrhyw feudy, sgubor neu dŷ haf. Sawl tro dros y blynyddoedd, ceisiais ail-greu'r stori yn ddramatig ar ffurf ffilm (yn aflwyddiannus). Credaf i'r digwyddiad hwnnw fod yn drobwynt; collodd cefn gwlad Cymru rywfaint o'i ddiniweidrwydd y diwrnod hwnnw. Yn y diwedd, bodlonais ar ddrama radio *You Shouldn't Have Come* (sef y geiriau ddaru Robert Boynton eu hyngan wrth

Arthur Rowlands eiliadau cyn ei saethu), a ddarlledwyd gan Radio 4 yn 2006.

Roedd Boynton yn ddieithryn, yn estron, yn ŵr peryglus yn cuddio yn y mynyddoedd, yn un oedd yn byw ar ei ddoniau. Roedd Twm Nansi (o'r nofel *Gwen Tomos* gan Daniel Owen) yn un oedd yn byw ar ei ddoniau, ond yn wahanol i Boynton roedd Twm yn Gymro, ac yn meddwl y byd o'i fam. Hyd yn oed pan gyhuddwyd ef o lofruddio Dafydd y Cipar, yn ein calonnau gwyddem ei fod yn ddieuog. Nid felly Boynton – nac ychwaith y gŵr croenddu efo'r tyrban am ei ben (Sheik) ddaeth i ddrws Gelli Iago unwaith i geisio gwerthu mân nwyddau. Dychrynodd Mam am ei bywyd, a chydio yn fy mrawd David, oedd yn fabi, a'i heglu hi nerth ei sodlau dros y caeau.

Mae mynyddoedd wedi chwarae rhan bwysig yn nifer o 'nramâu. Pam fod mynydd yn bwysig mewn drama neu ffilm? Wel, yn ôl Robert McKee (dwi bron yn siŵr), 'achos fod pethau'n digwydd ar fynydd'. Tua diwedd y pumdegau, a ninnau'n blant yn paratoi i adael am Ffair Gricieth, arhosodd Dad ar y lôn i ymgomio â thri dringwr, ar eu ffordd i fynydda. Erbyn i ni gyrraedd adra o'r ffair roedd dau ohonynt wedi'u lladd. Yn *Diwedd y Byd* defnyddia Rhi y digwyddiad i geisio closio at Em, ac i leihau dylanwad Deio (ei brawd) arno:

RHI: Wyt ti'n cofio'r tri dringwr yn cael 'u lladd? Y tri Sais, yn cael 'u malu'n grybibion ar lethra' Moel Druman. Diwrnod ffair oedd hi, ffair fach, wyt ti'n cofio? Mi gwelson ni nhw yn 'bora, ar 'u ffor' tua'r mynydd, ond pan gyrhaeddon ni adra gyda'r nos mi oedd y tri'n gelain. Er, dim ond dau gorff ffendion nhw hefyd. Rhei yn deud ma' dim ond dau farwodd yn syth! Dyna ma' nhw'n ddeud, a bod y trydydd wedi llwyddo i gyrra'dd Bwlch Batal, ac wedi llusgo i Ogof Gwenllian a wardio yn fa'no. Be' am i ni fynd i weld?! Ddoi di, cyn i'r lleill ddod yn 'u hola? 'Wrach don ni o hyd i'w sgerbwd o!

1962–1967

Tŷ ni yw'r tŷ bach delaf
A welsoch chwi erioed;
Mae'n llechu yn y ceunant
Wrth ymyl llwyn o goed.

Nid disgrifiad cywir o Dŷ Cerrig, y cartra newydd lle symudon ni iddo yn 1962; mae'n nes, hwyrach, at ddisgrifiad o Gelli Iago, yr hen gartra. Tybed a oeddwn, ddwy flynadd ar ôl madal, yn anymwybodol hiraethu amdano? Yn sicr, yn feddyliol ac yn emosiynol dychwelais sawl tro, a chloddio'n bur ddwfn; dwi'n dal i wneud. Sgwennais y bill uchod yn 1964, enghraifft gynnar o 'nawn (gachu) i farddoni. Mae fy nawn gynnar i ddeialogi (yr un mor gachu) yn deillio o'r un cyfnod:

Dyn yn cerdded drwy'r anialwch a dim ond tywod o'i flaen. Gwelodd Arab.

DYN: Faint o ffordd ydy hi i'r môr?
ARAB: Rhyw dri chan milltir.
DYN: Wel, os 'na fel'a mae ei gweld hi, mi eistedda i i lawr ar y traeth.

Sobor.

Ffermdy oedd Tŷ Cerrig, ar Lôn Tŷ Cerrig rhwng Rhoslan a Garndolbenmaen, eiddo i deulu'r diweddar Gwilym Roberts, Brynrefail Isa, tad William Roberts (Wil Garn), y dramodydd a'r nofelydd. Tŷ rhent oedd o, gyda Nhad yn gweithio i wahanol ffermydd yn yr ardal; 'G. J. Povey, Agricultural Contractor' oedd y broliant ar ei anfonebau. Yn ystod ei flynyddoedd yn Gelli Iago roedd ganddo wastad foto, fan fel rheol, trwy haelioni Pyrs Hafod Llan. Roedd moto yn un o byrcs y job. Pan adawodd Gelli Iago am y

Garn, gadawodd heb y moto wrth reswm, a bu am gyfnod yn mynd a dŵad ar feic. Ymhen sbel, cyn iddo fedru fforddio prynu un ei hun, rhoddwyd hen gar iddo – Wolsley 1500 – gan ei frawd, George. Dim ond wrth edrych yn ôl ydw i'n llawn sylweddoli pa mor uffernol o dlawd oedd hi arnon ni fel teulu yng nghyfnod Gelli Iago a'r blynyddoedd cynnar yn Nhŷ Cerrig, mor galed oedd hi ar fy rhieni i gael deupen llinyn ynghyd, a ninnau yn gymaint o blant.

Roedd gadael cynefin am rywle newydd sbon yn antur enfawr i hogyn un ar ddeg oed. Y newid mwya syfrdanol oedd cael trydan – ac yn ei sgil, teledu. *Blue Peter* oedd y rhaglen gynta i mi ei gweld ar y teclyn hwnnw. Pan gyrhaeddodd *Peyton Place* o'r America – neu'n hytrach, cyn iddo gyrraedd – rhoddwyd ar ddallt i ni, blant, na chaniateid i ni ei wylio, oherwydd ei gynnwys rhywiol amheus. Mam a fynnai ein 'gwarchod'; roedd hi'n reit gul, o feddwl iddi eni deg o blant. 'Radag honno, roedd siop ar ochr y lôn yn Nolbenmaen – nid siop go iawn, ond bwthyn yn gwerthu manion, petha da a ffags yn bennaf. Min y Ddôl oedd ei henw swyddogol, ond Siop Magi i bawb ar lafar gwlad. Merch y wraig a redai'r siop oedd Magi. Roedd rhywbeth yn ddiniwed ynddi; toedd hi ddim wedi cael ei gwthio i ben pella'r pobdy, ddeuda i fel'na. Rhyw ddiwrnod, daeth Gwyddal i'r 'siop' i brynu deg o ffags. Roedd yn fforman i'r ffyrm Reed and Malik, oedd yn adeiladu argae yng Nghwmystradllyn ar y pryd, ac yn byw mewn carafán. Roedd Gwyddelod, a 'pobol o ffwr', yn ddigon cyffredin yn yr ardal yn y cyfnod hwnnw, cyfnod adeiladu'r peilons ddaru ddifwyno cymaint o'r tirwedd. Roedd gan y Gwyddal arbennig hwn enw drwg am beidio talu ei ddyledion, a phan ofynnodd a gâi o dalu eto am y ffags, dywedodd Magi: 'No, your character has been here before you.' Felly gyda *Peyton Place*; roedd 'character' y rhaglen wedi cyrraedd o'i blaen. Arferai Mam ein hysio i'r parlwr bach, tra câi hi a Nhad lonydd i wylio ar eu pennau eu hunain. Wrth reswm, amhosib oedd glynu wrth y drefn hon, yn enwedig pan sylweddolodd ceidwad ein moesau – Mam – fod y rhaglen yn ddigon 'diogel' mewn gwirionedd. Ymhen ychydig wythnosau roedd y teulu cyfan yn cael ei lygru gyda'i gilydd.

Ond y newid mwya brawychus, o ddigon, oedd mynychu Ysgol Gynradd Garndolbenmaen am dymor yr haf 1962, cyn cychwyn ar fy addysg uwchradd yn Ysgol Eifionydd, Porthmadog. Dychmygwch o ddifri: gadael ysgol glyd, gartrefol, un-dosbarth Nantgwynant â thua pymtheg o blant (mi gaewyd hi yn 1966 pan adawon ni fel teulu, ac amddifadu'r ysgol o draean o'i disgyblion) a chael fy nhaflu i ganol hanner cant o blant, mwy nag un dosbarth, mwy nag un athro. Gŵr o'r enw Mr Lunt oedd y prifathro. Ydi, mae'r odl yn cynnig ei hun yn syth, 'dydi? Gŵr tal, tenau, piwis a ymdebygai, yn fy nychymyg i o leia, i Robin y Sowldiwr yn *Rhys Lewis* – ond bod gan Mr Lunt ddwy goes. Fel Robin, roedd yn ddisgyblwr heb ei ail, ac yn hoff o gosbi'n gorfforol, yn enwedig blant y wlad (fel y tybiwn i). Ond chwara teg, toedd o ddim yn ddrwg i gyd. Dyma oedd ei sylwadau amdanaf yn adroddiad tymor yr haf, 1962: 'Gwnaeth Michael waith pur dda yn ystod y tymor y bu yn yr ysgol hon. Mae ei ysgrifennu Cymraeg yn dangos ôl darllen. Mae i'w ganmol am ei waith.'

Yna, dechrau yn Ysgol Port (Ysgol Eifionydd, Porthmadog, arwyddair 'Ymlaen'). Yn ystod fy mhedair blynadd yno dim ond un digwyddiad o bwys ydw i'n ei gofio – neu un peth rydw i'n dewis ei gofio, hwyrach – sef y diwrnod wnes i adael yn 1966, yn bymtheg oed. Toedd drama, fy niddordeb penna taswn i ond wedi sylweddoli hynny, taswn i ond wedi cael deffroad gan rywun, ddim yn bwnc oedd yn cael ei ddysgu ar unrhyw lefel; yn wir, toedd yno 'run llwyfan gwerth sôn amdano hyd yn oed. Yr unig bynciau a fwynhawn oedd Cymraeg a Hanes. Mae sylwadau'r adroddiadau tymor (uniaith Saesneg wrth reswm pawb) yn adlewyrchu fy anfodlonrwydd. Dechrau'n dda ond dirywio yn gyflym:

> Gwanwyn, 1963 – A good report.
>
> Gwanwyn, 1964 – Michael has the ability to do well, but, so far, the self-discipline required for steady effort is lacking.
>
> Gwanwyn, 1965 – Siomedig iawn. Rhaid wrth fwy o ymdrech. (Yn anesboniadwy, roedd sylwadau 'Y Bòs' – Mr Jones, y Prifathro – yn Gymraeg ar yr achlysur hwnnw. Cymraeg! Be' nesa?)

A'r adroddiad tymor olaf, damniol (ac wedi llithro 'nôl i'r iaith fain):

> Gwanwyn, 1966 – A poor report. I am certain he could do better if he puts his mind on his work.

1964 oedd y flwyddyn gynta i mi gadw dyddiadur, neu o leiaf nodi ambell i sylw ynddo. Mae'r cyfeiriadau at yr ysgol yn y cyfnod hwn yn adlewyrchiad teg o'm teimladau ar y pryd. Cadwais y gwallau iaith niferus:

> Chwefror 11eg: Braf. Ffootball. 2J yn colli 2–1. Jona, Parry a Prich bach ar duty. Run fath a prison camp.

'Jona' oedd Jonah Jones, tad Geraint Jones, cyn-Brif Weithredwr Cyngor Gwynedd; 'Parry', neu Parry Wyllt fel y'i gelwid, oedd yr athro Daearyddiaeth, a bu'n byw drws nesa i John Ogs a Mo yng Nghwm-y-glo am gyfnod; 'Prich bach' oedd tad yr actor Sion Pritchard, fyddai'n un o sêr y ddrama lwyfan *Indian Country* bron i ddeugian mlynedd yn ddiweddarach. Roeddwn yn casáu 'ffootball' yn yr ysgol â chas perffaith, yn bennaf am fy mod mor anobeithiol. Wrth gwrs, toedd gin i 'run dewis yn y mater. Pan nad oedd gorfodaeth arnaf mae'n amlwg mod i'n mwynhau, fel mae sawl cyfeiriad yn nyddiadur 1964 at gêmau efo hogia'r Garn yn tystio. Ond yn yr ysgol, yn amlach na pheidio byddwn yn cael fy rhoi yn y gôl, ac yn gweddïo gydol y gêm na ddôi'r bêl yn rhy agos, yn rhy aml.

Roedd ein haddysg yn gyfan gwbl trwy gyfrwng y Saesneg, heblaw am y gwersi Cymraeg. Dyna oedd y drefn yr amser hynny, er bod naw deg wyth y cant – ddeudwn i – o ddisgyblion yr ysgol yn Gymry Cymraeg. Bu un disgybl yn ddigon o foi i herio'r drefn wrthun a lywodraethai, nid unwaith ond ddwywaith. Ei enw oedd Eifion Lloyd Jones, neu Eifion Port, neu 'Haleliwia' i ni, blant fengach, ar gownt y ffaith ei fod yn pregethu'n achlysurol ac yntau'n dal yn yr ysgol. Tro cynta, roedd gêm bêl-droed yn digwydd yn ystod oriau ysgol, rhwng Porthmadog ac Abertawe ar faes y Traeth. Rhybuddiwyd disgyblion dosbarth 4A gan eu hathro dosbarth i beidio gadael yr adeilad yn ystod y gêm, a hynny ar boen eu bywydau. Eu hathro dosbarth oedd neb llai na'r enwog Len Parry, neu Parry Wyllt (uchod). Ofer fu'r rhybudd, a sleifiodd chwech ohonynt trwy ffenast y dosbarth a'i heglu hi am 'ben ryn', coedlan yng nghefn yr ysgol, ac yna i lawr am y Traeth. Bore trannoeth, yn ystod cofrestru dyma P. Wyllt, oedd yn siaradwr Cymraeg rhugl ac yn enwog am guro plant, yn cyfeirio'i gwestiynau'n benodol at Eifion.

> P. WYLLT: Did you leave the school yesterday afternoon?

Yn gwbl reddfol, medda fo wrtha i heddiw, teimlai Eifion nad oedd yn iawn siarad Saesneg â dyn oedd yn medru'r Gymraeg.

EIFION: Do, syr.
P. WYLLT: Did you leave the school yesterday afternoon?
EIFION: Do, syr.
P. WYLLT: Did you leave without permission, boy!?

Mi oedd sawl athro'n hoff o'r 'boy', fel tasan ni yn Ne Affrica.

EIFION: Do, syr.
P. WYLLT: When I speak to you in English, you answer me in English – boy!?
EIFION: Ond mi ydach chi'n dallt Cymraeg yn iawn, syr.

Ffycin hel, dewr 'ta be'? Os bu rhywun mewn peryg o ffrwydro'n fewnol, Parry Wyllt oedd hwnnw, wrth iddo hel y rebal ifanc o'r stafell.

Ar yr ail achlysur roedd Eifion ar ei flwyddyn olaf, dosbarth 6:1, ac yn un o griw o chwech o hogia o dair ysgol wahanol a yrrwyd ar ryw gwrs preswyl neu'i gilydd i Goleg Glynllifon. Bill 'Bili' Davies, Kenneth Huws, Douglas Melyn, Wynford Ellis Owen ac Euryn Williams oedd y lleill. Roedd yna genod ar y cwrs hefyd, ac yn naturiol ddigon, yn ddiau â'u cocia fel haearn Sbaen o galed, fe ddaliwyd yr hogia berfeddion nos yn stafell gysgu'r genod. Mi gafon eu hel adra, a'r wythnos ganlynol roedd Eifion yn wynebu prifathro Ysgol Port ar y pryd, yr hynaws Ifor Jones. Chafodd o fawr o row (yn Gymraeg), dim ond ei rybuddio fod gŵr o'r enw Wyn Jackson o Swyddfa'r Sir ar ei ffordd yno i ddweud y drefn go iawn.

Wyn Jackson, gŵr i'w ofni, olynydd Ifor Jones fel Prif, ddywedodd, meddan nhw, 'I'll turn that holiday camp into a school.' Trwy lwc, llwyddodd iors trwli i'w osgoi o dymor. Pan benodwyd Eifion yn brif fachgen (gyda Rhiannon Davies yn brif ferch), unig sylw Jackson oedd, 'We have met before.' Cyrhaeddodd seremoni gwobrwyo'r ysgol, ac Eifion, fel prif fachgen, ddewiswyd i gyflwyno'r diolchiadau ar y diwedd. Roedd yn ymwybodol fod rhai o'r athrawon iau tu ôl iddo yn grwgnach yn ddistaw bach fod y gweithgareddau'n cael eu cynnal bron yn gyfan gwbl trwy gyfrwng y Saesneg. Dechreuodd Eifion fel hyn: 'Cyn talu'r diolchiadau, rhaid i mi ddatgan fy siom bod cyn lleied o Gymraeg wedi cael ei ddefnyddio heddiw.'

Mae'n debyg i Jackson gael ffit biws, gan i Eifion danseilio'i holl awdurdod 'at a stroke', chwadal Heath, a hynny o flaen yr ysgol gyfan. Mynnodd Gwilym Pritchard, y dirprwy brifathro (llysenw 'Sgei', dyn tal iawn), fod Eifion yn ymddiheuro i Jackson, oedd yn dipyn o syndod a siom iddo oherwydd fod ganddo, tu allan i furiau'r ysgol, berthynas aeddfed â Pritchard, trwy gyfrwng y Gymraeg, yn sgil ei ymdrechion fel siaradwr cyhoeddus. Yn y diwedd, cytunodd i ymddiheuro am danseilio awdurdod Jackson – ond nid am yr hyn ddywedodd o. Bu'r ddau ddigwyddiad, yn enwedig yr ail, 'wrach, yn drobwyntiau; newidiodd sawl peth – yn benodol, sbardunwyd rhai o'r athrawon i weithredu ar ran y Gymraeg. Roedd teimlad cyffredinol: 'os gall disgybl herio'r drefn, 'does bosib y medrwn ni.'

Ychydig wedyn cynhaliwyd diwrnod mabolgampau, oedd fel arfer yn cael eu cynnal bron yn llwyr yn yr iaith fain. Nid felly'r tro hwn. Mae'n debyg i Jackson ddatgan, 'Dwi isio cymaint â phosib yn Gymraeg. Dwi ddim isio cael fy nal eto.' Yn Saesneg, beryg.

Dyfynnaf eto o Chwefror 1964, a minnau'n amlwg yn ei chanol hi:

> Mercher 12fed: Braf. Exams yn dechrau yfory. Cael yn symud o un lle i'r llall yn rysgol (very upseting).
> Gwener 14eg: Braf. Exam G.S. ac English. Horrible.
> Llun 17eg: Eirlaw. Exams Biol ac Welsh. Easy.

Hmm. Tipyn o ddirgelwch. Mi fedra i dderbyn bod yr arholiad Cymraeg yn 'easy' – roeddwn wastad yn gwneud yn dda – ond Biol?

> Mawrth 18fed: Bwrw eira. Exam Geog ac Arith. Anodd iawn.
> Mercher 19eg: Oer. Dim ond un Exam Yr un ddwytha, Latin. Cael hwyl great.

Latin? 'Hwyl great'? Choelia i fawr!

> Gwener 28ain: Braf. Mynd i practise i Muriau Mawr.
> Sadwrn 29ain: Braf. Mynd ir eisteddfod y cylch. Cael cyntaf am adrodd.

Dim ond un peth dwi'n gasáu yn fwy nag adrodd – arferiad Cymreig atgas – a chydadrodd ydi hwnnw. Pan glywaf rywun yn adrodd, rwy'n cael fy nharo â'r felan yn syth bìn, a daw rhyw ysfa anesboniadwy drosta'i i ladd fy hun. Mae cerdd dant yn cael yr un effaith arna i. Serch hynny, mae'r ddau ddyfyniad dwytha o'r dyddiadur yn cyfeirio at y ffaith mai fel adroddwr y dechreuais fy ngyrfa fel perfformiwr, ac mai fy hyfforddwr oedd neb llai na Guto Roberts, neu Guto Rhos-lan fel y'i gelwid gan bron bawb. Roedd Guto wedi fy nghymryd o dan ei adain, a byddwn yn aml yn mynd efo fo yn fan Menyn Eifion ar Sadyrnau, i gludo nwyddau i bellafoedd Arfon, Môn a Meirionydd. Bu Guto yn yrrwr iddynt am ddeng mlynedd a mwy, cyn iddo ddod yn enwog trwy Gymru gyfan fel Ephraim Huws yn *Fo a Fe*. Y darn adrodd roeddwn yn gorfod ymlafnio â fo – a 'des i ddim pellach na'r Steddfod Sir gyda llaw – oedd 'Yr Hen Wynebau': 'Mae nhw yma o hyd, yn dair genhedlaeth gryno'. Darn anodd i hogyn pedair ar ddeg oed, ond yn anos gan i Guto daro ar y syniad chwyldroadol o ddefnyddio props. Roedd hyn mewn cyfnod lle nad oedd ond un arddull derbyniol o gyflwyno adroddiad: sefyll fel sowldiwr a'ch coesau ar led a'ch dwylo tu ôl i'ch cefn. Roedd y dweud yr un mor orddramatig â'r osgo, yn enwedig mewn darnau poblogaidd fel 'Y Cudyll Coch':

> Daeth cysgod sydyn dros y waun,
> A chri a chyffro lle roedd cerdd.

Mewn albwm lluniau roedd yr 'hen wynebau'. Bu'n rhaid i mi fynd ar y llwyfan yn cludo cadair ac albwm drom; codi un goes ar y gadair a gorffwys yr albwm agored ar fy mhen-glin, gan gyfeirio ati bob hyn a hyn, a throi ambell i dudalen. Ydach chi'n dechra'i gweld hi? Roedd pob ymgeisydd arall yn cyflwyno'r darn yn y dull cwbl draddodiadol (uchod), wrth reswm, ac felly roeddwn i'n wahanol i bawb arall, a'r peth dwytha mae hogyn pedair ar ddeg oed ei angen ydi bod yn wahanol i bawb arall. Ym Mangor roedd y Steddfod Sir, a'r unig beth dwi'n gofio – heblaw i mi ddychwelyd adra'n waglaw – oedd y gweir ges i gin Mam achos mod i wedi bod yn smocio. Chwara teg, Steddfod Sir, toman o bwysa, roedd yn rhaid wrth bacad deg o Embassy Coch i setlo'r nerfau.

Mi fyddwn yn disgrifio fy mherthynas â Guto Roberts – 'radag honno ac ar hyd y blynyddoedd – fel un 'love–hate'. Roedd yn ddyn hynod o ddifyr, yn stôr o wybodaeth; dysgais lawer trwy fod yn ei gwmni. Ond roedd o hefyd yn medru bod yn ddiamynedd a chrintachlyd (fel pob copa walltog yn ei dro). Ac onid y diffyg 'copa walltog' oedd yn ei yrru? Erbyn iddo gyrraedd yr wyth ar hugain roedd Guto yn gwbl foel; ar ben hynny, roedd yn fyr o gorff. Cyfuniad marwol. Roeddwn i, ar y llaw arall, yn dal efo mop o wallt. Pan oeddwn yn ymarfer 'Yr Hen Wynebau' yn ei dyddyn, Muriau Mawr, gyda'r hen ddynas ei fam yn fy mwydo â chacan sbynj oeddwn yn ei chasáu (y gacan, nid y fam), rhaid oedd dilyn cyfarwyddiadau Guto i'r llythyren. Wnâi dim arall y tro. Wrth gwrs, roedd yn gwybod llawer iawn mwy na mi am lefaru a pherfformio yn gyffredinol, ond gan nad oedd yn fodlon i mi gyfeiliorni o gwbl, na defnyddio fy nychymyg fy hun, hwyrach fod y cyflwyniad yn tueddu i fod yn fecanyddol, neu'n sicr yn atgynhyrchiad o sut y bydda fo yn mynd ati. Cynrychioli Guto oeddwn i ar y llwyfan, nid dilyn fy ngreddf naturiol. Ond wedyn, onid ydi pob adroddwr yn hanes y byd yn dilyn rhyw athro neu'i gilydd?

Wedi i mi adael am Gaerdydd, a chael mymryn o lwyddiant – fel actor a sgwennwr – prin fyddwn i'n gweld Guto. Roedd o, fodd bynnag, yn dal i wneud cryn dipyn efo Dad a Mam. Ond fydda fo byth yn sôn nac yn holi amdana i. Tybed oedd o wedi digio, yn enwedig yn ystod fy nghyfnod ar staff y BBC rhwng 1974 ac 1977, fel cynorthwyydd i Gwenlyn Parry? A oedd yn ystyried fod y disgybl yn gweithio yng ngwersyll y 'gelyn'? Heb os, bu'n llwyddiant mawr fel Ephraim Huws yn *Fo a Fe*, a daeth y rhan ag enwogrwydd cenedlaethol iddo. Ond yn wahanol i Ryan, tydw i ddim yn credu fod Guto yn 'fwy' na'r gyfres – h.y. mae'n anodd dychmygu pwy fedsa fod wedi medru chwarae Twm-Twm tasa Ryan heb wneud hynny, ond mi fedsa Charles Williams, neu Glyn 'Pen-sarn' Williams fod wedi medru chwarae Ephraim yn hawdd. Nid mod i'n bychanu portread Guto o gwbl. Yn naturiol, daeth *Fo a Fe* i ben yn dilyn marwolaeth ddisymwth Ryan, a hwyrach fod Guto ddim cweit wedi medru ymdopi â llai o gynigion – a sylw – wedi hynny. Mi wn i sicrwydd iddo fod yn chwerw iawn tuag at y Gorfforaeth, am gyfnod o leiaf.

Fy marn i heddiw ydi na ddyla Guto fod wedi mynd yn 'broffesiynol' o gwbl. Roedd yn gymaint o ddyn ei filltir sgwâr, ei fro – a'i gyfraniad i'r fro honno mor aruthrol. Mi gollodd rywbeth – ei ffordd, o bosib – trwy ei gadael am gyfnod, yn wahanol i Stewart, o'r un ardal a chefndir, a thua'r un oed, oedd yn gwbl gyffyrddus yn mynd a dŵad rhwng Eifionydd a Chaerdydd.

Mawrth 4ydd, 1964, ac mae'r dyddiadur yn nodi: 'Braf. Mynd i'r ysgol. 100 edition o *Z. Cars* ar T.V. Sweet yn cael ei ladd (sad! sad!).'

Sylw plentynnaidd, annoniol ond sylw a guddiai deimladau llawer dyfnach. Plismon ifanc oedd y cymeriad Sweet, ac roedd wedi ymddangos ym mhob pennod, bron, o'r gyfres boblogaidd. Fel gwylwyr, roeddem yn ei 'adnabod' ac yn malio amdano, a dyna'r rheswm am y tristwch gwirioneddol pan gafodd ei ladd (boddi, dwi'n meddwl). Rŵan, tasa Sweet yn gymeriad newydd, wedi cael ei gyflwyno ers pennod neu ddwy, fyddai ei farwolaeth ddim wedi cael hanner cymaint o effaith. Heb yn wybod i mi ar y pryd, dyma'r tro cyntaf i mi ddod ar draws y gair pwysicaf mewn unrhyw sgwennu dramatig – sef 'malio'. Os nad ydi'r gynulleidfa yn malio – fel roeddwn i a gweddill y teulu pan aeth Sweet druan i'w aped – yna, waeth i chi godi eich pac a rhoi'r ffidl yn y to ddim. Y peth gwaetha fedrith neb ei ddweud ydi, 'Toeddwn i ddim yn malio am yr un ohonyn nhw.' Sut, felly, mae cael cynulleidfa i falio am gymeriadau, neu'n sicr am y prif gymeriad? Pan fydda i'n tiwtora o bryd i'w gilydd, mi fydda i'n annog y darpar sgwenwyr i roi'r cynhwysyn hollbwysig hwn ar dop uchaf eu rhestr o flaenoriaethau. Yn gyntaf oll, rhaid 'adnabod' cymeriad, a hynny trwy ei weld yn 'gweithredu'; dim ond trwy weithredoedd cymeriad – yn enwedig y dewisiadau mae o neu hi yn eu gwneud o dan bwysau – y dowch chi i'w adnabod. Wedi adnabod y cymeriadau, mi ddowch i uniaethu â nhw – ac, yn y diwedd, i falio amdanynt. Sut ddaru Alfred Hitchcock lwyddo i wneud i ni falio am y llofrudd yn y ffilm enwog *Psycho*? Roedd Janet Leigh, yr actores a chwaraeai Marion Crane ac a laddwyd gan

Norman Bates (Anthony Perkins), yn seren adnabyddus, boblogaidd. Eto, roedd hi'n cael ei llofruddio o fewn hanner awr i ddechrau'r ffilm, a hynny gan gymeriad oedd yn cael ei chwarae gan actor cwbl ddieithr (Perkins) i gynulleidfaoedd y cyfnod. Wedi i Bates ei lladd, arhosodd Hitchcock gydag o, gan ddilyn ei weithredoedd yn fanwl: mopio a golchi'r stafell gawod; cludo'r corff i gist y car; gyrru i'r llyn a gwthio'r car i'r dŵr. Mae'r car yn suddo hyd at ei do, ac yna'n aros yn llonydd. Wneith o suddo'n gyfan gwbl? Ennyd o densiwn mawr. Torrir unwaith i weld Bates yn gwylio; mae ganddo hances yn ei law, a rhy dro pryderus iddi. Erbyn hynny, garantîd y bydd pawb yn y pictiws yn rhoi tro ar eu hancesi dychmygol hwythau. Torrir yn ôl i weld y car yn suddo'n llwyr. Rhyddhad! A phawb erbyn yn hyn yn malio am y cymeriad Norman Bates.

Heb air o esboniad, daw dyddiadur 1964 i ben ar 5ed Mai, gan nodi fel hyn: 'Braf. Cael detension gin Edwards bach.'

Mae'n amlwg iddo gael ei ddefnyddio wedyn fel llyfr cownts gan fy nhad. Roedd yn sgwennu ei ddyddiadur yn Gymraeg:

> Dydd Llun, Chwefror 14eg, 1966: Braf heddiw. Yn Derwin Bach drwy'r dydd. Mynd i Groesor efo GOR heno (i ddosbarth nos gyda Gwilym O. Roberts, tad yr actores Mari Gwilym). Margaret yn dod hefyd. Michael yn mynd i practis drama.
> Dydd Gwener, Chwefror 25ain, 1966: Glaw bore heddiw eto. Mynd i Cae Llo Brith pnawn. Mynd i'r Gegin yn Griccieth gyda'r nos. Michael yn actio yno mewn drama *Y Fainc*.
> Dydd Llun, Gorffennaf 21ain, 1966: Mynd i Lundain heddiw, cychwyn 4 a.m. i weld Gwynfor Evans yn mynd i'r Tŷ Cyffredin am y tro cyntaf. Diwrnod i'w gofio.

Ond ei list negas a'i gownts yn Saesneg: 'Tuesday – 1 lb sausages; 1 lb lard; 1 lb butter; Caribaldi; 1 Crisps; papur; 2 smarties; fly killer.'

Hogia bach, mi gafon sgram yn Nhŷ Cerrig y noson honno.

Ond fel y tad, felly hefyd y mab (o 1968):

Lodings	2 12 6
Mother	1 5 0
Mother or Davies	1 0 0
Office	10 0
Cob cafe	10 0
	£5 17 6

Na, peidiwch â gofyn. 'Sgin innau ddim syniad be' 'di ystyr 'Mother or Davies'.

Roedd pawb wedi'i gyflyru, am wn i. Ac eto, pan agorwyd argae Tryweryn ar 21ain Hydref 1965, mi aethon yn un criw i brotestio; naid i'r car a mynd, yn gwbl reddfol: Dad, Mam, dau neu dri o'r plant. Wrth gwrs, hwyl oedd o i mi, yn bedair ar ddeg oed, yn enwedig pan ddaru'r FWA ymddangos yn gyhoeddus am y tro cynta rioed, mi gredaf, yn eu lifrai secsi a'r carismataidd Cayo yn eu harwain. Toeddwn i ddim ar y pryd yn gwerthfawrogi arwyddocâd dyfnach yr achlysur, nac yn ymwybodol o'r frwydr genedlaethol hir i atal yr anfadwaith, a bod yr hyn a ddigwyddodd yn gymaint o drobwynt i ni fel cenedl. Hyd yn oed pan aeth Gwynfor i mewn, flwyddyn yn ddiweddarach, prin ddaru o darfu ar fy myd bach hunanol i. Er, rhaid bod y brotest y diwrnod hwnnw'n golygu rhywbeth i Nhad a Mam. Ond deuoliaeth od, o du fy mam o leiaf, gan y byddai yn nyddiau cynnar Cymdeithas yr Iaith yn cyfeirio at yr aelodaeth, gyda dirmyg llwyr, fel 'y petha iaith 'na'. Rhyfedd y'n gwnaed.

> Ionawr 13eg, 1966: Braf. Rally yn y clwb. Mynd i practice grŵp ar ôl ysgol. Fab o bractice.

Mae'n wir, roeddem yn defnyddio geiriau fel 'ffab' yn y chwedegau. Ystyr 'Rally yn y clwb' oedd cyfarfod o Glwb Ffermwyr Ifanc a fyddai'n cael ei gynnal yn yr hen ysgol yn Golan, rhwng Dolbenmaen a Phenmorfa. Roeddwn yn selog iawn, ac yn mwynhau bob munud, er nad oedd gin i ddim mwy o ddiddordeb mewn ffarmio nag oedd gin i mewn rhoi fy nhin i orffwys ar dwmpath morgrug. Roeddwn wedi hen benderfynu pa gwrs fyddwn i'n ei gymryd o ran gyrfa; yn bymtheg oed, ac ar fy nhymor olaf yn Ysgol Port, disgwyl i'r yrfa honno ddigwydd oeddwn i, ac nid breuddwydio am fynd i Sêl Bryncir.

Mae'r 'fab o bractice' yn gyfeiriad at y ffaith fy mod erbyn hyn yn aelod o grŵp pop, The Thunderbolts, a hynny fel lleisydd, dim llai. Mae llyfr o eiriau caneuon o'r cyfnod (neu 'song book' yn naturiol) yn cofnodi fod enw'r grŵp wedi newid i Phantom Specters – a fy mod i (twat) yn mynd o gwmpas yn galw fy hun yn 'Mick Sharp'. Tel, o Port, oedd y gitarydd, a dwi bron yn siŵr mai fy mêt i, Brian, oedd ar y drymiau. Yn ogystal â chanu roeddwn hefyd yn chwarae'r maracas, yn null fy arwr ar y pryd, Mick Jagger.

Ar 4ydd Mawrth, mae'r dyddiadur yn nodi: 'Braf. Mynd i'r Garn i chwarae mewn dance. Fab o show. Gwneud dros bunt.'

Cynhaliwyd y 'dance' yn yr ysgol, dwi'n cofio cymaint â hynny. Dwi ddim yn siŵr ai punt rhyngthon ni oedd hi, neu bunt yr un. Rhyngthon ni, beryg. Ond hyd yn oed rhwng tri, roedd yn dal yn ffortiwn; credwch chi fi, roedd punt yn bunt amser hynny. Pan es i ati i weithio wedi gwyliau'r Pasg dim ond dwy bunt oedd fy nghyflog wythnosol, ac mi fyddwn yn rhoi ei hanner i fy mam at fy nghadw. Dychmygwch fy iwfforia, pan ymunais â Chwmni Theatr Cymru ddwy flynedd yn ddiweddarach, a derbyn fy nghyflog cynta o ddeg punt yr wythnos. Roeddwn yn filionêr.

'Practice' arall sy'n britho misoedd cynnar 1966 ydi'r ymarferion yn y Gegin, Cricieth, a fy rhan gynta mewn drama lwyfan. *Y Fainc* gan Wil Sam (W. S. Jones) oedd hi, gyda Guto Rhos-lan yn cyfarwyddo. Wedi fy methiant cymharol fel adroddwr, 'wrach fod Guto yn benderfynol o wneud actor ohona i. Fy ngeiriau agoriadol, anfarwol, fel yr Hogyn Papur Newydd, nos Wener, 25ain Chwefror, oedd: 'Am uffar o het!' Bron i ddeng mlynedd union yn ddiweddarach chwaraeodd fy mrawd Iolo yr un rhan yn union mewn cynhyrchiad teledu gan Huw Tan Voel (HTV).

Beth, tybed, wnaeth y Gegin, a'r profiad o weithio yno yn arbennig, yn rhywbeth sydd wedi aros yn y cof? Yn ddiau, y bobl oedd ynghlwm â'r fenter, a'r athroniaeth tu ôl iddi. Dyfynnaf o'r gyfrol *Llwyfannau Lleol* (gol. Hazel Walford Davies): 'Llwyddodd Cwmni'r Gegin i gyplysu plwyfoldeb agos-atoch chi a hwyl afieithus y theatr amatur gyda gofynion astrus ac eangfrydedd dychymyg y theatr fodern.' Dramâu i deulu, ffrindiau a chymdogion; arlwy i Eifionydd, gyda phobl y fro yn cymryd rhan ac yn mynychu'r perfformiadau. Nid rhyw ddramâu festri capal, plwyfol mohonynt chwaith, ond yn hytrach dramâu gydag apêl eang a chennad oesol. Pan oeddwn tua phedair ar ddeg oed, gwelais gynhyrchiad godidog o'r ddrama *Y Gofalwr* (Pinter) yno, yng nghyfieithiad meistrolgar Elis Gwyn Jones. Guto Roberts chwaraeodd Davies, Stewart oedd Mick, ac W. D. Jones, neu Wil Dafydd, oedd Aston. Roedd hyn bum mlynedd cyn i mi weithio fel llwyfannwr ar gynhyrchiad Cwmni Theatr Cymru o'r un ddrama. Dywedir mai portread Guto o Davies symbylodd Gwenlyn Parry i sgwennu rhan y saer yn *Saer Doliau* ar ei gyfer. Erbyn meddwl, mae cryn debygrwydd rhwng Davies a'r saer: dau yn crafu byw ar ymylon byd; dau yn berwi a rhuo yn erbyn gelynion anweledig. Ta waeth, roedd cynhyrchiad y Gegin cystal bob tamad, os nad gwell, na'r cynhyrchiad 'proffesiynol'. Hyn, cofiwch, ar stamp o lwyfan – fel 'trio cynnal regata mewn pot piso,' fel deudodd Bob Owen, Croesor, wrth bwysigyn o'r Weinyddiaeth Amaeth adeg y rhyfel, pan oedd yn rhaid i bawb aredig a thrin pob darn o dir o fewn cyrraedd. Roedd Bob yn cyfeirio at fymryn o dir glas yng nghefn ei dŷ, ddim mwy na hancas bocad.

Felly roedd hi yn y Gegin – adeilad bach, uchelgais fawr. Y pedwar a benderfynodd wneud y Gegin, ac Eifionydd, yn 'fro breuddwydion' oedd W. S. Jones, Elis Gwyn Jones, Emyr Humphreys a Wyn Thomas. Er bod y pedwar aelod cyn bwysiced â'i gilydd, heb os, gweledigaeth Wil Sam a'i frawd Elis Gwyn oedd yr injian a'i gyrrodd. Roedd Ifan Gwyn, mab Elis, hefyd yn rhan bwysig iawn o'r injian honno, fel goleuwr a sbarc technegol yn gyffredinol. Ac mae'n bleser gin i nodi fy mod yn ddiweddar wedi cydweithio â'r drydedd genhedlaeth, sef Gwyn Eiddior, mab Mair (merch Wil a Dora) a Dic Gwyndy; y fo ddaru gynllunio'r set ar gyfer y ddrama *Tyner yw'r Lleuad Heno*.

Tasa Wyn Thomas yn disgyn allan o bacad corn fflêcs, faswn i ddim yn ei adnabod. Rydw i'n adnabod rhyw gymaint ar Emyr Humphreys wrth reswm, ac wedi gweithio'n helaeth dros y blynyddoedd efo'i fab Sion, y cyfarwyddwr ffilm. Y cof cynta sgin i amdano ydi mewn tafarn yn nhre Trefaldwyn yn ystod ffilmio *Heyday in the Blood* i Huw Tan Voel yn 1977. Emyr oedd yn gyfrifol am y sgript, sef addasiad o nofel Geraint Goodwin. Dwi'n cofio cynnig sigarét iddo yn y bar. Mi sbiodd arna i'n wirion, fel taswn i wedi taro rhech yng ngŵydd hen fodryb, a dweud, 'Tydw i ddim yn smocio; dyna pam dwi'n dal yma.' Roedd tua 57 ar y pryd. Yng nghyfnod y Gegin, tydw i ddim yn ymwybodol i mi rioed ei gyfarfod, a'r unig gyfeiriad anuniongyrchol tuag ato oedd pan ddaru Wil Sam godi ffedog y llwyfan i ddatgelu llond bocseidiau o'r nofel *A Toy Epic* (gan Emyr) oedd heb eu gwerthu. Be' gebyst oeddan nhw'n dda o dan lwyfan y Gegin, dyn a ŵyr, ond am ryw reswm roedd hyn yn peri cryn ddoniolwch i Wil.

A bod yn gwbl onest, ar y pryd, tra oeddwn i'n byw trwy'r profiad, roeddwn yn gwbl anymwybodol fy mod yn rhan o rywbeth cynhyrfus, a chwyldroadol i raddau. Yn bedair ar ddeg oed (nes oeddwn i'n ddwy ar bymtheg), tipyn o hwyl oedd o a toedd neb yn ymgorffori'r hwyl hwnnw yn fwy na Wil Sam. Symudais i Fangor yn ddwy ar bymtheg, ac i Gaerdydd yn un ar hugian, ac er y byddwn yn gweld Wil yn achlysurol dros y blynyddoedd, erys y ffaith mai cof plentyn a hogyn ifanc s'gin i ohono fo. Neu dyna pryd wnaeth o fwya o argraff arna i – nid fel un o ddramodwyr pwysicaf yr iaith a gwladgarwr heb ei ail ond fel rhywun oedd yn sbort i fod yn ei gwmni. Teg dweud i mi dyfu'n ddyn yng nghwmni Stewart Jones (dylanwad drwg iawn, dwi'n falch o gael dweud).

Yn ogystal â'r ddrama *Y Fainc*, cymerais ran fel Milwr 2 yn *Esther* (Saunders Lewis) a'r tincar yn *Priodas y Tincar* (J. M. Synge). Dyma ddywedodd y *Daily Post*: 'Michael Povey, showing promising talent at 16 as a somewhat juvenile tinker.'

Be' oeddan nhw'n ddisgwyl, a minnau ond 16 – Tyrone Guthrie? Cymerais ran hefyd yn nrama un-act gyntaf (ac o bosib, olaf) Richard 'Moi' Morris Jones, *Gwrach y Botel*, efo Robat Morris a Mac (Alun Jones, yr awdur a'r llyfrwerthwr) yn gyd-actorion. Yn y cynhyrchiad o *Esther*, yr hyn dwi'n gofio fwya ydi cael clustan gan Guto Roberts yng nghefn y llwyfan, yn yr egwyl rhwng yr actau, a hynny yng ngŵydd gweddill y cwmni. Faint oeddwn i, pymtheg? Roedd Guto'n chwarae rhan Haman yr Agagiad ac yn swp o nerfau, mae'n siŵr. Hogyn oeddwn i, heb yr un llinell i'w dweud, heb ronyn o nerfusrwydd, ac yn bod yn blydi niwsans, mae'n siŵr gin i. Ond toedd o ddim yn beth neis iawn i'w wneud, serch hynny.

Er bod cymryd rhan yng ngweithgareddau'r Gegin, ac ymhél â'r ddrama yn Gymraeg yn rhoi llawer o foddhad i mi, roedd gwylio dramâu teledu yn Gymraeg yn brofiad gwahanol iawn. Roeddwn yn ffan mawr o *Stiwdio B* ar y pryd, yn enwedig felly Ifas y Tryc, local boi. Roedd dychan a chomedi yn dderbyniol, nid felly'r dramâu 'difrifol'. Yn un peth, roedd cyn lleied ohonynt; roedd drama Gymraeg yn 'achlysur', fel edrych ar 'freak show', bron â bod. Er i BBC Cymru ddarlledu cyfresi arloesol iawn yn y chwedegau – *Y Byd a'r Betws, Mr Mostyn, Y Gwyliwr,* heb sôn am ddramâu clasurol unigol o eiddo Saunders Lewis – roedd edrych ar gymeriadau'n trafod emosiynau realistig yn *Gymraeg* yn brofiad lletchwith, i mi o leiaf. Yn fy mydysawd i, toedd neb yn dweud 'Dwi'n dy garu di'. 'Dwi'n dy lyfio di' neu, os oedd dyn yn teimlo'n uffernol o lwcus, 'Ga' i ddatod dy fra di' oedd y norm. Roedd hynny'n gyfystyr â dweud eich bod yn caru rhywun, 'does bosib. Yn waeth na hynny, mewn cartra lle nad oedd ond un teledu, a dim ond un stafell yn cael ei chadw'n gynnas ar y tro, roedd yn rheidrwydd ar gradur fel fi, oedd wedi dechra clywed ogla ar ei ddŵr, i wylio popeth yng nghwmni gweddill y teulu nid ansylweddol, gan gynnwys, wrth gwrs, fy rhieni. Roedd yn fymryn o embaras, ac i'w gymharu, fe dybiwn i, â gwylio porn (meddal) ym mhresenoldeb y gweinidog.

Erbyn dechrau Mawrth 1966, roeddwn yn cyfeirio at Guto Rhos-lan yn y dyddiadur fel 'Uncle Git'. Bôrd, 'wrach. Dyma pa mor gynhyrfus oedd fy mywyd ar 15fed Mawrth: 'Braf. Practice Uncle Git. Cath yn cael 'i lladd yn John O'Groets.'

Ddau ddiwrnod yn ddiweddarach, mae'n debyg fy mod wedi dechrau colli arni: 'Braf. Practice Uncle Git. Wilson yn cachu yn ei drowsus.'

Cyfeiriad amlwg at Harold Wilson, ein Prif Weinidog ar y pryd. Roedd lecsiwn yn agosáu. Dydd Mawrth, 22ain Mawrth, a dwi'n dal i fwydro amdano fo: 'Braf a chwythu. Rhyw foi yn taflu stinc bomb at yr hen Wilson. Rhoi idea fantastic yn fy mhen i.'

Be' oedd yr 'idea', ys gwn i – ei ladd?

Fel yn 1964, heb air o esboniad, daeth dyddiadur 1966 i ben ddydd Llun, 4ydd Ebrill: 'Oer a bwrw gyda'r nos. Mynd i Technical College Bangor yn pnawn efo rhai o hogiau a genethod yr ysgol.'

Pam? I be', gan y byddwn yn gadael yr ysgol o fewn yr wythnos ac yn dechrau ar fy ngyrfa 'gyfreithiol' gyda William George and Son, Porthmadog.

Pan oeddwn i oddeutu pedair ar ddeg, hyd nes i mi fadal Eifionydd am Fangor yn 1968, dechreuais weithio Sadyrnau fel sgifi yng ngwesty Plas Gwyn, Pentrefelin; y cysylltiad oedd mab y gwesty, Paul Watts, fy ffrind pennaf bryd hynny. Trwy weithio ambell i gyda'r nos hefyd, weithiau medrwn ennill cyn gymaint â saith a chwech yr wythnos. I hogyn oedd yn rhoi hanner ei gyflog i'w fam roedd hyn yn ffortiwn sylweddol. Ffynhonnell arall o arian ar y pryd fyddai'r hanner coron a wobrwyai 'Dewyth Tom' yn *Y Cymro* am bob pwt o farddoniaeth a gyhoeddai. Bûm yn fuddugol sawl tro dros y blynyddoedd, a chyrhaeddai'r wobr ar ffurf postal ordyr. Be' ddigwyddodd i bostal ordyrs; ydyn nhw'n dal i fodoli? Erbyn heddiw (isod) rhaid cwestiynu fy nawn fel bardd, yn ogystal â dawn 'Dewyth Tom' fel beirniad:

Y Fuwch

Y fuwch gyfeillgar, goch a gwyn,
  Mor annwyl gan fy nghalon,
Mae'n rhoi yr hufen gorau im
  Ar ben fy llysiau maethlon.

Sorri, mae yna fwy:

> Mae'n crwydro yma, crwydro draw,
> Ond nid yw'r fuwch yn rhydd;
> Mae'n byw a bod mewn awyr iach
> A heulwen braf y dydd.

Cachu'r adwy, 'ta be'? Wna i mo'ch trafferthu â'r drydedd bennill. Wrth ymyl fy enw ar y gwaelod, mewn cromfachau, nodir fy mod yn 15 oed. Mi ddylid fod wedi ychwanegu'r llythrennau ESN. O ddifri, lle'r aeth synnwyr? Sut all y fuwch, ar un llaw, beidio â bod yn rhydd, ac ar y llaw arall fwynhau'r 'awyr iach' a 'heulwen braf y dydd'?

Arhoswn gyda barddoniaeth gachu am funud. Dyma sgwennis i, rywbryd yn 1967:

> To be with you on a summer's day
> Is worth a diamond bright,
> But it's worth my weight in gold to be
> With you on a summer's night.

Ffycin hel, lle oedd fy mhen i? Pam? Pam yn Saesneg? I bwy? I be'?

'Michael, I'm a virgin.'

Dyna'r geiriau dychrynllyd fu'n rhaid i mi ddelio â nhw, rywbryd yn 1966, fy mlwyddyn olaf yn Ysgol Port. Merch o'r un oed â fi ddaru fy syfrdanu; roedd hi wedi cerdded yr holl ffordd o Gricieth efo dwy o'i mêts – taith o tua pedair milltir – ac rŵan roedd hi'n fy wynebu yn y winllan, islaw Tŷ Cerrig. Chofia i mo'i henw hi, dim ond ei bod yn Saesnes – ac yn fawr. Nid gwybodaeth gyffredinol oedd y geiriau ond her – h.y. roedd hi'n disgwyl i mi wneud rhywbeth yn ei gylch o. Roedd hi wedi tuthio'r holl ffordd yn unswydd i'r pwrpas hwnnw. Yr ennyd honno, pan ynganodd y geiriau, mi fydda wedi bod yn well gin i biso ar ddalan poethion a'u llyfu'n sych grimp; mynd i'r capal deirgwaith y Sul am weddill fy oes; codi cae cyfa' o datws ar fy mhen fy hun – unrhyw beth, i osgoi mynd i'r afael â'r erchylltra a lechai rhwng coesau'r bladras o'm blaen. Yn fwy na dim, roeddwn yn ysu am gwmni fy mrawd Arthur neu o leia yr hyn a gynrychiolai ar y pryd. Roeddwn eisiau dianc i fyd ffantasi Pretty a Charlie, gan fod y byd go iawn yn lle mor ofnadwy. 'Sgin i ddim co' sut ddes i ohoni; 'des i ddim iddi, mae hynny'n saff.

Enwau cowbois dychmygol oedd Pretty a Charlie. Dwi'n meddwl mai fi oedd Charlie, ac Arthur fy mrawd (chydig fengach na fi) oedd Pretty. Arferem ymgorffori'r ddau gymeriad yn llwyr gan ddyfeisio pob math o anturiaethau lliwgar ar eu cyfer. Dyma bwt o *Indian Country*:

> GREGG: Who's Charlie?
> MOS: Pretty's friend!
> GREGG: Who ...!
> MOS: I'm Charlie ... and Alwyn Fedw, he's Pretty. He's a cowboy too!

Dwn i ddim o le doth yr 'Alwyn', ond cyfeiriad at Fedw Bach, led cae o Gelli Iago, ydi 'Fedw' yn bendant. Pan adewis yr ysgol, yn dal yn blentyn i bob pwrpas, wedi cyrraedd adra ar ôl diwrnod o waith yn swyddfeydd William George yn Port, byddwn yn diosg fy nghrys a thei yn syth a newid i fy nillad 'chwarae'. Ymhen dim byddwn wedi ymuno â Pretty yn y caeau a'r ffriddoedd, ac yn ymladd yr Indiaid a'r drwgweithredwyr oedd yn bla yn ardal y Garn 'radag honno.

'William George and Son, incorporating Lloyd George and George' oedd yr arysgrifen a addurnai hen benawdau llythyrau'r ffyrm. Dr William George a'i fab, y diweddar

W. R. P. George, oedd y 'William George and Son'; Dr William George oedd yr ail 'George' yn 'Lloyd George and George' – a 'Lloyd George knew my father'. Ydach chi'n dal efo fi? Dechreuais weithio i'r cwmni fel clarc yng ngwanwyn 1966. Nid fel cyw twrna ('articled clerk') ond 'junior clerk' – h.y. gwneud y te, llyfu stampiau, mynd i'r post, ffotogopïo – ac ambell dro, pan oeddwn yn lwcus iawn, cael fy ngyrru ar y bŷs i Gaernarfon, i gludo rhyw ddogfen bwysig i gwmni o gyfreithwyr yn y dref honno. Eistedd ar y top dec am awr a hanner, yn smocio a breuddwydio, ac yn ceisio cuddio'r min a fyddai'n benderfynol o godi ei ben yn ddi-ffael ar siwrneioedd o'r fath. Pam fod dyn yn cael min ar y top dec, ac nid ar y gwaelod? Fy nghyd-weithwyr yn y swyddfa ym Mhorthmadog oedd W.R.P. ei hun, y genod Olwen, Ann ac Ella (modryb Iwcs, yr actor a'r canwr, gyda llaw), Robat Preis a Dafydd Jones. Yn ddiweddarach, ymunodd Geraint Jones â'r cwmni – mab Jonah Jones yr athro, chwi gofiwch – fel cyw twrna go iawn. A bod yn onest, 'junior' rhan amser ddylid fod wedi'i gyflogi, gan nad oedd digon o'r hanner i mi ei wneud. Roeddwn yn ceisio ymddangos yn brysur ond mewn gwirionedd yn segura llawer, crefft a berffeithiais pan oeddwn yn gyflogedig gan y BBC yn Llandaf rai blynyddoedd yn ddiweddarach – h.y. rhuthro ar hyd y coridorau yn llewys fy nghrys gyda thocyn o bapurach (diwerth) yn fy llaw.

Yn ystod haf y flwyddyn gynta i mi fod yno – neu'r ail, dwi ddim cweit yn siŵr – fe'm gyrrwyd i Gricieth i oruchwylio cwrs golff naw twll Moranedd. W.R.P. oedd perchennog y cwrs, ynghyd â'r caffi oedd ynghlwm wrtho. O'r caffi hwn y rhedais, gan gyhoeddi i'r byd a'r betws fod Lloegr wedi ennill Cwpan Pêl-droed y Byd yn 1966: 'We've done it!' Ia, cofiwch – 'we'. Ta waeth, roedd hi'n joban fendigedig a olygai nad oedd yn rhaid i mi dwyllu'r swyddfa yn Port am o leia dri mis. Ond yr hyn a gysylltaf fwya â'm cyfnod gyda'r ffyrm, neu'r hyn yn sicr sydd wedi aros yn y cof, ydi fy mherthynas â'r Dr William George, brawd Lloyd George. Roeddwn i'n bymtheg a fynta'n gant ac un, os nad yn gant a dau. Dim ond rhyw wyth deg saith o flynyddoedd rhyngthon ni, felly. Bu farw yn nechrau Ionawr 1967 ac roedd yn rhaid i'r staff (dim dewis) fynychu'r cnebrwn ym Merea, Cricieth. Canwyd 'Mor agos ambell waith'; 'I'r Arglwydd cenwch lafar glod'; 'Pwy a'm dwg i'r Ddinas gadarn'; 'Dyma gariad fel y moroedd' ac, ar lan y bedd ('toes gin i ddim co' bod yno), 'Dan dy fendith wrth ymadael'.

Yn ardal Porthmadog yn y cyfnod hwnnw roedd tri hynafgwr amlwg: Tom Parry, gwerthwr tai; Clough Williams-Ellis, fyddai'n galw yn y swyddfa o dro i dro yn ei glos pen-glin melyn, gwirion; a'r Dr William George. Roedd Tom a Clough yn eu hwythdegau'r amser hynny am wn i, ond Dr George oedd y 'daddy'. Roedd yn ddyn hynod iawn, yn dal i ymladd achosion llys yn 97 oed, heb sôn am sgwennu'r llyfr *My Brother and I*, sef ei hanes o a'i frawd byd-enwog. Dywedir mai y fo ydi bwrdwn y stori honno am dwrna yn taro ar gyfaill iddo – ffarmwr – ar Stryd Fawr, Porthmadog. Gofynnodd y ffarmwr, fel rhan o sgwrs gyffredinol, gyngor y twrna ynglŷn â rhyw broblem oedd ganddo, a dywedodd y twrna wrtho pa gwrs ddylai ei gymryd. Cafodd y ffarmwr sioc ar ei din ymhen deuddydd, pan landiodd bil oddi wrth y twrna drwy'r post. Rhyw fis yn ddiweddarach, dyma gwarfod eto, a'r ffarmwr yn dweud: ''Tydi'n braf.' 'Ydi,' atebodd y twrna. Daeth y ffarmwr yn ôl yn syth bìn: 'Ia, deud ydw i, nid gofyn!'

Pan ddes i i gysylltiad ag o yn 1966 roedd William George dros ei gant a braidd yn ffwndrus. Byddai W.R.P. yn ei gludo i'r swyddfa ambell i bnawn, nid i gyflawni dim buddiol – roedd hynny tu hwnt iddo bellach – ond yn hytrach i'w roi i eistedd mewn stafell gefn i fyfyrio. Ar yr achlysuron rheini byddai W.R.P. yn fy ngorchymyn i fynd i gadw cwmpeini iddo, neu'n fwy penodol: 'Meical, cariad bach, ewch i ddarllen i Tada.' 'Helô, sailor,' fe'ch clywaf yn dweud. Dim byd o'r fath. 'Toedd dim blewyn ohono yn perthyn i'r duedd honno; ni fu erioed ynddo ysfa i 'eistedd 'lawr i biso' (fel byddan nhw'n ddweud). Yn syml, dyna fel oedd o'n siarad.

Dychmygwch yr olygfa: fi a Dr George o bobtu tân lectrig un bar, mewn stafell gefn yn drwm o iselder. Y fi'n ceisio diddanu dyn o'i oed o trwy ddarllen detholiadau o'i lyfr ei hun, *My Brother and I*. Yn ystod ein sgyrsiau ysbeidiol sylweddolais ei fod yn llawer mwy croyw ynglŷn â'r hen ddyddiau nag oedd o ynglŷn â'r presennol. Un pnawn, a minnau i fod ar oruchwyliaeth, diflannodd yr hen foi. Toedd dim golwg ohono ar lawr gwaelod yr adeilad yn unman, felly toedd dim amdani ond mynd allan i'r stryd. A dyna lle ffendiwyd o, tu allan i siop ffrwythau John Elwyn – yn chwilio am ei geffyl. Fel y crybwyllais, roedd y gorffennol yn llawer mwy perthnasol iddo nag oedd y presennol. Roedd wedi mynd yn ôl yn ei feddwl i'r dyddiau hynny pan oedd gan y ffyrm swyddfeydd, nid yn unig ym Mhorthmadog ond hefyd yng Nghricieth, y Bermo, Blaenau Ffestiniog a Phencaenewydd (o bob man). Roedd trenau'n bodoli ond roedd peth mynd a dŵad ar gefn ceffyl yn ogystal.

Y gamp fyddai gwneud ein sesiynau mor ddifyr â phosib – i mi. Af ar fy ngliniau i ofyn maddeuant holl ddisgynyddion Dr George a W.R.P. am y tric chwaraeais arno unwaith, pan oeddwn yn amlwg wedi cyrraedd pen fy nhennyn. Cnociais ar ddrws y stafell gefn, rhoi fy mhig i mewn a chyhoeddi fy mod yno ar ran y *Cambrian News* i gynnal cyfweliad ag o ac i dynnu ei lun. Roeddwn wedi dod o hyd i dri llyfr du – gorchwyl hawdd mewn swyddfa twrna – a'u gosod un ar ben y llall. Hei presto, roedd gin i gamra. Toedd o ddim callach. Llyncodd fy ngeiriau, aeth y 'cyfweliad' rhagddo (gan drafod

Lloyd George yn bennaf) ac wedyn daeth yn amser i dynnu'r 'llun'. Mi fedra i ei weld o rŵan, yn sythu yn ei gadair yn bwrpasol, a minnau'n sefyll ben arall y stafell, a'r 'camra' o fy mlaen. Clic! Plis, Duw, os wyt ti'n bod, maddau i mi.

'Dwi'n dal bŷs ddeg, 'ti'n dŵad?'

'Nag'dw, ma' gin i lifft.'

'Pwy 'di hon sy efo chdi? Fyswn i ddim yn 'i drystio fo, taswn i'n chdi!'

Hydref 14eg, 1967: dawns yn Legion Hall, Porthmadog. Roeddwn yn siarad â David fy mrawd, a dwy o ferchaid. Roedd David yn bymtheg a hanner oed a minnau'n un ar bymtheg (a hanner). Y fi fyddai aelod olaf y teulu i'w weld yn fyw. Roedd newydd fadal 'rysgol, ac wedi dechrau cwrs amaethyddol yng Ngholeg Glynllifon. Yn hwyrach y noson honno fe'i lladdwyd mewn damwain car, ynghyd â ffrind iddo, Edward Rhwngddwyryd, ar y daith yn ôl o Port, ar y rhiw serth rhwng Llwyn Mafon Isa a Dolbenmaen, ar y tro am Ymwlch Bach. Dwi'n cofio fy mam yn dod i ddrws y stafell wely am un o'r gloch y bora, gan holi a wyddwn i ei hanes. Daeth i'r drws am saith y bora, a'i choesau'n rhoi wrth iddi fy hysbysu fod David wedi'i ladd. Syllais yn hir ar y gwely sengl, mud gyferbyn â mi (roeddem yn rhannu stafell). Mi ges ar ddallt wedyn fod peth dryswch i gychwyn ynglŷn â phwy, neu faint, oedd wedi'u lladd. Mae'n debyg fod Nhad a Mam o dan yr argraff mai Edward a'i efaill, Frank, a laddwyd, a mawr oedd eu cydymdeimlad â'u mam, Mrs Owen. Drylliwyd eu gobeithion yn llwyr 'munud cyrhaeddon nhw'r ysbyty ym Mangor.

Oherwydd fy oed, fy nymuniad i ar y pryd oedd gweld bywyd yn normaleiddio cyn gynted â phosib, i fel roedd o cyn y drasiedi. Wyddwn i ddim yn iawn sut i alaru; mae hi'n dal yn anodd. Toedd clywed Mam yn crio yn ei gwely, am wythnosau wedi'r digwyddiad, ddim yn help. Mae'n rhaid i mi gyfaddef fy mod yn falch o gael dianc rhag y galar, pan ddoth y cyfla i ymuno â Chwmni Theatr Cymru y mis Chwefror canlynol. Dim ond 'radag honno, ar fy nhaith gynta, ac yn sgwennu llythyr adra ddaru'r emosiwn fy nharo go iawn. Yn 1989 gwahoddwyd fi gan Aled Islwyn i gyfrannu, ynghyd â sawl awdur arall, tuag at gyfrol o'r enw *A. sydd am Afal*; roedd arian breindal yr awduron i'w rannu rhwng y Terrence Higgins Trust a gwirfoddolwyr yr elusen Helpline. Hon ydi'r unig gerdd Gymraeg o'm heiddo (fel oedolyn) i gael ei chyhoeddi:

David a Michael Povey, Gelli Iago, Nantgwynant, ganol y 50au

Y Ddawns Olaf

Ffilm gowboi
Sabrina
Pump o Nelson a tsips
Hannar croch a stamp, gefn llaw wrth gefn llaw
Mynediad am ddim
Os mets.

'Faswn i ddim yn trystio hwn 'taswn i'n dy le di!'
Chwerthin, a chochi 'dat y'n clustia.
'Ty'd efo fi, mai'n tynnu at ddeg o'r gloch.'
'Na wnaf, heno, mi gai bas adra efo'r hogia.'

Ym mro breuddwydion
Rhwng dwyfron hen hwran haerllug, hŷn o'r topia'
Rhwng cwsg ag effro

Rhoi ateb negyddol i'r holi pryderus.
Deffro go iawn, i sŵn y brefu boreuol o gae dan tŷ
I gennad wylofus yn y drws
Yn gwegian dan y pwysa'
A gwely mud gyferbyn.

Bora, neu rhyw lun o bnawn
Yn wardio mewn hen ysgubor
Rhy llwfr i wynebu cydymdeimlad
A llif y galarwyr dros dro
Yn cynyddu wrth yr awr.
'O leia doeddan nhw ddim wedi bod yn hel diod
Rh'wfaint o gysur.'
Pob parabl ddoeth yn wirionach na'r un o'i blaen
Cysur, o ddiawl.

Cegin, yn suo i synau Duwioldeb
Cael fy siarsio i dynnu modrwy, hyllach na'i gilydd
Gwrthod gwneud
Gwrthod colli deigryn am na wyddwn sut.
Cyrraedd y lôn bost
Plysmon yn dangos parch, fel 'tasa Magi Bont ar ei thro.
Mynwent, oedd fan chwara' ddoe yn un dorf ddu
A Dafydd y dedwyddaf ohonom.

Rhywle yn y Deheudir
Pontarddulais neu Ddinbych y Pysgod
Byta efo mwy nag un gyllall a fforc am 'tro cynta
Deisyfu cedora' Susnag.
'Sgwennu pwt o lythyr i wlad y deunaw mil
I Lŷn ac Eifionydd, cyfnithar a mam.
Atgofion yn procio
Llifddora'n agor.
Rhywbryd, a rhyw ddyfodol

Yn coedio mynd fel daru nhw
Coedio rhiw marwolaeth
Heibio'r gysegr fan ar y chwith
Ac yn y pellter, o fewn tafliad carreg
Y gysegr fan swyddogol
A'r llain o dir rhwng bod neu beidio
Yn ddim ond hop, cam a naid.

1968–1970

Yn adran cyfeiriadau/rhifau ffôn dyddiadur 1968, dim ond un cofnod sydd: 'Name: W. Ll. Roberts. Address: Hafodlwyd, Bryn Eithinog, Bangor. Tel. No. Bangor 2965.' A pha ryfedd? Gan gydnabod Wil Sam, Guto, Elis Gwyn *et al.* cyn 1968, Wilbert Lloyd Roberts – cans efe ydoedd – fu'r dylanwad mwya ar fy ngyrfa broffesiynol, nes i mi gwarfod – a gweithio gyda – Gwenlyn Parry a David Lyn. Wilbert agorodd y drws i mi. Y fo hefyd agorodd ddrws (mawr iawn) i Gwenlyn a Dai Lyn tasa hi'n mynd i hynny – trwy lwyfannu *Saer Doliau,* y ddrama yn anad yr un arall a chwyldrodd y theatr Gymraeg yn y chwedegau. Cynhyrchydd gyda'r BBC oedd Wilbert 'radag honno. O dro i dro, byddai'r actorion oedd ar gytundeb i'r Gorfforaeth yn cael eu defnyddio i lwyfannu dramâu llwyfan, megis *Cariad Creulon, Cymru Fydd, Pros Kairon* – ac, wrth gwrs, *Saer Doliau.* Ar y pryd, i bob pwrpas 'rhein oedd yr unig griw o actorion proffesiynol oedd yn gweithio trwy gyfrwng yr iaith Gymraeg. Bob hyn a hyn cynhelid rownd o gyfweliadau, er mwyn ychwanegu gwaed newydd i'r stoc. Roedd rownd o'r fath yn cael ei chynnal yn un o stiwdios sain y BBC ym Mangor, rhywdro yn 1967, a bûm yn llwyddiannus yn fy nghais i gael fy ngweld er nad oeddwn ond un ar bymtheg oed. Bu Ella o'r swyddfa yn ddigon ffeind i'm gyrru i Fangor, a daeth Olwen gyda ni yn gwmpeini; y nhw oedd y grwpis Cymraeg gwreiddiol.

'Sgin i ddim math o go' be' ofynnwyd i mi ei ddarllen, ond dwi yn cofio sefyll o flaen y 'meic' a sylwi ar ddau berson tu ôl i'r gwydr yn y bwth gwrando: Wilbert ei hun, a'r actores Beryl Williams. Chydig a wyddwn i ar y pryd y byddwn i, dair ar hugian o flynyddoedd yn ddiweddarach, yn ei gwylio yn esgyn i lwyfan BAFTA Cymru i dderbyn gwobr yr actores orau am ei phortread gwych o Nel yn y ffilm o'r un enw. Ta waeth, beth bynnag oedd y farn amdana i'r diwrnod hwnnw, penderfynwyd fy mod yn rhy ifanc i gael fy ystyried. Pam fy ngwahodd yn y lle cynta? Peidiwch â gofyn. Hwyrach mod i wedi deud clwydda ynglŷn â f'oed ar y ffurflen gais.

Rhai misoedd yn ddiweddarach, cyrhaeddais yn ôl i'r swyddfa yn Port ar ôl bod am ginio yn Caffi Cob (neu Cob Caffi yn Gymraeg). Roedd yn un o'r diwrnodia hynny nad â'n angof, megis marwolaeth Kennedy, Ryan neu Diana. Yr un oedd profiad Rheinallt – pan ddychwelodd o gadw cwmni i Harri Tomos, y Wernddu, a 'chyfranogi o ryw ysbail o eiddo Twm Nansi' yn y nofel *Gwen Tomos,* a darganfod fod ei fam wedi cael strôc. Roedd yn ddiwrnod tyngedfennol yn ei hanes; fyddai ei fywyd byth yr un fath o ganlyniad i'r diwrnod hwnnw. Felly i minnau, o ran gyrfa: y diwrnod hwnnw fyddai diwrnod cynta gweddill fy mywyd. Dwi ddim yn meddwl fod yr hen W.R.P. wedi cael strôc – er ei fod yn edrych arnaf yn bur gam – pan ddywedodd: 'Mi ydach chi wedi bod yn chwilio am waith arall.' Fel mae'n digwydd, toeddwn i ddim ond roedd Wilbert wedi gadael y BBC ac yn prysur hel pobl at ei gilydd ar gyfer ei gwmni theatr newydd sbon. Roedd yn chwilio am sgifi, ac roedd wedi cofio am yr hogyn o Garn ac wedi ffonio'r swyddfa.

Dydd Sul, 4ydd Chwefror 1968, mae dyddiadur Nhad yn cofnodi: 'Gwlaw mawr heddiw. W. Ll. Roberts yn dod yma pnawn. Michael yn cael contract ganddo am flwyddyn hefo Theatr Cymru. Magwen yn dod adref erbyn te.'

Daeth Wilbert i'r tŷ i sicrhau fy rhieni y byddai'n gofalu amdanaf, gan nad oeddwn ond newydd gael fy nwy ar bymtheg.

Wythnos yn ddiweddarach, dydd Llun, 12fed Chwefror, mae dyddiadur Nhad yn cofnodi: 'Cael fy mhenblwydd yn 46. Mynd i ddanfon Michael i Fangor. Galw yn office F.U.W. Mynd i Port. R. Price yn setlo hefo'r insurance. Mynd i Groesor efo GOR.'

Dwn i ddim be' oedd yr 'insurance', ond R. Price oedd Robat Price, twrna a Giaffar Nymbyr Tw gyda'm hen gyflogwyr, William George and Son.

12fed Chwefror 1968 oedd fy niwrnod cynta i efo Cwmni Theatr Cymru felly, ac nid y 27ain, fel sydd ar y cytundeb uniaith Saesneg fu'n rhaid i mi ei arwyddo:

> Esher Standard Contract for Tour or Season. Agreement made this 27th day of February, 1968 between Colin Paris of The Welsh National Theatre Company/Cwmni Theatr Genedlaethol Cymru Ltd and Michael Povey, c/o Tŷ Cerrig, Garndolbenmaen, Caernarvonshire. The Manager hereby engages the Artist to 'Ionesco' for the sum of £11 (eleven pounds) weekly. Bed and Breakfast accommodation will be provided on tour from March 18th, 1968.

Dyma ddywedais wrth y *Cambrian News* ddiwedd Ionawr 1968, ar drothwy fy ngyrfa broffesiynol: 'I am aiming not only at becoming a professional actor but also a playwright.' Be' ddigwyddodd, d'wch?

Sefydlwyd y Welsh National Theatre Company yn Ruby Street, Caerdydd, yn 1963, a'r gangen Gymraeg – Cwmni Theatr Genedlaethol Cymru – gan Wilbert ym Mangor yn 1968. Yn y dyddiau cynnar, pan ddôi hi'n amser i deithio roedd cwmni Bangor ar drugaredd y cwmni o Gaerdydd parthed llwyfanwyr a gweinyddwyr. Dim ond dau Gymro oedd ar y llyfrau yn y de, sef Branwen Iorwerth, a ofalai am gyhoeddusrwydd, a Buckley Wyn Jones, saer teithiol, o Ddolgellau yn wreiddiol. Dyna pam y dechreuodd Wilbert y cynlluniau hyfforddi clodwiw – i feithrin actorion y dyfodol yn siŵr, ond hefyd i sicrhau mai Cymry Cymraeg fyddai llwyfanwyr a gweinyddwyr y dyfodol.

Roedd symud i fyw a gweithio ym Mangor yn dipyn o agoriad llygad i mi, gan na fûm i fawr pellach na Phenrhyndeudraeth cyn hynny. Am y tro cynta, oherwydd dylanwad myfyrwyr yn gyffredinol, a gweithgareddau Cymdeithas yr Iaith yn benodol, tyfodd fy ymwybyddiaeth o Gymreictod a'r frwydr dros einioes yr iaith. Ffactor arall oedd y 'Bangor Ayes'. Roedd yn gwbl ddiarth a gwrthun i mi sut y gallai pobl oedd yn medru'r Gymraeg beidio ei harddel a dewis siarad Saesneg – a hwnnw gan amlaf yn Saesneg cachu.

Stryd Waterloo: hanner dwsin o gadeiriau; teliffon neu ddau; Wilbert a fi. Na, nid plot ar gyfer drama newydd gan Gwenlyn ond disgrifiad o Gwmni Theatr Cymru ar y cychwyn. Yn fuan, cyrhaeddodd ysgrifenyddes, Maud Oliver (cesan ar y naw), ac yn olaf yr actorion ar gyfer y cynhyrchiad agoriadol, sef tair drama fer gan Eugene Ionesco: *Merthyron Dyletswydd, Pedwarawd* ac *Y Tenant Newydd*. Wrth edrych yn ôl, o gofio mai'r bwriad oedd denu a meithrin cynulleidfa roedd y dewis yn rhyfedd, a dweud y lleiaf. I gynulleidfa Gymreig, 'ganol y ffordd' (cenedl 'ganol y ffordd' ydym wedi'r cyfan), prin fod awdur fel Ionesco yn 'hawdd'. Nid na ddylid herio cynulleidfa, ond hwyrach y byddai rhywbeth mwy 'poblogaidd' wedi bod yn fwy addas fel cynhyrchiad agoriadol. Mae sgwrs ddigwyddodd aelod o'r cwmni ei chlywed tu allan i Neuadd y Dre, Llangefni, yn profi'r pwynt o bosib. Ebe un hen wreigan wrth y llall: 'Ydach chi am fynd i weld y Jones and Co 'ma?' Yr actorion oedd Gaynor Morgan Rees, Beryl Williams, John Ogwen, David Lyn, Ieuan Rhys Williams a Huw Tudor. Dyma'r chwech dewr a ddewisodd gefnogi Wilbert mewn ffordd ymarferol, mewn cyfnod pan oedd cryn elyniaeth rhyngddo fo (ac felly unrhyw un a weithiai iddo) a'r BBC, sef yr unig gyflogwr proffesiynol arall yng Nghymru ar y pryd, yn y Gymraeg o leia. Roedd Dai Lyn a Gaynor yn 'enwau', ac roeddwn yn 'star-struck' yn syth bìn. Prin y medrwn gredu fy mod yn yr un stafell â nhw, heb sôn am gydweithio â nhw (ol-reit, gneud y te). Bu Gaynor mewn sawl cynhyrchiad teledu ers dechrau'r chwedegau, ac roeddwn dros fy mhen a nghlustiau mewn cariad â hi o fewn pedair eiliad i'w chwarfod yn y cnawd; mi gymris ryw bedair eiliad arall i ddisgyn mewn cariad â Beryl Williams. Roedd Dai yn gymeriad amlwg yn y gyfres deledu *Y Byd a'r Betws* oedd newydd gael ei darlledu, os nad oedd hi'n dal ar y sgrin.

Er hynny, nid eu gwaith teledu roddai'r wefr i mi, ond yn hytrach eu gwaith llwyfan, a'r ffaith i mi weld y ddau yn y ddrama *Saer Doliau*, rhyw ddwy, dair blynedd ynghynt pan aeth 'Uncle Git' â fi i Neuadd y Dre, Pwllheli. Cefais fy syfrdanu bryd hynny gan faint y set cyn i air gael ei ddweud – ac wrth gwrs, roedd y diwedd enwog pan ganodd y ffôn yn theatr bur. Rŵan, maen nhw'n dweud nad oedd y ffôn yn canu yn y ddrama wreiddiol, ond fod hynny wedi cael ei ychwanegu yn ystod yr ymarfer technegol, ychydig oriau cyn perfformiad cyntaf y ddrama yn Nolgellau, ac mai syniad Wilbert, neu hyd yn oed aelod o'r cast oedd o. Gwenlyn gymerodd y clod wrth gwrs, a phwy wêl fai arno; pa ddramodydd yn ei iawn bwyll fyddai'n gwrthod?

Teitl fy swydd oedd 'llwyfannwr cynorthwyol', ond gyda'r cyfrifoldeb ychwanegol, hollbwysig o fod 'ar y llyfr'. Roedd hon yn orchwyl allweddol, yn arbennig felly yn ystod perfformiad byw, gan fod disgwyl i chi 'fwydo' yr actor â gair, neu linell, pe bai o – neu hi – yn 'sychu' (yn anghofio'u geiriau). Nid y 'bwydo' oedd y boen mewn gwirionedd, ond y penderfyniad i fynd amdani – neu beidio. A ddylech oedi, rhag ofn i'r actor, rhywsut, ailddarganfod ei rych a chario ymlaen? Ond, o oedi, y peryg oedd i'r saib fynd yn rhy hir a pheri i'r gynulleidfa synhwyro fod rhywbeth o'i le. Ar fy nhaith gynta, yn ystod rhediad technegol ddiwrnod cyn y noson agoriadol yn Neuadd y Dre, Llangefni (ar ei newydd wedd), daeth Dai Lyn i stop hanner ffordd trwy *Merthyron Dyletswydd.* Oedais. Gweddïais y byddai Dai yn dod drwyddi. Ymbalfalodd Dai, a gan mai ail iaith iddo oedd y Gymraeg ar y pryd, ac nad oedd ganddo'r gallu i aralleirio rhyw lawer roedd tipyn o ymbalfalu, credwch chi fi. Oedais eto. Galwodd Dai yn flin: 'Give me the fucking line, for fuck's sake!' Gwers galed. Yr unig dro i mi orfod 'bwydo' actor yn ystod perfformiad byw oedd ar daith *Tŷ ar y Tywod,* Gwenlyn. Chwaraeid Gŵr y Ffair gan Ieuan Rhys Williams (y dehongliad gora rioed yn fy marn bach i) ac mi fedra i ddal i'w weld, a'i glywed, yn chwythu a bystachu wrth iddo ymladd i gofio be' ddyla ddŵad nesa: 'Ond ...! Ond ...!' Toedd dim oedi i fod tro'ma. 'Ond dwi'n berwi efo aur!' oedd y gri uchel o gongl y llwyfan. Aeth Ieuan yn ei flaen.

Yn ystod misoedd Mai a Mehefin 1968 cynhaliwyd gŵyl i ddathlu Eisteddfod Caerwys 1568. Fel rhan o'r ŵyl, sgwennwyd pasiant mawreddog gan ŵr o'r enw Leslie Harries. Wilbert oedd yr ymgynghorwr proffesiynol. Roedd degau ar ddegau yn y cast amatur, gydag aelodau o'r cwmni'n chwarae rhai rhannau allweddol. 'Pendefig Ieuanc' oeddwn i, fy ail ran actio, ac roedd gin i un llinell. Eisioes roeddwn wedi chwarae rhan Huwcyn, y bachgen cloff, mewn cyflwyniad o'r *Pibydd Brith* i ysgolion yn ystod taith Ionesco. Roeddwn yn lletya am wythnos mewn gwesty crand iawn yn y wlad. Dyna pryd y des i ar draws yr actores annwyl, ddawnus, Myfanwy Talog am y tro cynta (er nad oedd yn gweithio i'r cwmni ar y pryd). Roedd Ieuan Rhys Williams wedi dod â'i wraig i'w ganlyn, ac un noson roeddwn yn swpera ar yr un bwrdd â'r ddau. Arferai'r wraig lyncu llond trol o fitaminau cadw'n heini yn ddyddiol; roedd hefyd yn rhoi pob math o hufen glanhau ac olew ar ei chroen ac yn ymfalchïo yn y ffaith ei bod hi'n edrych yn dda, ac yn fengach na'i hoed (yn ei thyb hi). Aeth y sgwrs rywbeth yn debyg i hyn:

'Meical – faint odych chi'n meddwl yw'n oedran i?' (gan ddisgwyl i mi ddweud 'pum deg chwech' am wn i)

'Ew, dwn i ddim.'

'Na, na – gwedwch.'

'Ew, wir rŵan – 'sgin i ddim syniad.'

'Dewch nawr, pidwch â bod ofan. Faint odych chi'n meddwl yw'n oedran i?'

'Ym ... chwe deg saith?'

Chwarddodd Ieuan yn uchel. Roedd yr olwg syfrdan, gwbl frawychus ar wyneb ei wraig yn ddigon i'm gyrru i banics llwyr.

'Na! Nid deud ydw i 'ych bod chi'n chwe deg saith – edrych yn chwe deg saith ydach chi!'

Disgynnodd ei gwep i'r llawr. Chwarddodd Ieuan yn uwch. Gan y gwirion y ceir y gwir.

Er mai llwyfannwr oeddwn i i bob pwrpas, mi oeddwn i hefyd yn rhan o'r cynllun hyfforddi cynta ddaeth i fodolaeth tua canol 1968, ynghyd â Gwyn Parry, Dafydd Hywel, Grey Evans a Dylan Jones. Soniais yn barod fod fy nghyflog dechreuol yn ddegpunt anrhydeddus yr wythnos. Manteisiodd Wilbert ar y ffaith mai dim ond wyth bunt o gyflog a dderbyniai gweddill y prentisiaid, felly dyma docio dwybunt oddi ar f'un innau. Y rhan fwya o'r amser roeddwn yn cael fy hyfforddi'n llawn fel y gweddill, a hynny gan athrawon o'r safon ucha, os ca' i ddweud. W. H. Roberts oedd yn ein dysgu i lefaru, a byddai hefyd yn cymryd rhan mewn ambell i gynhyrchiad. Roedd yn smociwr ymroddedig – a blêr. Yn ystod yr ymarferion doedd dim ots lle roeddach chi'n gosod y blwch llwch – reit o dan ei drwyn yn aml iawn – mi fyddai'r llwch bob amser yn landio ar y llawr. Un tro, ar ddiwedd siwrna ym mws mini'r cwmni, a'r actor Dafydd Hywel wedi bod yn gyrru fel dyn o'i go', sylw (sych) W.H. oedd: 'Llongyfarchiada, Dafydd – wnest ti ddim methu yr un twll.' Beryl Williams fyddai'n cynnal y gwersi actio – a neb llai na Cynan ei hun ar sut i feistroli'r gynghanedd. Roedd Wilbert a Cynan yn hen lawiau, ac o edrych yn ôl roedd y pump ohonom yn hynod freintiedig i fod yn eistedd wrth draed Gamaliel fel petai, a hynny'n rhad ac am ddim. Erbyn heddiw, faswn i ddim yn adnabod croes o gyswllt tasa hi'n rhoi cic i mi yn fy nhin, ond am gyfnod mae'n rhaid fy mod wedi cael rhyw gymaint o grap ar y grefft fel y tystia'r englyn llafurus, isod, a gyd-gyfansoddais â Dylan Jones:

> Hwyr tirion yn Eifionydd – yn borffor,
> Yn berffaith ar goedydd
> A'r wybren yn llen llonydd
> Yn nhangnefedd diwedd dydd.

Yn hydref 1968, fel rhan o'r cynllun hyfforddi, treuliodd Gwyn, Dafydd, Grey a Dylan rai wythnosau yn y Liverpool Playhouse. Roedd Gaynor yn ymddangos yno mewn drama o'r enw *A Kind of Loving,* addasiad llwyfan o nofel Stan Barstow; roedd Meredith Edwards yno hefyd, yn actio ac yn cyfarwyddo *Under Milk Wood.* Ond fe'm gyrrwyd i i Gaerdydd at y cwmni Saesneg, fel llwyfannwr ar gynhyrchiad o *Candida,* Shaw, gyda'r cyfarwyddwr theatr enwog Richard Digby-Day wrth y llyw. Fe'm gyrrwyd, ddim eto'n ddeunaw: fy menthyg, fy mhasio ymlaen. Synhwyrais nad oedd Wilbert mor awyddus â hynny i'm hyfforddi fel actor (sef fy nymuniad ar y pryd) ac fy mod yn llawer mwy gwerthfawr iddo yng nghefn y llwyfan. Dathlais fy mhen-blwydd yn ddeunaw yn ystod y daith, mewn gwesty yn Aberhonddu, ac oni bai am gyd-weithiwr o'r enw Ted Reed, mae'n bur debyg na fyddwn i yma rŵan yn sgwennu hyn o lith. Gan ei bod hi'n ben-blwydd arnaf, aeth un peint yn bedwar – a mwy. Chwydais yn fy nghwsg, ond trwy ryw drugaredd roedd Ted wrth law, a'r cyfan dwi'n ei gofio oedd deffro â mhen mewn pwcad – a Wilbert wedi addo i Nhad a Mam y byddai'n morol amdanaf.

Os nad oedd Wilbert yn malio rhyw lawer am gyfeiriad fy ngyrfa, roedd yn sicr yn pryderu ynglŷn â fy moesau, a thynged fy nghoc – neu hwyrach mai dest cenfigennus oedd o. Cyn, ac yn ystod Eisteddfod y Barri, 1968, a'r cwmni yn cyflwyno tri chynhyrchiad newydd – *Tŷ ar y Tywod, Problemau Prifysgol* a *Dawn Dweud* – roedd actores ifanc, nwydus iawn ar y llyfrau (na, 'da i ddim i'w henwi). Roedd hi ar fy ôl i bob cyfle posib, ac er fy mod i isio, wnes i ddim ar gownt y peth; chwi gofiwch mod i ofn merchaid. Roedd y ferch dan sylw yn bur hy, yn fflyrtio'n agored iawn mewn modd a oedd yn bownd o ddod i sylw W.Ll.R. Yn y car ar y ffordd yn ôl i westy'r Imperial, Caerdydd, un noson dywedodd, heb arlliw o eironi, 'Meical – os ddaw'r hogan yna yn agos atoch chi, rhedwch gan milltir. Strymped ydi hi.'

Hyd heddiw, dwi wedi fy swyno gan y geiriau 'rhedwch gan milltir'. Dyna'r geiriau sy'n ei gwneud yn llinell gofiadwy. Hebddynt, mae'n gyffredin. Yn hwyrach y noson honno dyma ofyn i John Ogs be' yn union oedd ystyr 'strymped'. Aeth ei ateb yn angof, ond nid y wên ar ei wyneb.

Roedd dwy ferch ifanc yn rhan o'r ail gynllun hyfforddi: Marged Esli oedd un, a ddaeth yn gyfaill oes (i Gwen a minnau), a Sharon Morgan oedd y llall. Mae pawb yn cofio'u cariad cynta, am wn i. Sharon oedd f'un i. Er nad oeddwn yn dechnegol yn wyryf – trwy ryw ryfedd wyrth roeddwn i wedi llwyddo i'w chael hi i fyny a'i stwffio'n flêr a thrwsgwl i'r twll iawn unwaith neu ddwy – ond erys y ffaith fy mod yn sobor o ddibrofiad ar y pwynt yma. Sharon, heb os, ddaru wneud dyn ohona i, chwara teg iddi. Pan gyrhaeddodd Fangor, roedd yn ddyweddi i Guto, mab Gwynfor Evans, oedd wedi tuthio'r holl ffordd i'w chanlyn a sicrhau gwaith iddo'i hun ar fysiau Crossville. Roedd y dynfa'n gryf o'r ddwy ochr, a pherthynas Sharon a Guto druan wedi darfod amdani o'r funud ddaru'n llygaid gwarfod (llygaid Sharon a fi, nid Guto a fi).

Gystal i mi sôn am y modd y gadewais y cwmni yn Nhachwedd 1970. Toeddwn i ddim isio gadael, mi ddeuda i gymaint â hynny. Fy noson olaf, fel rheolwr llwyfan erbyn hyn (er yn dal 'ar y llyfr'), oedd honno yn Ysgol Dyffryn Ogwen, Bethesda, yn goruchwylio'r perfformiad olaf o *Roedd Caterina o Gwmpas Ddoe* gan Rhydderch Jones. Roedd Christine Pritchard ac Owen Garmon yn y cast, dau a fyddai bum mlynedd ar hugian yn ddiweddarach yn ymddangos yn y ddrama lwyfan *Fel Anifail*. Rhyw ddeufis cyn taith *Caterina* roedd teledu Granada'n hel cast at ei gilydd ar gyfer cyfres blant o'r enw *The Owl Service*, cyfres yn seiliedig ar nofel ffantasïol Alan Garner, sef dehongliad cyfoes o stori Blodeuwedd. Byddai'n gynhyrchiad arloesol, un o'r cynharaf mewn lliw i Granada. Gwnaed defnydd helaeth o leoliadau, pan oedd y mwyafrif llethol o ddramâu teledu ynghlwm i stiwdio. Roeddynt yn awyddus i fy ngweld i ar gyfer rhan cymeriad o'r enw Gwyn (rhywdro yn y saithdegau cafodd yr actor ifanc a gastiwyd i'w chwarae, Michael Holden, ei lofruddio mewn tafarn yn Llundain). Ffilmiwyd rhannau o'r gyfres yn Ninas Mawddwy a'r cylch. Gwyddai Wilbert fod Granada wedi bod yn holi amdanaf, ond dewisodd gadw'n dawel. Pan ddes i i ddallt y dalltings – trwy John Ogs – roedd hi'n rhy hwyr. Roeddwn i bellach yn llawn sylweddoli na fyddwn i byth yn gwireddu fy mreuddwyd i fod yn actor, heb sôn am ddim arall, tra parhawn ar lyfrau'r cwmni. Ar y pryd, y cwmni oedd yr unig gyflogwr a fedrai gynnig gwaith proffesiynol yn y Gymraeg yn y gogledd, felly toedd dim amdani ond hel fy mhac a thrio fy lwc yng Nghaerdydd. Dwi yma byth.

Roedd Wilbert yn ddyn mawr, yn ddyn â gweledigaeth; y fo, yn anad neb, ydi tad y theatr Gymraeg fodern.

Roeddwn yn llwyr gydymdeimlo â'r hyn oedd o'n geisio ei wneud, ond 'does bosib nad oedd yn gweld fod pob owns ohonof yn gogwyddo tua'r artistig. Beryg na ddaru o rioed faddau i mi am droi cefn ar y cwmni. Mi sgwennis *Terfyn*, fy ail ddrama hir, yn benodol ar gyfer John Ogs a Mo; fy mreuddwyd oedd y byddai Cwmni Theatr Cymru – o dan gyfarwyddyd y meistr ei hun, efallai – yn ei llwyfannu, gan fod gan John a Mo gysylltiadau cryf â'r cwmni ar y pryd. Roeddynt newydd wneud taith llwyddiannus â'r ddrama *Alpha Beta,* ac yn berffaith ar gyfer rhannau Dafydd a Lois yn *Terfyn*. Ond mi ddaru Wilbert bopeth yn ei allu i roi pob rhwystr yn ein ffordd, nes yn y diwedd toedd dim amdani ond rhoi'r ffidl yn y to. Llwyfannwyd hi yn 1978 gan Theatr yr Ymylon, gyda Mei Jones ac Elliw Haf yn cymryd rhan, a Gruff Jones yn cyfarwyddo.

1971

Wedi imi adael Cwmni Theatr Cymru yn niwedd 1970, mi fûm yn ddi-waith am gyfnod byr. Roedd fy mrawd John a'i wraig, Joyce, yn ffermio yn Gwigoedd, Pentraeth, Môn, ar y pryd a bûm yno am sbelan yn codi swej, gan ddefnyddio twca ffiaidd yr olwg i docio a thacluso'r llysieuyn ar ôl ei halio o'r ddaear. Un bora oer, mae'n rhaid bod fy meddwl yn rhywle arall – yn dal yng ngwely cynnes Sharon hwyrach – pan fethais y swejan yn llwyr a rhoi warog hegar i'm bys nes oedd y gwaed yn pistyllio. Mae'r graith i'w gweld o hyd.

Tra oeddwn yn smalio bod yn hogyn y tir, mi oeddwn i hefyd mewn cysylltiad â Huw Tan Voel yng Nghaerdydd. Llwyddais i gael cyfweliad ar gyfer rhaglen o ganeuon a sgestys o'r enw *Cadw Reiat*. Ffyrm John Owen o Fangor arferai gludo setiau a gêr technegol i Gwmni Theatr Cymru, ac yn un o'i loriau nhw yr es i i'r brifddinas, gyda mab y ffyrm, Eifion, wrth y llyw. Wna i byth anghofio cerdded ar hyd Ffordd y Gadeirlan, o'r dre i stiwdios Huw Tan Voel ym Mhontcanna am y tro cynta, a'i gweld hi'n ddiddiwedd. Ar ben hynny, roedd hi wedi bwrw'n drwm a tharodd fy nhroed ar ddarn o bafin rhydd a saethodd o leiaf beint o ddŵr i fyny coes fy nhrowsus. Ta waeth, mi ges y job a dyma ddechrau ar gyfnod o drafaelio 'nôl a blaen rhwng Bangor a Chaerdydd. Mi fyddwn yn lletya lle medrwn i: rhai wythnosau gyda Hywel 'Gunga' Morris, cynllunydd teledu, o Borthmadog yn wreiddiol, roeddwn i wedi'i gwarfod yn Nulyn tra oedd o'n gweithio i RTE; dro arall byddwn yn aros gyda fy nghyfnither, Rita, yn Ninian Road, y Rhath. Roedd Rita'n rhannu fflat gyda chriw o ferchaid ac arferwn gysgu gyda phob un ohonynt yn ei thro – na, jôc oedd honna – roeddwn i'n cysgu ar ben fy hun ar hen fatras yn y cyntedd o dan y grisiau. Rita Forbes oedd ei henw llawn, a gyda'i brawd, Dennis, yn blant i chwaer fy mam, Anti Bet. Mi gafon

Jersey – priodas Rita, fy nghyfnither, ddiwedd yr 80au. Phil Baglin, Gwen, Sue North, Lowri Morgan, Heulwen Jarvis, Mai Gruffydd, Ceri Ifas, Nia Gruffydd

eu geni a'u magu yn Edern. Morwr o Lerpwl oedd y tad, Jack. Er iddo fyw am flynyddoedd yn Edern, hyd y gwn i ddaru o rioed ddysgu sut i ddweud 'bora da' hyd yn oed. Roedd Anti Bet yn dipyn o gesan, yn wahanol iawn i Mam, ac roedd ganddi ddawn dweud naturiol – un ddoniol, heb yn wybod iddi hi ei hun. Mewn tacsi gyda Rita, ar y daith o'r stesion yng Nghaerdydd i fflat Rita yn Llandaf, roedd hi'n amlwg yn awyddus i gynnwys gyrrwr y tacsi (Kairdiffian rhonc) yn y sgwrs, gan adlewyrchu, hwyrach, mai Sais uniaith oedd ei gŵr. Ond fedra hi ddim cuddio'i magwraeth a'i chefndir yn llwyr chwaith: 'There's a lot of traffic about, isn't there 'y ngenath i!'

Roedd Rita a fi wastad yn agos iawn: yn blant, yn ifanc, yn oedolion. Cyn bod sôn am deliffon roeddem yn llythyru â'n gilydd yn bur aml. Oes rhywun ifanc ar ôl yn y byd sy'n dal i 'lythyru'? Mae'r gair ei hun yn swnio mor sobor o henffasiwn erbyn hyn. Yn fy mlynyddoedd cynnar yng Nghaerdydd mi oeddan ni'n fêts pennaf, ac yn arfer cyfarch ein gilydd fel hyn (mewn acen Gocni, wael): 'D'ya love me, George?' 'Course I loves ya – fucks ya dun I!' Nid yn llythrennol, ga' i brysuro i ddweud. Treuliodd Rita'r rhan helaethaf o'i hoes yn byw ac yn gweithio ar ynys Jersey. Mae hi bellach wedi ymddeol, ac yn dal i fyw yno gyda'i gŵr, Phil Baglin. Ei chyflogwyr oedd Barclays International, ac ar ddiwedd ei gyrfa roedd yn gyfrifol am weithlu o tua saith deg. Eto, o'i chlywed yn siarad – yn Gymraeg ac yn Saesneg – mi daerach nad aeth hi'n bellach na Thudweiliog yn ei bywyd.

Dau aelod o gast *Cadw Reiat* oedd yr actores Valmai Jones a'r gantores Heather Jones. Daeth Valmai a fi yn gryn ffrindiau. Hi gafodd waith i mi (fel cyflwynydd a chanwr) gyda Chwmni Pypedau Jane Phillips yn diweddarach yn y flwyddyn. Trwyddi hi y des i i nabod Clive Roberts, yr actor, oedd yn ŵr iddi ar y pryd. Bu Clive a fi'n dipyn o lawiau am rai blynyddoedd. Y fo oedd fy ngwas priodas, pan benderfynais wneud dynes onest o Gwen yn 1985. Ond wyddwn i mo hynny yn 1971 – mwy nag y gwyddwn i y bydda fo'n lladd rhywun.

Roeddwn wedi cwarfod â Heather unwaith o'r blaen, yn 1970. Tra oeddwn yn dal gyda Chwmni Theatr Cymru fe'm benthyciwyd (eto fyth) i'r cwmni Saesneg yng Nghaerdydd, fel rheolwr llwyfan ar daith *Inheritance*, cyflwyniad o farddoniaeth Eingl-Gymreig. Er mai syniad yr actor Ray Smith oedd y sioe, am ryw reswm cymerwyd ei le ar y daith gan actor arall o'r enw Clive Merrison. Ond mi gofiodd Ray amdana i, a'm cyflogi i oruchwylio'r llwyfan yn ystod dau berfformiad o *The Green Desert* (stwff Harri Webb) mewn pabell ar lan afon Taf ger Pont Treganna. Yn eironig ddigon, yn ystod cnebrwn Ray yn nechrau'r nawdegau, datgelodd y gwleidydd Owen John Thomas mai y fo yn wir a fathodd y teitl *The Green Desert* gynta ac nid Harri. Roedd yn cyd-deithio gyda Harri mewn car, yn trafaelio o'r de i'r gogledd. Wrth yrru drwy ddiffeithwch y canolbarth dyma Owen yn dweud: 'Look at it – it's just like a green desert.' Daeth llyfr nodiadau Harri allan yn syth bìn.

Ray, Maggie John, yr Hennessys a Heather oedd yn y cast. Roeddwn yn bresennol (gefn llwyfan) pan ganwyd 'Colli Iaith' am y tro cynta rioed, ar 30ain Awst 1970. Dyma ailgwarfod Heather ar *Cadw Reiat* yn 1971. Er fy mod yn dal i ganlyn – a byw, pan oeddwn ym Mangor – gyda Sharon, roeddwn yn prysur ddisgyn mewn cariad â Heather. Mi aethon ymlaen i gael perthynas yn ystod y flwyddyn honno, perthynas sydd eisioes wedi'i chofnodi (yn gwbl gywir) yn hunangofiant Heather ei hun, *Gwrando ar fy Nghân.*

Mewn cyfweliad diweddar, lle nad oedd ganddo cweit y gyts i'm henwi, datgelodd Geraint Jarman, gŵr Heather ar y pryd, fy mod i wedi achosi cryn boen bersonol iddo. Cwbl ddealladwy, wrth reswm pawb. Er iddo gydnabod fy mod yn 'dipyn o gês', dywedodd hefyd fod gin i 'gryn feddwl o fi fy hun'. Cymharodd fi ag Oliver Reed (anrhydedd), Gazza (llai o anrhydedd, gan fod hwnnw'n curo merchaid) a Liam Winehouse. Pwy ffwc ydi Liam Winehouse pan mae o allan, cefndar Amy 'wrach? Fodd bynnag, mae'r awgrym cyffredinol yn amlwg: roeddwn yn cyfranogi'n bur hael o bleserau cyffuriau cyfnerthol, yn benodol y ddiod feddwol. Ond helô, onid oes ganddom yma enghraifft berffaith o'r crochan yn galw'r teciall yn ddu?

Yn sgil *Cadw Reiat* daeth rhagor o waith: *Dibyn Dobyn,* rhaglen blant i Huw Tan Voel, ynghyd â sawl cynhyrchiad i BBC Cymru: y dramâu unigol *Lili'r Grog* a *Tartuffe,* a chyfres ddrama, *Tresarn.* Recordiwyd *Lili'r Grog* mewn hen gapel oedd wedi'i addasu yn stiwdio deledu yn Birmingham, cyn i Pebble Mill gael ei adeiladu. Mae'r dyddiadur yn nodi fod *Tartuffe* wedi cymryd o Ebril 1af hyd at yr 21ain i'w chwblhau – h.y. tair wythnos o ymarfer ac un diwrnod yn y stiwdio (dau fan bella). Tair wythnos o ymarfer. Heddiw, mi dach chi'n lwcus os cewch chi dri munud. Cyn dyfodiad *Pobol y Cwm* yn 1974, *Tresarn,* gyda'i dau ddeg a phedair o benodau, fyddai'r gyfres ddrama hwyaf i'r BBC ymhél â hi. Dyna pryd y des i i gysylltiad â Gwenlyn Parry, oedd yn olygydd sgriptiau ar y gyfres. Roeddwn yn chwarae Peter Williams, mab llwyn a pherth Beryl Williams (Stewart Jones oedd y tad). Fy nghariad yn y stori oedd Margaret Pritchard – roedd hi'n actores cyn iddi fynd at Huw Tan Voel i ddarllen lincs, ac wedyn yn wleidydd.

Mae'n amlwg nad oedd Wilbert wedi digio'n llwyr efo mi, achos mi ges gynnig pythefnos o waith fel rheolwr llwyfan (be' arall) yn Steddfod Bangor, ar y sioe/cyngerdd arloesol *Sachlïan a Lludw*. Hefyd, yn ystod wythnos y Steddfod daeth galwad o'r BBC yn Llundain yn cynnig rhan un bennod yn y gyfres boblogaidd *The Regiment*. Christopher Cazenove oedd y seren, a ffilmiwyd 'De Affrica' (cogio bach) yn Nant Ffrancon a thu allan i Gastell-nedd, a'r stwff stiwdio yn White City, Llundain. Un o'm cyd-actorion oedd y Cymro David Garfield, a phan aeth â fi i glwb y BBC, ei gyngor i mi – pan sylweddolodd fy mod yn rhythu fel peth hurt ar yr holl enwogion oedd i'w gweld yno – oedd: 'Michael, have your peep and then ignore them.' David Evans oedd ei enw go iawn ac roedd ganddo chwaer, Jessie Evans, oedd yn actores reit enwog yn ei dydd. Bu'n rhaid iddo newid ei gyfenw achos bod 'David Evans' arall yn aelod o undeb yr actorion, Equity. Dewisodd Garfield ar ôl yr actor ffilm Americanaidd John Garfield – am y rheswm syml i hwnnw gael hartan farwol pan oedd ar y job.

Yn ogystal â mynychu tafarn y New Ely a chlwb y BBC roedd tipyn o fynd ar nosweithiau Barbarellas, clwb nos ar waelod Heol y Santes Fair. Hywel Gwynfryn a Huw Ceredig oedd yng ngofal y nosweithiau – rhyw lobsgows o ddisgo a pherfformiadau byw (Meic Stevens, Heather). Yno gwnes i gwarfod â Gwen am y tro cynta; mi fyddai, ymhen pum mlynedd, yn gariad, yn gymar ac yn wraig i mi am dri deg un o flynyddoedd. Ond yn 1971 roedd hi'n briod ag Ian, Cymro di-Gymraeg o'r ddinas. Roeddwn eisioes wedi dŵad ar draws ei brawd, Ems (y cerddor a'r cyfansoddwr Emyr Hughes Jones), ym Mangor yn 1969 ac 1970. Rhyfeddwn at ei phrydferthwch a'i bywiogrwydd, ei rhywioldeb a'i ffraethineb. Ymatal wnes i 'radag honno, yn bennaf gan fy mod mewn perthynas â Heather; roedd ymdopi ag un gŵr ar y tro yn ddigon.

Yn adran cyfeiriadau a rhifau ffôn y dyddiaduron cynnar mae yna wastad rai nad oes gin i'r un syniad heddiw pwy oeddynt/ydynt: Rosie – a arferai fyw yn St Fagans Rise? Dave Cutts? Ken Merey? Arthur Dyke? Maria Louisa Montesi, Forli, yr Eidal? Hold on, Defi John, dwi yn ei chofio hi. Myfyrwraig, ar drip cyfnewid â Phrifysgol Bangor yn 1971. Roeddem yn dal i lythyru yn 1972, er na welis i byth mohoni wedyn. Melys – caru ar gae ffwtbol yng ngolau'r lloer. Sleifio i'w stafell yn Neuadd Reichel am chwanag. Melys dros ben.

1972

Erbyn dechrau'r flwyddyn roeddwn wedi hen sefydlu yn y brifddinas ac yn byw yn 75, Conway Road – mewn fflat fawr ar y llawr gwaelod i gychwyn, yn rhannu gyda Hefin Evans (hen ffrind a chyd-weithiwr o ddyddiau Cwmni Theatr Cymru), wedyn ar fy mhen fy hun mewn fflat lai, ddwy stafell yn nhop y tŷ. Dyddiau gwyllt ac anghyfrifol, yn enwedig gan fod tafarn y Conway reit dros y ffordd. Pnawnia hir, meddw yng nghwmni Meic Stevens (y canwr), yr actorion Ray Smith a Clive Roberts, a'r bardd peryglus John 'life is like a rose' Tripp. Yno ddaru John Picton, sorri, Bŵts, sorri, Pierce Jones wyntyllu'r syniad am *Glas y Dorlan* (y gyfres gomedi) am y tro cynta. Bu Bŵts yn blismon (hynod aflwyddiannus) yn ardal Dolgellau am ryw ddwy flynedd yn y chwedegau, cyn iddo benderfynu cael addysg a mynd i Goleg Harlech a Phrifysgol Bangor. Ei brofiadau o, mewn stesion wledig iawn ar y pryd, oedd y sbardun i ni fynd ati.

Toedd yna fawr yn digwydd yn sir Feirionydd yn y cyfnod hwnnw – a pha ryfedd, pan nad oedd (yn ôl Bŵts) ond un golau traffig yn y sir i gyd, ar Bont Llanelltyd. Yn ystod y cyfresi cynnar (bu chwech), Bŵts yn bendant oedd y ceffyl blaen – a'r drol. Roedd hynny'n gwbl addas gan mai y fo ddaeth â'r syniad i'r bwrdd; ei weledigaeth o oedd calon y gwaith. Ym mhob partneriaeth sgwennu, waeth beth yr addewidion a wneir o flaen llaw, waeth pa mor gyfartal ydi'r 'bartneriaeth' ar bapur, cyfyd un o'r ddau bartner ei ben uwchlaw'r llall. Mae'n anorfod. Felly gyda Bŵts, felly hefyd gyda Mei (Jones) yn ystod sgwennu *Deryn* yn yr wythdegau (yn naturiol eto, gan mai ei weledigaeth o oedd Robin Prichard); a hefyd gyda Branwen Cennard, pan oeddem yn cyd-storïo *Teulu* (gan mai ei gweledigaeth hi ydi'r gyfres). Yn gyffredinol, credaf fod hyn yn beth da, gan ei fod yn rhoi trefn ac arweiniad i'r sesiynau gwaith. Prun bynnag, yn amlach na pheidio mae talentau'r ail bartner yn datblygu mewn ffyrdd gwahanol (dwi'n un da am wneud panad a rhoi min ar bensal), gan gryfhau agweddau eraill o'r broses. Ond yn ystod sgwennu cyfresi cynnar *Glas y Dorlan* roedd tensiwn ambell waith, yn bennaf gan fod y dull o sgwennu yn llafurus dros ben. Hyd y cofiaf, roeddem wedi gweithio'r stori allan o flaen llaw, olygfa wrth olygfa, a byddai'r sesiwn yn dechrau gyda: 'Reit – ma' Sarjiant Puw yn deud ... (dyfeisio llinell) ac wedyn ma' Gordon Huws yn deud' (dyfeisio llinell) – pob ffwcin llinell, fesul un o'r dechrau i'r diwedd. Yn ystod sgwennu'r drydedd neu'r bedwaredd gyfres aeth yn dipyn o ffrae ynglŷn â rhywbeth a dim; mae'n amlwg fod yr holl beth wedi mynd yn ormod o straen. Yn sicr, roeddwn i eisiau'r rhyddid i sgwennu penodau ar fy mhen fy hun, ac o hynny ymlaen y drefn oedd ein bod yn cyd-storïo – a braslunio – gyda'n gilydd, ond yn mynd i'r afael â'r deialogi ar wahân, pennod wrth bennod. Dwn i ddim a oeddan nhw'n well penodau, ond mi oeddwn i o leia'n hapusach.

Roedd hi'n gyfres ogleddol o ran iaith, yn enwedig gan mai Stewart Jones chwaraeai'r 'Glas' ei hun. Ond mynnodd adran adloniant ysgafn y Bib – dylanwad *Fo a Fe* o bosib – ein bod yn gwneud un cymeriad yn ddeheuol, rhag ofn i drueiniaid Ystalyfera fethu dallt, mae'n siŵr. Dwi'n grediniol mai lol botas ydi'r busnes o beidio dallt ein gilydd. Mewn ysgol yn y de-orllewin yn nechrau'r saithdegau, yn perfformio pytiau o ddramâu Saunders Lewis ar achlysur ei ben-blwydd yn 80 oed, dywedodd gofalwr yr ysgol y geiriau hyn, am y gynulleidfa dila: 'Wel bois, 'se 'da chi un o ddramâu Wil Sam bydde'r neuadd 'ma'n orlawn.' Wir i ddyn i ti, Twm-Twm, dyna ddeudodd o.

Ar 13eg Awst mae'r dyddiadur yn nodi sawl peth: 'David Lyn – grant'. Dyma gyfeirio at y ffaith fod ei gais am nawdd i sefydlu cwmni theatr newydd sbon wedi bod yn llwyddiannus. Enw'r cwmni oedd Theatr yr Ymylon. Mae'n nodi hefyd: 'Tel Magi Bird', sef fy atgoffa i roi caniad i Margaret Bird, cynhyrchydd radio gyda'r Bib. Roeddwn yn gweithio tipyn i Margaret fel actor ar y pryd. Tua canol y nawdegau, bron i ugian mlynedd wedi i mi adael fy swydd staff yn adran ddrama'r Gorfforaeth, mi ddigwyddis daro ar Margaret mewn caffi yn Llandaf. Gofynnodd i mi sut oedd y gwaith yn mynd, ac ymhle yn union oedd fy swyddfa i erbyn hyn. Roedd yn amlwg yn meddwl fy mod yn dal i weithio i'r Bib. Mae'n rhaid ei bod yn byw yn nhop uchaf y twr eifori, heb unrhyw ymwybyddiaeth o'r byd mawr celfyddydol tu allan, a'r gyrfaoedd amrywiol roeddwn wedi'u dilyn ers ymadael.

'Gyrru llun i John Schlesinger.' Ia, cyn i chi ofyn, y John Schlesinger, cyfarwyddwr nodedig ffilmiau fel *Sunday, Bloody Sunday, Midnight Cowboy* a *Far from the Madding Crowd*. Yn achlysurol, byddai Cwmni Theatr Cymru'n cyflogi meistres y gwisgoedd o'r enw Edith Stanley, o Fae Colwyn. Roedd hi'n reit oedrannus ac yn hen law ('I've seen 'em come and go, love'), ac wedi gweithio cryn dipyn gyda John Schlesinger ac yn ei adnabod yn dda. Roedd Edith yn grediniol y byddai iors trwli yn gwneud actor ffilm da (dwi'n dal i deimlo ei bod hi'n iawn), a hi a'm perswadiodd i yrru'r llun. Dwi ddim yn cofio pa lun yrris i, ond mi dwi yn cofio un peth: chlywis i 'run gair gynno fo, 'radag honno nac wedi iddo farw. Ychydig ddiwrnodia ar ôl i mi yrru'r llun, a heb sylweddoli eto na fyddwn byth yn cael ymateb, roeddwn yn Hwlffordd yn ystod wythnos y Steddfod – o bosib yn gweithio i Gwmni Theatr Cymru ar eu dilyniant i *Sachlïan a Lludw* (Steddfod Bangor), *Gwallt yn y Gwynt* – yn gorweddian mewn cae, yn smocio dôp gydag Arfon Haines Davies (cyn iddo ddechrau gyda Huw Tan Voel), ac yn brolio ynglŷn â fy nghysylltiad â John Schlesinger a fy ngyrfa ffilm arfaethedig. Mi ddaru Arfon fy llongyfarch, chwara teg iddo fo, ond onid 'wel, y basdad jammy' oedd yn mynd trwy ei feddwl go iawn gan ei fod yntau ar y pryd â'i fryd ar fynd yn actor?

Rhywbryd yn nechrau 1972 fe'm gwahoddwyd fel actor a chyw dramodydd, ynghyd â'r hen drwpar Stewart Jones, i ymuno â menter newydd o'r enw y Theatr Ddieithr. Clive Roberts a Valmai Jones oedd wedi gyrru pethau yn wreiddiol, ac wedi sicrhau nawdd gan Gyngor y Celfyddydau i fynd â dwy ddrama ar daith o bythefnos o amgylch Cymru – sef clasur Wil Sam, *Dinas Barhaus,* a'r ddrama gynta o'm heiddo i i gael ei llwyfannu, *Y Pry*. Hyd y gwn i, hwn oedd y prosiect proffesiynol cynta i gael ei ariannu yn dilyn sefydlu Cwmni Theatr Cymru yn 1968. Yn ddiweddarach yn y flwyddyn mi fyddwn yn rhan o gyd-sefydlu Theatr yr Ymylon gyda David Lyn, Christine Pritchard, Geraint Jarman a Huw Ceredig. Âi pum mlynedd heibio cyn i griw ifanc, dawnus gyflwyno *Croeso i'r Roial* yn Steddfod Wrecsam. Er bod y sioe honno dan ambarél Cwmni Theatr Cymru, yr un criw – fwy neu lai – fyddai'n mynd ati i sefydlu Bara Caws maes o law. Yr un peth oedd wedi sbarduno'r Theatr Ddieithr, Theatr yr Ymylon a Bara Caws, am wn i – sef yr ysfa i dorri'n rhydd o ddylanwad Cwmni Theatr Cymru ac unbennaeth Wilbert. Yn achos Bara Caws, yr eironi oedd fod y rhan fwyaf o'r aelodau cynnar yn gweithio i Gwmni Theatr Cymru, ac amharodrwydd y cwmni hwnnw i roi iddynt ryddid creadigol roddodd yr hwb a'r hyder iddynt fynd ar eu liwt eu hunain. Tasa Wilbert wedi'i gweld hi, mae'n bur debyg na fyddai Bara Caws wedi bodoli mor gynnar.

Roedd Clive a Valmai'n awyddus i wreiddio'r cwmni newydd yn Eifionydd (yn y Gegin, Cricieth, roedden ni'n ymarfer), gan roi pwys ar ddramâu Wil Sam fel rhan hanfodol o'r arlwy. Theatr Genedlaethol Eifionydd, os mynnwch chi. Be' ddigwyddodd? Pam nad adeiladwyd ar lwyddiant y daith gyntaf (a'r unig un)? Rhesymau personol, o bosib – roedd Clive a Val yn briod ar y pryd, ond yn y broses o wahanu. Ymhen ychydig fisoedd, byddai Theatr yr Ymylon – a David Lyn – yn camu i'r adwy. Wedi dweud hynny, er mai dim ond un daith a welwyd, fu'r ynni roed yn y fenter ddim yn wastraff; yn ddiau, mi fu'n help i fraenaru'r tir ar gyfer Theatr yr Ymylon a Bara Caws.

Mi gafon doman o sbort ar daith y Theatr Ddieithr. Mici Plwm oedd y goleuwr, a Stiw, Clive a finna'n gyfrifol am godi'r set yn ogystal ag actio. Roedd Valmai yng ngofal gweinyddiaeth, cyhoeddusrwydd a blaen y tŷ. Un noson, wedi perfformiad yn y dre mae'n siŵr gin i, aeth Stiw a finna am lymad i westy'r Golden Lion yn Nolgellau (cyn troi am adra). Roedd perchennog y gwesty i ffwrdd a Jo Llwyn – actor achlysurol a gŵr bonheddig – yng ngofal y bar, neu'n rhyw hanner gyfrifol am wneud yn siŵr ei fod yn cael ei gloi, ac na fyddai neb yn manteisio ar absenoldeb y perchennog. Roeddem yn adnabod Jo yn dda, gan ei fod yn gyd-aelod o gast y gyfres deledu *Tresarn*. Erbyn stop tap roedd hi'n joli iawn yno, ond bod y ddau ohonom ar ein cythlwng (fel ma' rhywun ar ôl bod yn yfed); rhaid oedd cael rhywbeth yn ein ceubal, doed a ddêl. Gan anwybyddu protestiadau Jo yn llwyr, dyma wneud bi-lein am y gegin. Roedd Stiw yn cadw gwesty ei hun (Pros Kairon, Cricieth), ac wedi hen arfer â phorthi'r pum mil tasa rhaid. Cyn medrach chi ddweud 'medium to rare' roedd dwy stecan *T-bone* anferth, maint eich clun, yn hisian a phoeri mewn padall; mewn padall arall roedd gin i tua chwe wy yn ffrio (dwi'n sgut am wya' rioed; yn ystod Steddfod Rhydaman mi fytis naw wy wedi'u berwi i frecwast un bora). Afraid dweud, mi gafon sgram a hanner y noson honno. Yna, tra oedd Stiw yn gwneud ymdrech i glirio peth o'r llanast mi es i i chwilio am dŷ bach. Ar fy ffordd yn ôl, dyma roi fy mhig i mewn i'r stafell fwyta, gan nodi fod popeth wedi'i osod yn ei le yn daclus ar gyfer brecwast. Yn goron ar bob bwrdd safai powlan o ffrwythau; a dyma fynd rownd pob un ohonynt a chymryd hansh o'r afal oedd yn y bowlan, gan wneud yn siŵr fy mod yn ei osod yn ôl yn ofalus fel na fyddai neb yn sylwi – hyd nes i rywun ffansïo afal wrth reswm.

Nid dyna'i diwedd hi. Gan fod y ddau ohonom wedi yfed llawer gormod i yrru, toedd dim amdani ond chwilio am rywle i roi ein pen i lawr. Dyma geisio agor stafelloedd gwely'r gwesty yn llechwraidd, nes darganfod stafell ddwbl oedd yn wag. Sleifio i mewn ac i'n gwlâu. Trwy lwc, roedd y stafell lawr grisia – h.y. roedd hi'n bosib agor y ffenast am chwech y bora a dringo allan, a'i heglu hi trwy'r ardd gefn, gan gyrraedd y maes parcio tu hwnt, lle safai transit y cwmni. Am tua saith y bora, roeddem yn eistedd yn y fan ar y ffrynt yn Bermo, yn syllu ar y tonnau ac yn yfed o boteli llefrith, yn myfyrio ar y ffaith ein bod wedi gwneud iawn â'r disgrifiad hanesyddol o actorion fel 'dihirod a chwydriaid' (rogues and vagabonds).

Ni fyddwn yn disgrifio David 'Dai' Lyn fel 'dihiryn a chrwydryn' – nid i'w wyneb, prun bynnag – ond roedd o'n o agos ati weithia, yn y ffordd glenia fyw. Dai oedd y corwynt creadigol fu'n bennaf cyfrifol am sefydlu Theatr yr Ymylon: gŵr carismataidd, amryddawn, arweinydd ac ysgogwr naturiol. Roedd bron yn amhosib dweud 'na' wrtho. Er mai sefydlu cwmni cydweithredol oedd y bwriad ar y cychwyn, buan iawn aeth yn fand un-dyn, gyda Dai yn ben bandit. Mewn egwyddor, 'toes gin i ddim gwrthwynebiad i deyrnasiad unbenaethol os ydi'r gwaith yn cael ei gyflawni, ac os nad ydi o neu hi yn mynd dros ben llestri, neu'n camddefnyddio'r swydd. Lle fyddai Cwmni Theatr Cymru oni bai am unbennaeth Wilbert Lloyd Roberts? Ei wendid o oedd ei anfodlonrwydd i lacio'i afael, a'i amharodrwydd i ddangos ffydd yn y rhai a ddeisyfai gymryd ei le. Felly roedd hi yn ystod sefydlu Theatr yr Ymylon yn 1972. Dwy ddrama fer oedd y cyflwyniad cyntaf: *Yr Aderyn* gan iors trwli ac *Yr Agoriad* gan Bernard Evans, y naill wedi'i chyfarwyddo gan Dai Lyn a'r llall gan Nesta Harris. Ar ddechrau'r ymarferion, mewn stafell danddaearol yn Newport Road, Caerdydd, cyrhaeddodd ymwelydd annisgwyl (os oedd o hefyd) – y dyn ei hun, Wilbert. Roedd wedi tuthio o'r gogledd oer i roi mymryn o ddarlith i'r criw haerllug a fynnai herio'i oruchafiaeth. Nid darlith chwaith, ond apêl: crefu arnom i roi'r gora iddi (ar ôl y cynhyrchiad agoriadol), gan rybuddio y byddai cwmni theatr arall yn arwain at rwyg a fyddai'n bwydo dialedd ein gelynion (ac yn achosi diwedd y byd yn y pen draw, am wn i). Teimlwn yn freintiedig, yn eistedd yn yr un stafell â dau unben: Wilbert wedi meithrin, a'r feithrinfa'n gwrthryfela, y basdads twyllodrus, anniolchgar ag oeddan ni.

Ofer fu'r apêl. Bu Theatr yr Ymylon mewn bodolaeth am wyth mlynedd, gan gynhyrchu ambell berl ond mwy na'i siâr o gachu hefyd. Ar lefel bersonol, rhoddodd y cyfle i mi weld fy nwy ddrama hir gyntaf – *Y Cadfridog* a *Terfyn* – yn cael eu llwyfannu. Un o'r ffactorau a arweiniodd at ei dranc, yn fy nhyb i, oedd y penderfyniad i weithredu'n ddwyieithog, a hynny'n weddol fuan wedi sefydlu'r cwmni. Ar bapur, purion; mewn realaeth, anymarferol. 'Tydi dwyieithrwydd ddim ond yn gweithio os ydach chi'n medru'r ddwy iaith, a'r munud mae ganddoch chi Gymro di-Gymraeg yn rhedeg y sioe (fel yn achos Norman Florence o tua 1976 ymlaen), yna mae un iaith yn bownd o ffynnu ar draul y llall, a'r iaith Gymraeg oedd honno wrth reswm pawb. Digwyddodd yr un peth i Dalier Sylw, cwmni arloesol iawn yn y nawdegau, yn llwyfannu dramâu gwreiddiol yn y Gymraeg dan arweiniad cadarn Bethan Jones. Oddeutu 2000, esblygodd yn Sgript Cymru, cwmni dwyieithog, a da o beth oedd hynny i mi'n bersonol gan iddynt gynhyrchu dwy ddrama Saesneg o'm heiddo: *Indian Country* a *Life of Ryan* ...

and Ronnie. Yn sgil yr esblygiad teimlais i'r arlwy Cymraeg fynd bron yn eilbeth. Bellach, llyncwyd Sgript Cymru gan Sherman Cymru, ac aeth y tân arloesol a daniwyd yn ddim ond megis 'arogl mwg lle bu'.

Gwener, 19eg Hydref, mae'r dyddiadur yn nodi fy mod yn gwarchod plant Meic Stevens (y canwr), Bethan ac Isi, yn y tŷ a rannai gyda'i wraig Tessa yng ngogledd Llandaf. Bu iddynt briodi y flwyddyn flaenorol yn ystod Steddfod Bangor; dwi ddim yn ama' mai Hywel Gwynfryn oedd y gwas. Cynhaliwyd y brecwast priodas yng ngwesty'r Castell wrth ymyl yr eglwys gadeiriol. Teg ydi dweud – a go brin y byddai neb a'u hadwaenai'n anghytuno – mai tymhestlog iawn oedd eu perthynas. Roedd Meic yn gyfansoddwr a pherfformiwr o'r safon uchaf; bu'n gyfrifol am nifer o ganeuon sydd yn sicr yn glasuron. Ond roedd hefyd yn berson 'anodd', anystywallt, annibynadwy – ddim o bosib yn 'husband and father material' o edrych yn ôl. Ond yn un ar hugian oed roeddwn yn ei eilunaddoli. Cysylltodd un diwrnod, gyda siec o ddau gan punt yn ei boced. Ffortiwn, 'radag honno. Roedd o am i mi ei throi'n arian parod yn fy manc yn City Road. Dyna wnaed, gan dreulio pnawn difyr iawn wedi hynny yn nhafarn y Conway, yn yfed Black Velvet, sef Ginis a siampên. Ac yna, yn anorfod, roedd clybiau yfed y dociau yn galw. Rhywdro yn ystod oria' mân y bora aeth yn flêr yn un ohonynt, yn ffrwgwd wrth i rywun geisio dwyn hynny o bres oedd gin Meic yn weddill. Daeth cyllell i'r golwg o rywle, ac roedd Pofi wedi'i heglu hi lawr y stryd cyn medrach chi ddweud 'y brawd Houdini', gan adael y 'swynwr o Solva' yn ei faw. Dyna i chi gymaint o arwr oeddwn i ar y pryd.

Dro arall, roeddem yn yfed yn hwyr yng nghlwb y Connoisseur, Heol y Santes Fair, gyda Meic yn ei het a'i sbectol ddu gyfarwydd. Diflannodd i rywle, gan ddychwelyd yn noethlymun geryn groen – ond yn dal i wisgo'r het a'r sbectol. Daliodd ati i yfed fel tasa dim yn bod, nes i'r perchennog, Charlie Bethel, lapio planced amdano a'i hysio o'r golwg i'r cefnau. Dyna'r math o beth fydda fo'n ei wneud, ac unwaith, gwelais Mici Plwm yn gwneud yr un peth yn union – ond ei fod o ar ei eistedd. Roeddwn yn ifanc, tua un ar bymtheg, mewn parti ym Mhen Cei, Porthmadog, a dim ond yn adnabod Mici o bell. Ar ôl sbel, sylweddolais fod y 'twmffat twp' wedi setlo mewn cadair freichiau, heb hyd yn oed het am ei ben, er ei fod o, chwara teg, wedi gosod blwch llwch – un mawr, gwydr – i orffwys ar ei geilliau. Sbio'n wirion, dyna'r oll fedrwn i ei wneud. Tybed oedd Meic a Mici, a phob Meic a Mici yn y byd, yn grediniol fod noethlymundod cyhoeddus yn atyniadol, yn help i ddenu merchaid, er enghraifft? Roedd yn ffasiwn ar y pryd hwyrach, ond heb gyrraedd Garndolbenmaen. Onid ydi cyrff noeth, ar ôl rhyw oed, yn bethau hyll ar y naw, i'w cuddio a'u cysgodi oddi wrth y cyhoedd yn gyffredinol?

Stori arall am Meic ydi honno amdano'n dychwelyd i'w dŷ yn Llandaf yn oriau man y bora yng nghwmni Gwynfryn 'Til' Roberts, llwyfannwr o'r Bala ar y pryd a chymeriad unigryw. Yn gwbl, gwbl annodweddiadol cynigiodd Meic dalu am y tacsi, gan annog Til i gnocio'r drws ffrynt fel medra Tessa, ei wraig, eu gadael i mewn (roedd yn honni iddo anghofio'i oriad). Toedd mam ddim wedi magu mwnci, a'r munud gnociodd Til dyma'r drws yn agor a llond pwcedad o ddŵr yn cael ei daflu am ei ben.

Er bod Eryri yn gysegredig (mae'n nes i'r nefoedd, os ydi'r fath le yn bod, nag unman arall yng Nghymru), daw Môn yn ail agos, am y rheswm syml mai un o'r ynys honno oedd fy ngwraig, Gwen. Ac un o Fôn oedd Peter Elias Jones, cynhyrchydd a phennaeth adran blant Huw Tan Voel yn y saithdegau. Roedd yn arloeswr ac yn wthiwr ffiniau, fel ei gyfoeswr (yntau o Fôn) yn y BBC, Dyfed Glyn Jones, yn yr un cyfnod, a bod yn deg (*Bilidowcar*, *Yr Awr Fawr*, rhaglenni teithio'r byd Hywel Gwynfryn). Roedd Peter Elias yn edrych, yn gwisgo ac ar adegau yn ymddwyn fel rhywun fyddai'n gwbl gyffyrddus fel cwisfeistr ar y rhaglen *Siôn a Siân* neu *Blankety Blank*. Ond peidied neb â chael ei dwyllo. Roedd ganddo ben ac, yn bwysicach, drwyn am beth fyddai'n debygol o ddiddori a chyffroi plant. Yn ddiau, pinacl ei ddyfeisgarwch oedd *Miri Mawr*. Ogof o fath oedd y set, a byddai cyflwynydd gwahanol i bob rhaglen, oedd yn cynnwys eitemau a chartwnau ac yn y blaen. Yn un gornel o'r ogof roedd twll, ac allan o'r twll yn achlysurol deuai pyped llaw, math o gi blêr o'r enw Llewelyn:

> Llewelyn Fawr, mawr fel cawr,
> Un goes i fyny, un goes i lawr.

Fi ddaru fathu'r arwyddair cocosaidd, ac am y rhan fwyaf o 1972 fy llaw i oedd i fyny tin yr hen Lew. Byddem yn recordio tair rhaglen yr wythnos yn stiwdios Huw Tan Voel ym Mhontcanna. Cymeriad digywilydd, ond hoffus, oedd Llewelyn, a fymryn yn anarchaidd ar brydiau. O dipyn i beth daeth creaduriaid eraill i'r ogof i gadw cwmpeini iddo. Pan gyrhaeddodd Caleb, y twrch daear a chwaraewyd mor wych gan Dafydd Hywel (ei awr ddisgleiriaf) a Blodyn Tatws, creadigaeth Robin Griffith, codwyd y fflam gryn dipyn; aeth yn gwbl anarchaidd ac yn achos Blodyn Tatws yn frith o *entendre* dwbl. Dyna oedd i gyfri, mae'n debyg, am boblogrwydd y rhaglen ymysg oedolion, yn rhieni ac yn fyfyrwyr, yn ôl y sôn. Daeth Caleb yn arwr, os nad yn 'drysor cenedlaethol'.

Ychydig flynyddoedd yn ddiweddarach, 1977 neu 1978, roeddwn yn actio mewn drama i'r Bib gan R. Gerallt Jones, a Chaleb yn ei anterth ar y pryd. Enw'r prif gymeriad yn y ddrama, hen gynghorydd Llafur a bortreadwyd gan Dillwyn Owen, oedd – Caleb. Bu pob ymgais ar ran Gwenlyn Parry, y golygydd sgriptiau, i berswadio R. Gerallt Jones i newid yr enw, a thrwy hynny roi hygrededd i'r cymeriad, yn ofer.

Daeth dau arall yn gymeriadau sefydlog yn ogof *Miri Mawr*: Dan Dŵr, a chwaraewyd gan John 'Bŵts' Pierce Jones – a oedd ar y pryd yn cyd-sgwennu'r sioe – a Creu, cymeriad egsentrig, Spike Milliganaidd a chwaraewyd gan Dewi Pws. Wedi i mi symud ymlaen, bu sawl llaw enwog i fyny tin Llew, rhai o 'bypedwyr' amlycaf Cymru yn wir: John Ogwen, Clive Roberts ac Iestyn Garlick, i enwi ond tri.

Wedi i mi gwblhau taith y Theatr Ddieithr yn Ebrill, mi es ati i ymarfer, ffilmio a recordio pennod brawf, neu beilot, o gomedi sefyllfa newydd sbon. *Y Garej* oedd ei henw, a Wil Sam a Guto Roberts oedd yr awduron. Yr amser hynny roedd hi'n arferiad gan y Bib i wneud pennod brawf o gomedïau newydd, cyn penderfynu a oedden nhw'n ddigon da i'w datblygu'n gyfresi llawn. Roeddynt yn gwneud mwy nag un ar y tro, a byddai'r penderfyniad i fwrw ymlaen neu beidio yn dibynnu i raddau helaeth iawn ar adwaith y gwylwyr. Gresyn nad ydi'r arferiad yn dal i gael ei arddel heddiw, gan na fasa llawer i 'gomedi' ddiweddar wedi gweld golau dydd, beryg (ac ydw, dwi'n cynnwys *Bob a'i Fam*).

Hynt a helynt garej wledig oedd y stori, ddim yn annhebyg o ran anian i'r Crown, Llanystumdwy, lle bu Wil Sam ei hun yn ennill ei damad cyn ei mentro hi fel dramodydd a sgriptiwr amser llawn. Charles Williams chwaraeai ran yr hen foi oedd yn berchen y garej, a finna ei nai anystywallt. Yn ogystal, roedd dau gymeriad oedd yn 'deips' mewn sawl drama o eiddo Wil Sam – sef yr howscipar (Beryl Williams) a'r plismon (Huw Ceredig). Mae i'r plismon 'drama' gwledig le anrhydeddus yn nramâu Wil, a'r enwocaf o'r rhain o bosib ydi PC 63, *Y Fainc* – 'Tydi pentra ddim yn bentra heb fainc a phlisman'; 'Does 'na ddim sôn, ddim ebwch-dinc-dam-sôn am expenses', i ddyfynnu ond dwy o'i linellau cofiadwy. Mae'n debyg mai ychydig iawn o deledu fyddai Wil yn ei wylio; tydw i ddim yn credu, ar y cyfan, fod ganddo ryw feddwl uchel iawn o'r cyfrwng. Wrth gwrs, mi ellid dadlau mai teledu roddodd iddo'i frêc pwysicaf, sef y cyfle i greu ei gymeriad enwocaf, Ifas y Tryc, ar gyfer y rhaglen ddychan *Stiwdio B*. Un gyfres fyddai'n ei mwynhau oedd *Sali Mali*, yn enwedig Plismon Puw o'r gyfres honno. Roedd y cymeriad, a dehongliad Rhys Parry Jones ohono, yn ymdebygu'n llwyr, neu'n agos iawn – mewn iaith, osgo ac agwedd – i'r plismyn a droediai ei ddramâu o ei hun. Yn dilyn peilot *Y Garej*, aed ati i wneud cyfres, chwe pennod i gyd. Most y piti, un gyfres yn unig a wnaed er iddi fod yn boblogaidd gyda'r gynulleidfa. Mae sôn, er nad oes gennyf brawf o hynny, mai tensiynau artistig rhwng Wil Sam a Guto Roberts oedd yn gyfrifol am y penderfyniad i beidio gwneud chwaneg. Os dyna'r rheswm, medraf lawn ddeall hynny: roedd Guto'n medru bod yn 'anodd', ac roedd Wil yntau, serch ei natur hynaws, yn medru bod yn ŵr penderfynol dros ben.

Ar 18fed Rhagfyr, dechrau ffilmio yn Llan-gors, ger Aberhonddu, ar gyfer cyfres ddrama newydd, *Y Rhandir Mwyn*, addasiad o nofel Marion Eames a dilyniant i'r nofel a'r gyfres deledu *Y Stafell Ddirgel* – cyfres o ddeuddeg pennod hanner awr, yn olrhain hanes Rolant Elis wedi iddo ef a'i gyd-Grynwyr ymfudo i dalaith Pennsylvania yn dilyn yr erlid fu arnynt yn eu gwlad ei hunain. Roeddwn yn chwarae rhan Sion Ifan, heliwr yn nhraddodiad Davy Crockett, yn grwyn ac yn ffwr i gyd. Ychydig dwi'n ei gofio am Marion Eames ar y pryd, ond ymhen rhyw ddwy flynedd deuthum i'w hadnabod yn lled dda, gan mai hi oedd un o sgriptwyr gwreiddiol y gyfres *Pobol y Cwm*. Mae sôn i'r darlledwr Vaughan Hughes ddweud amdani, fymryn yn annheg yn fy marn i, ynghylch ei chyf-weld rywdro yn ystod y cyfnod yma nad oedd hi'n 'randi nac yn fwyn'. Reit ddoniol, rhaid cyfaddef.

Dyma'r bobl yn y dyddiadur nad oes gin i'r syniad lleiaf heddiw pwy ydynt: Rhian Lewis – a arferai fyw yn Rookwood Close, Llandaf; Buddug West, Pencisely Road; Peter Raymond; Bill Royston; a Johanna Anderson.

1973

Dechrau'r flwyddyn, roeddwn yn dal i berfformio *Yr Aderyn* i Theatr yr Ymylon, yn ogystal â gwneud tripiau wythnosol (tan ddiwedd Ebrill) i Pebble Mill, Birmingham, i recordio penodau o'r gyfres *Y Rhandir Mwyn*; roeddwn hefyd, trwy gydol y flwyddyn, yn dal i wneud *Miri Mawr*. Ar y pryd, roedd tipyn o ymgyrch ar y gweill i berswadio artistiaid oedd yn gweithio 'ar eu liwt eu hunain' i'r Bib i ymatal rhag mynd dros Glawdd Offa i weithio; yr enwocaf o'r gwrthwynebwyr oedd y Tebot Piws, gyda'u cân bryfoclyd 'D'yn Ni Ddim yn Mynd i Byrmingham'. Clodwiw iawn, ond mae'n rhaid i mi gyfaddef, gyda chywilydd, na wn i am yr un actor ddaru ddilyn esiampl y Tebot. Tybed beth oedd yn gyfrifol am agwedd mor llwfr?

Yn ystod 1973, y datblygiad pwysicaf o bosib, i mi'n bersonol, er nad oedd yn benderfyniad ymwybodol ar fy rhan, oedd fy niddordeb cynyddol mewn sgwennu creadigol. I gychwyn, mi ges gomisiwn gan Dai Lyn (a Theatr yr Ymylon) i lunio cyflwyniad dramatig gyda chaneuon yn olrhain hynt a helynt Twm Siôn Cati: sioe swnllyd a lliwgar, a rhywbryd yn ystod y flwyddyn gofynnodd y Bib i mi ei haddasu ar gyfer y teledu. Cafodd ei ffilmio ar leoliad yn Llanymddyfri, dan gyfarwyddyd Rhydderch Jones. Mae'r dyddiadur yn nodi fy mod hefyd – yn ystod Chwefror a Mawrth – wedi mynd ati i sgwennu, yn ddigomisiwn, ddwy sgript deledu – yn Saesneg. *Fields* oedd enw un, am ddau foi mewn byncar yn gwarchod cae, y dwytha ym Mhrydain (rhagflaenydd *Y Cadfridog* hwyrach?). Roedd trydydd cymeriad, llais yn unig: 'The British Prime Minister – a German in his thirties'. Yr ail sgript oedd *Where Have All the Cars Gone, Mummy?*

Toeddwn i angen peltan? Pam oeddwn i'n teimlo'r angen i sgwennu yn Saesneg, reit ar ddechra ngyrfa? Am fy mod i, fel bron i bawb arall ym myd drama deledu'r cyfnod (os ydynt yn onest) yn ystyried mai trwy'r Saesneg oedd y ffordd ymlaen, fod yr iaith honno yn gyfystyr â llwyddiant go iawn. Tamad i aros pryd oedd gweithio yn y Gymraeg. Yn ddiau, dylanwad y Bib yn y blynyddoedd cynnar oedd yn bennaf cyfrifol am y meddylfryd afiach hwn. Yn y chwedegau a'r saithdegau, roedd hi'n arferiad cyffredin iawn i ymarfer, deudwch chi, ddrama Gymraeg ei hiaith trwy gyfrwng y Saesneg, er fod pob un wan jac ar lawr y stafell ymarfer yn medru'r Gymraeg. Roedd pobl ifanc oedd yn dod i mewn i'r busnes yn credu'n naturiol mai dyna oedd y norm. Mewn stiwdio, tasa chi'n gofyn rhywbeth i'r rheolwr llawr yn Gymraeg, saff Dduw i chi mi fydda un o'r technegwyr yn cwyno. Newidiodd pethau'n raddol, wrth i do ifanc ddod i'r amlwg tua diwedd y saithdegau, rhai nad oeddynt wedi cael eu meithrin gan y Gorfforaeth, ond yn hytrach yn y theatr; yn benodol, roedd dylanwad criw Bara Caws a'u cynghreiriaid ar sawl haen o'r diwydiant, yn gelfyddydol ac yn wleidyddol, yn aruthrol. Rhoddodd dyfodiad S4C hwb arall i'r broses, yn arbennig gyda sefydlu Barcud, a'r cwmnïau annibynnol (gyda Ffilmiau'r Nant ar flaen y gad) yn y gogledd. Yn sydyn, Cymraeg oedd iaith naturiol set a lleoliad. Os nad oeddech yn ei medru, wel, cachu caled.

Rhywbryd yn 1973, recordiais bennod o *The Inheritors* yn Llundain i Huw Tan Voel. Cyfres ar gyfer y rhwydwaith oedd hon, wedi'i lleoli 'rhywle yng Nghymru' (yn o agos i'r ffin, gellwch fentro), gyda'r prif gymeriadau i gyd yn Saeson, neu yn Gymry 'cae tu 'nôl' – pob un ohonynt, ac eithrio cymeriad John Ogs, oedd yn brif ran ac yn Gymro go iawn. Roedd y cymeriadau llai yn Gymry hefyd ('local colour'), gyda rhyw linell neu ddwy yr un – briwsion i ni, Gymry Cymraeg, oedd yn loetran yn feunyddiol ar gyrion y wledd. Roeddwn i'n chwarae newyddiadurwr, yn rhan o ddwy olygfa fer gyda'r actorion Robert Urquhart (mochyn) a Peter Egan (hen foi clên). Yr unig un o'r brodorion ddaru Urquhart drafferthu ag o oedd Stewart Jones, am y rheswm syml fod y ddau'n Albanwyr a hefyd yn berchen gwesty, yn yr Alban a Chricieth, yn y drefn honno. Awdur y gyfres oedd Wilfred Greatorex, oedd tua 50 oed ar y pryd ac yn gyfrifol am ddwy gyfres hynod boblogaidd o'r chwedegau, *The Power Game* a *The Plane Makers*. Un diwrnod, yn ystod yr ymarferion dyma fynd i glwb Huw Tan Voel ym Mhontcanna amser cinio a tharo ar Wilfred ac Aled Vaughan Williams (pennaeth rhaglenni) wrth y bar. Roeddwn yn awyddus iawn i wneud yn hysbys fy mod inna hefyd yn sgwennu, neu fy mod â fy mryd ar sgwennu o leia. Dywedodd Wilfred wrtha i am beidio poitsio nes oeddwn i'n ddeugian oed, am na fydda gin i ryw lawer i'w ddweud nes cyrraedd yr oed hwnnw. Ar y pryd, fy adwaith breifat oedd 'twat' – ond, gyda'r blynyddoedd, dwi wedi myfyrio llawer am yr hyn a ddywedodd, a dod i'r casgliad ei fod yn rhannol gywir. Wrth gwrs, mae eithriadau: deunaw oedd Shelagh Delaney pan sgwennodd *A Taste of Honey*, ac onid oedd y rhan fwyaf o gampweithiau Dylan Thomas (ar wahân i *Under Milk Wood*) wedi'u cwblhau pan oedd o'n dal yn ei glytiau? Mae'n debyg mai oddeutu 1985/1986 wnes i ddechrau ei gweld hi, neu deimlo fy mod i'n cael rhywfaint o grap arni, a hynny gyda'r ddrama deledu *Sul y Blodau*. Doeddwn i ddim cweit yn ddeugian, a 'tydi'r ddrama ddim yn berffaith o bell ffordd, ond hwyrach fod Wilfred yn nes ati nag oeddwn i'n gredu ar y pryd.

Yn ystod ymarfer, ffilmio a recordio *Y Rhandir Mwyn* – sef y rhan fwyaf o'r flwyddyn – datblygodd perthynas hyfryd iawn rhwngtha i a'r actores Olwen Rees. Roedd misoedd y gwanwyn a'r haf, yn arbennig, yn amser hapus iawn.

Wrth edrych yn ôl, ni ddylai'r un ohonom fod wedi ymhél â'n gilydd gan fod Olwen yn briod, ond ar y pryd doedd gin i fawr o gydwybod ynglŷn â mynd i'r afael â gwragedd a chariadon pobl eraill. Hwyrach nad oedd gan Olwen chwaith gan iddi, yn fuan wedi i'n perthynas ni ddŵad i ben, ddechrau cyboli gyda'r canwr Johnny Tudor (sydd rŵan yn ŵr iddi, a thad ei phlentyn). Yn gymharol ddiweddar, rydw i a Johnny wedi dod yn ffrindia ac ategodd stori amdano'i hun roeddwn i wedi'i chlywed flynyddoedd ynghynt. Cafodd Robert, gŵr Olwen ar y pryd, smel o'r berthynas odinebus ac aeth rownd i dŷ Johnny a rhoi homar o stid iddo, gan dorri tair o'i asennau. Ffiw, mi gymris y goes dest mewn pryd.

Nos Lun, 16eg Gorffennaf, yng ngwesty Dolbrodmaeth, Dinas Mawddwy, cymerais ran yn noson agoriadol *Pryderi and his Pigs*, yn canu i gyfeiliant y gitâr (yn bennaf) fel rhan o bedwarawd oedd yn cyflwyno cerddi a chaneuon, fel rhyw 'Poems and Pints' cynnar, am wn i. Roedd y daith yn para pythefnos gan ymweld â gwahanol westai a thafarndai ledled Cymru, gyda'r pwyslais ar feirdd Eingl-Gymreig, megis Gwyn Thomas ac Idris Davies. Ray Handy oedd sylfaenydd y grŵp, a gweddill y criw oedd Dilys Price, Susan Broderick ac iors trwli. Roedd hyn yn y dyddiau cyn i Susan Broderick fynd yn Sue Roderick (na, 'sgin inna ddim syniad chwaith, mi fydd yn rhaid i mi ofyn iddi rywbryd). Fel Susan Broderick roeddwn i'n ei hadnabod, yn ferch ifanc yn Nhremadog; aeth y ddau ohonom i Ysgol Eifionydd, er nad ar yr un pryd. Datblygodd Susan i fod yn un o'r actoresau gorau a feddwn yma yng Nghymru. Mae ganddi 'waelod'; rydw i'n 'malio' am bob cymeriad mae hi'n ei chwarae. Un daith fûm i arni (dwi'n meddwl), ac yn ystod y blynyddoedd canlynol newidiwyd y cast sawl gwaith (gan gynnwys Christine Pritchard, Olwen Rees, Eilian Wyn), ac aed â'r cynhyrchiad i America ar fwy nag un achlysur.

Yn mis Medi digwyddodd dau beth o bwys mawr, neu'n hytrach roedd un peth yn ei le yn barod: roeddwn wedi prynu tŷ yn y gogledd, sef 5 Cae Chwaral, Rachub, Bethesda, drws nesa i dŷ fy nghyfaill Clive Roberts, ac wedi sicrhau grant gan gyngor Bethesda i osod bathrwm newydd ynddo. Sut ddiawl wnes i hyn oll a finna eto ddim yn gyrru, dyn a ŵyr. Ta waeth, roedd y bwriad yn gwbl glir: wedi cwta dair blynedd yn y brifddinas, roeddwn â'm bryd ar ddychwelyd i fro fy mebyd (neu'n ddigon agos). Ond wnes i rioed fyw yn y tŷ, a dwi'n dal yn y brifddinas. Gwerthais y tŷ, i'r actores Sharon Morgan y flwyddyn ganlynol. Roedd yn benderfyniad cwbl dyngedfennol, achos taswn i wedi symud yno i fyw ni fyddwn i rioed wedi cwarfod â Gwen, na fy mhlant, Catrin a Llion, na chwaith fy ŵyr bach, Jaco. Mi fyddai cwrs fy mywyd i wedi bod yn wahanol iawn. Beth, felly, barodd i mi newid fy meddwl ar y funud olaf? Yn syml, penderfynais wneud cais am swydd yn adran ddrama'r BBC yng Nghaerdydd – sef golygydd sgriptiau cynorthwyol, dan adain neb llai na Gwenlyn Parry. Yn answyddogol, roedd yr hen Bar wedi awgrymu y dylwn fynd amdani, ond wedi'r cyfweliad – ar 5ed Medi am 11.45 y bora – toeddwn i ddim yn orhyderus, nac yn teimlo fy mod i wedi landio'r job. Fel arall y bu, ac mae'r diolch am hynny i Gwenlyn. Mae'n debyg nad oedd gweddill y panel cyf-weld am ei rhoi hi i mi, ond roedd Gwenlyn wedi synhwyro 'enaid hoff cytûn' ac wedi llwyddo i fynd â'r maen i'r wal. Y cwestiwn heddiw ydi pam? A finna'n cael digon o waith actio, a hwnnw'n waith amrywiol, heb eto gyfrifoldebau o fath yn y byd – ar ben y ffaith fy mod i wedi prynu'r tŷ yn Rachub – pam wnes i benderfynu mai swydd (ddiogel iawn ar y pryd) oeddwn i isio? Hwyrach fod yr ysfa ynof i fod yn sgwennwr (sydd erbyn hyn wedi hen oresgyn fy 'ngyrfa' fel actor) yn gryfach nag oeddwn i'n feddwl.

Ond yn Hydref 1973 roeddwn yn dal yn actor, ac yn rhan o gynhyrchiad gan Theatr yr Ymylon, taith genedlaethol i ddathlu'r ffaith fod Saunders Lewis yn

Fy hoff lun o Jaco, fy ŵyr

Catrin a Llion yn blant

Llion a Gwen

Llion, fy mab

bedwar ugain oed. Hwn fyddai fy ngwaith olaf fel actor am bron i dair blynedd a hanner. Ar yr un pryd – a dyma i chi wallgofrwydd – roedd Cwmni Theatr Cymru, yr arch elyn, yn teithio Cymru gyda chynhyrchiad oedd bron yn union yr un fath, sef pytiau o wahanol ddramâu o eiddo S.L. Gwastraff arian ac adnoddau, hogia bach. Cythral canu? Ma'i frawd o, cythral drama, yn waeth o beth uffar. Fel roedd hi 'radag honno, felly ma'i hyd y dydd hwn: pawb ar ei doman ei hun, pawb yn bitshio ac yn lladd ar ei gilydd. Tybed oedd Saunders ei hun, yn ei garat ym Mhenarth, yn dal ei ben yn ei ddwylo ac yn sgrechian: 'O na! Ddim cynhyrchiad cachu arall o 'ngwaith i!' A chachu, beryg, oedd y ddau gynhyrchiad ar y cyfan. Mi fasa'n rheitiach tasa un o'r cwmnïau wedi mynd ati i daclo un o'r dramâu yn ei chrynswyth – *Brad*, er enghraifft. Hyd y gwn i, ni fu yr un cynhyrchiad proffesiynol ohoni yn y Gymraeg erioed, sydd yn ddirgelwch o gysidro fod ynddi gymaint o gyfleon i actorion ddangos eu hunain: iwnifforms Natsïaidd, secsi; clicio sodlau a lot o weiddi. Yr 'usual suspects' sy'n cael eu gwneud bob gafael, ar lwyfan a sgrin: *Siwan*, *Blodeuwedd*, *Gymerwch chi Sigarét?*

Yn ystod y daith hon y bûm i am y tro cynta rioed – a'r tro ola, credwch chi fi – yn feddw ar lwyfan. Mae'r diolch i mi gael fy nhywys ar gyfeiliorn yn mynd yn llwyr i Mr Stewart Whyte McEwan Jones. Wrth drafaelio yn y car o Eifionydd i Ysgol y Preseli, Crymych, lle roedd y perfformiad i'w gynnal y noson honno, pasiwyd y byddai'n syniad da aros yn y Black Lion, Llanrhystud, am 'spot of lunch'. Yno, roedd criw difyr o ffarmwrs a chesys cyffelyb, a gyda'u harwr, Ifas y Tryc, mewn hwyliau rhagorol buan iawn aeth hi'n 'welar'. Sut yrrodd Stiw yr holl ffordd i Grymych heb ladd dafad – neu waeth – dwn i ddim; fyddwn i byth yn holi. Ond mi wn i'r profiad o geisio perfformio fod yn un hunllefus. Roedd yr ysbryd yn awyddus, ond y coesau fel pe baen nhw'n cerdded trwy driog, a'r lleferydd fel taswn i newydd ddarganfod y diwrnod hwnnw sut i siarad. Dwi'n ofni nad oedd ein cyd-actores, Christine Pritchard, yn fwni hapus o gwbl, o nagoedd; a dweud y gwir, roedd hi am ein lladd, yn enwedig iors trwli, gan mai fi oedd Gwilym Brewys i'w Siwan hi.

Yn dilyn y daith, dyma fynd am hoe i'r 'Werddon yng nghwmni Clive Roberts. Roeddem yn cyd-sgwennu *Miri Mawr* ar y pryd. Yn hytrach na Dulyn ffasiynol, aethom i bellafoedd y gorllewin, cyn belled â Kruger's Bar, tu hwnt i dref Dingle. Yr ymffrost oedd mai hwn oedd y bar mwya gorllewinol yn Ewrop, gyda'r peint nesa i'w gael yn Efrog Newydd. Heb fod ymhell, buom yn cerdded ar y traeth a ddefnyddiwyd ar gyfer y storm yn y ffilm *Ryan's Daughter*. Roedd y cof am wneud y ffilm yn fyw iawn, gan i'r cast a'r criw dreulio dwy flynedd i gyd yn yr ardal, ac fel yn achos *The Inn of the Sixth Happiness* yn Eryri yn y pumdegau fe fu'n hwb enfawr i'r economi. Nid hwn oedd fy nhrip cynta i'r ynys werdd chwaith: bûm yn Nulyn yn 1969, yn dilyn Steddfod Fflint, yng nghwmni Mici Plwm a chyfaill iddo o Borthmadog, Louis. Mi gafon le i ddosio ar lawr fflat Hywel 'Gunga' Morris. Yn nhop y tŷ roedd mam sengl, oddeutu 30 oed, yn byw. Fedra i yn fy myw gofio'i henw, ond do, mi ddaru ni, rhyw lun. Ond gan fy mod i mor ddibrofiad, a hithau i'r gwrthwyneb, mae'n rhaid mai antur go siomedig gafodd hi. Mynnai Plwm – pan âi ei ddychymyg yn drech nag o – ei bod hi'n fy ngalw i'n 'my little greengage'. Dim byd o'r fath. Wna i byth anghofio cael fy mheint cynta o Ginis: methu dallt pam fod Hywel, ar ôl iddo ordro, yn ein tywys at fwrdd i eistedd; mwy o ddirgelwch, wrth i ni aros deng munud da cyn i'r peintiau landio. I rywun a fagwyd ar Double Diamond, Watneys Red Barrel ac M & B meild roedd oedi fel hyn yn annerbyniol. Wrth gwrs, nid tynnu peint o Ginis ydach chi ond ei saernïo, ac roedd yr oedi yn werth pob eiliad wrth i'r hylif gogoneddus lithro i lawr y lôn goch.

Dyma'r enwau o 1973 nad wyf bellach yn eu cofio: 'Hogan Ddu Ddel HTV, Maida Vale' – fel'na yn union mae o i lawr. Ond pwy ydi hi? Wnes i fwynhau? Rosie – rhaid bod hon yn weddol bwysig, gan ei bod i lawr yn nyddiaduron 1971 ac 1972. Ond pwy? Nerys Jones; Jan – Canton a'r Drenewydd; Emrys Hughes; Arthur Dyke – dal i mewn ers 1971; Sue Collier.

1974

Mae'n eithaf arwyddocaol na fedrwn ddŵad o hyd i ddyddiadur ar gyfer y flwyddyn hon. Y rheswm am hynny, mae'n debyg, ydi nad oeddwn yn gorfod cofnodi fawr o ddim, gan fy mod mewn un lle, ac un lle yn unig, fwy neu lai trwy gydol y flwyddyn: canolfan ddarlledu'r Bib yn Llandaf. Heblaw am is-olygu'r gyfres ddrama *Enoc Huws,* a golygu'r gyfres i blant/pobl ifanc *Pen ei Dennyn,* treuliais y tair blynedd a hanner y bûm i yno ym mhentrefi dychmygol Cwmderi a Llanarthur. Y bwriad oedd cynhyrchu cyfres o ddeg pennod ar hugain, a hynny'n flynyddol – tipyn o gontract i'r adran ddrama 'radag honno, gan fod sgwenwyr sebon yn bethau prin ar y diawl yn nechrau'r saithdegau. Af ymhellach, gan ddatgan nad oeddynt yn bodoli o gwbl – ac eithrio Gwenlyn Parry, oedd wedi gwneud gwaith arloesol ar gyfresi cynharach megis *Byd a Betws* ac *Y Gwyliwr.*

Mewn parti ym Mangor – yn fflat Iona Banks, Gwladys Lake yn *Pobol y Cwm,* lle roeddwn yn lletya y des i ar draws Gwenlyn am tro cyntaf. Erbyn meddwl, roedd John Hefin, cynhyrchydd y gyfres, efo fo ar y pryd. Roeddwn eisioes wedi gweithio fel llwyfannwr ar gynhyrchiad Cwmni Theatr Cymru o'i ddrama lwyfan newydd, *Tŷ ar y Tywod,* yn Steddfod y Barri ac wedyn ar daith. Chydig a wyddwn i ar y pryd gymaint o ddylanwad fyddai Gwenlyn ar fy ngyrfa fel sgwennwr, rhyw chwe blynedd lawr y lein. Roeddwn yn brentis unwaith eto, nid o dan adain Wilbert Lloyd Roberts tro 'ma, ond efo'r saer geiriau ei hun – o ofal un athrylith i un arall. Gwenlyn, fel dramodydd llwyfan, oedd yn bennaf cyfrifol am chwyldroi'r theatr Gymraeg ei hiaith yn ystod y chwedegau a'r saithdegau, gan swyno a sbarduno llawer ohonom i ddilyn ôl ei droed. Roedd o hefyd yn arloeswr ym myd teledu; mi fyddwn i'n bersonol yn dweud ei fod yn haeddu cael ei alw yn 'dad y ddrama deledu Gymraeg fodern'. Toedd neb yn sgwennu sebon, yng ngwir ystyr y gair, nes iddo fo ymhél â'r grefft a dangos y ffordd ymlaen i bawb arall. Dim ond heddiw, hwyrach, y medrwn lawn werthfawrogi ei ddylanwad. Er iddo boitsio rhyw fymryn â'r iaith fain – *Grand Slam* ydi'r enghraifft enwocaf – dywedodd rywdro mai 'sgwennwr Cymraeg ydw i'. Gwir y gair. Roedd ganddo'r gallu a'r dychymyg i roi i ni theatr fyw, gynhyrfus, ddadleugar yn ein hiaith ein hunain. Mae *Tŷ ar y Tywod* – ynghyd â'r ddwy glasur arall, *Saer Doliau* ac *Y Ffin* – yn brawf pendant o hyn, yn gonglfeini i'r twf ddaeth ar eu hôl. Does ryfedd mai dramâu Gwenlyn, gyda'r blynyddoedd, ydi'r rhai a ddewisir, dro ar ôl tro, ar gyfer eu hailddehongli.

Nofelwyr a dramodwyr, yn bennaf, oedd awduron gwreiddiol *Pobol y Cwm*: Marion Eames, Harri Pritchard Jones, Tom Richards, Gwynne D. Evans ac Eic Davies – gyda Gwenlyn ei hun, ac ymhen sbel iors trwli yn cyfrannu ambell i bennod. Byddai Gwenlyn a fi'n cyd-greu'r stori, a braslun manwl – sydd, hyd y dydd hwn yn cael ei sgwennu yn uniaith Saesneg – gyda'n gilydd, a'r awduron wedyn yn deialogi. Talcen caled ar adegau, gan fod llawer iawn o ailsgwennu. Yn yr ail flwyddyn, ychwanegwyd dau ogleddwr at y tîm: Gruffudd Parry, Botwnnog, awdur *Pen ei Dennyn* a Huw Roberts, Pwllheli. Bu Huw, yn arbennig, yn gaffaeliad mawr i'r gyfres, fel sgriptiwr a storïwr am flynyddoedd lawer.

Y newid amlycaf pan edrychir ar y gyfres heddiw, i'm llygaid i, ydi hyd y golygfeydd. Yn yr hen ddyddiau, toedd hi'n ddim i gael golygfa o bedwar, bump, weithia chwe munud – tragwyddoldeb yn nhermau teledu modern. O dipyn i beth aeth y golygfeydd yn fyrrach, gan orfodi'r sgriptwyr i grynhoi, a dweud dim ond beth oedd yn angenrheidiol i'r plot. Canlyniad hyn oedd mwy o olygfeydd, oedd yn cyflymu'r bennod – hanfodol i gynulleidfa'r oes sydd ohoni, heb y gallu na'r amynedd i ganolbwyntio ar ddim am fwy na rhyw dair eiliad ar y tro.

Ond mentraf ddweud nad *Pobol y Cwm* oedd y rhaglen gynta i wthio'r ffiniau, yn sicr yn nhermau mynd â'r camera allan i'r strydoedd a'r caeau, a chwtogi golygfeydd. Perthyn yr anrhydedd honno, yn fy marn fach i, i Graham Jones a'r gyfres *Dinas*. Beth bynnag arall oedd hi, roedd hi'n 'symud'.

Gweledigaeth John Hefin a Gwenlyn oedd *Pobol y Cwm*, cyn i mi landio. Er hynny, mi ges fymryn o ddylanwad. 'Pentrefelin' oedd enw dros-dro'r gyfres am fisoedd lawer (nes i Gwenlyn fathu *Pobol y Cwm*), cydnabyddiaeth o'r pentra, rhwng Cricieth a Phorthmadog, lle treuliais gymaint o fy llencyndod yn gweithio ym Mhlas Gwyn. Cafodd Sabrina Harries (Gillian Elisa) ei henwi ar ôl Sabrina Owen, merch – a tasa hi ond wedi caniatáu hynny, cariad – oedd yn gyd-ddisgybl â mi yn Ysgol Eifionydd. Roeddwn wedi mopio'n llwyr efo hi, ond dwi ddim yn ama' i fy mrawd hŷn, Emyr, achub y blaen arnaf. A dyna i chi Meic Pierce (Gareth Lewis) wedyn. Mi gafodd ei fedyddio yn 'Piercy'; roedd llwyth o Piercys ym Mhorthmadog ar y pryd, yn eu plith Roy, Tony, Alan a'r arlunydd, Rob. Ond roedd fy sgrifennu llaw hir i mor flêr fel y bu i'r deipyddes ei gamgymryd am 'Pierce' dro ar ôl tro. A dyna'r enw a fabwysiadwyd yn y diwedd.

Roedd rhai rhannau wedi'u creu yn arbennig ar gyfer actor neu actores benodol – yn enwedig Harri Parri, gofalwr craff Bryn Awelon, y cartra henoed. Er i Charles Williams chwarae cannoedd o rannau ar lwyfan, radio a sgrin, mewn gyrfa faith ac anrhydeddus, mae'n bur debyg y cofir ef gan y mwyafrif fel Harri Parri. Roedd yn ymgorfforiad o athroniaeth John Hefin, sef y dylai hiwmor yrru o leiaf draean o bob pennod, gan neilltuo'r gweddill i faterion fymryn yn drymach. Roedd John yn llygad ei le, a toedd nunlla a roddai fwy o gyfleon am hiwmor na Bryn Awelon: dau wersyll pendant, gyda'r Metron yn cynyrchioli awdurdod swyddogol, a Harri Parri – o'i guddfan, 'y potting'

– yn cynyrchioli awdurdod answyddogol, gwrthryfelgar, anarchaidd. Mae'r brwydrau rhwng Harri a'r Metron, yn enwedig yn y cyfnod cynnar pan chwaraeid hi gan Dilys Davies, drwynsur, yn aros yn y cof.

Trawyd ar chwip o ddyfais ar gyfer y bennod gynta. Mae pennod agoriadol unrhyw gyfres newydd yn hunllef i'w chael yn iawn: sut mae cyflwyno'r cymeriadau heb ei wneud yn gwbl amlwg mai dyna ydach chi'n ei wneud, a chyflwyno stori afaelgar ar yr un pryd? Roedd gan y darlledwr poblogaidd Alun Williams raglen radio o'r enw *Dewch am Dro*; byddai'n tramwyo Cymru, gan holi hwn a'r llall mewn gwahanol gymunedau, mewn ysgol neu neuadd bentra. Yn y bennod gynta rioed o *Pobol y Cwm* roedd yng Nghwmderi, yn benodol ym Mryn Awelon:

ALUN WILLIAMS: A beth yw'ch enw chi?
HARRI PARRI: Harri Parri!
ALUN WILLIAMS: O! O'r north, wy'n iawn?
HARRI PARRI: Ydach, 'tad! O Fôn!
ALUN WILLIAMS: Odych chi'n joio byw, yma ym Mrynawelon?
HARRI PARRI: Howld on am funud bach! Tydw i ddim yn byw 'ma. Nag'dw. Tydw i ddim yn un ohonyn nhw. Gweithio yma ydw i. Y fi ydi'r gofalwr ...

Ac yn y blaen. Datgelu gwybodaeth am y cymeriadau mewn ffordd gwbl naturiol a derbyniol. Yr unig gymeriad oedd yn wrthwynebus i ymweliad Alun, ac a wrthodai wneud dim â'r miri oedd Bella, a chwaraeid gan y 'fam Gymreig', Rachel Thomas.

Y cymeriad rhyfeddaf o ddigon i breswylio ym Mrynawelon oedd Tush, Dai Tushingham a chwaraeid gan

Islwyn Morris, o bosib un o actorion doniolaf Cymru, heb drio bod. Mae ei gyfraniad i'r gyfres *Satellite City* yn brawf pendant o'i athrylith. Yn y gyfres gyntaf o *Pobol y Cwm,* yn 1974, roedd Tush yn ddyn ar ei bensiwn, wedi gyrfa faith o weithio ar y rheilffyrdd. Roedd ganddo fop o wallt gwyn. Yn raddol, dros yr ugian mlynedd nesa aeth y gwallt gwyn yn frown – neu'n sicr mi dwllodd; gadawodd Frynawelon i agor siop – a phriodi. Tasa'r fath beth yn bosib mewn realiti, oni fyddai henaint yn rhywbeth i'w groesawu?

Y budd mwya ges i o weithio ar *Pobol y Cwm* oedd sylweddoli pwysigrwydd disgyblaeth. I raddau, roedd yn cael ei gorfodi arnom gan ein bod wastad yn gweithio i ryw 'deadline' neu'i gilydd. Heb ddisgyblaeth, a'r parodrwydd i dorchi llewys, fyddai'r gwaith ddim wedi cael ei gyflawni. Talodd fy amser yn y Cwm ar ei ganfed i mi, wrth i'r gwaith sgwennu gynyddu gyda'r blynyddoedd (a'r gwaith actio leihau). Bu disgyblaeth yn gwbl hanfodol – codi'n blygeiniol bob bora (yn fy achos i, mae pob sgwennwr yn wahanol) a rhoi rhyw dair, bedair awr iddi, bob dydd o'r flwyddyn ac eithrio bora 'Dolig (neu pan ma' gin i homar o benmaen-mawr). Dyna ydi sgwennu i mi. Aeth yn anos, rhaid cyfaddef, nid yn haws. Er bod dyn yn dysgu rhai pethau technegol – peidio rhoi ceffyl gwedd, byw, a dau ddeg pump o gymeriadau mewn drama lwyfan, er enghraifft – erys y ffaith fod pob sgript neu ddrama newydd yn gofyn am yr un hen gynhwysion dro ar ôl tro, ond eu bônt o anian newydd sbon: cymeriadau lliwgar, dwfn, diddorol a stori sydd yn gafael; gwrthdaro ac is-destun. Rhaid dechrau o'r dechrau bob tro, fel tasa chi rioed wedi gwneud dim yn eich bywyd o'r blaen. Proses o ailsgwennu ydi sgwennu yn y bon, heb fawr o ramant yn perthyn iddo, talcen caled gynted mae gwefr y syniad gwreiddiol wedi pylu.

1975

Cuanco es para dos? Dyna – taswn i'n siarad Sbaeneg – fyddwn i wedi'i ofyn, mae'n bur debyg, ond tydw i ddim, a toeddwn i ddim, felly roedd rhaid bodloni ar yr iaith fain. Ystyr y geiriau uchod, gyda llaw, ydi 'Faint ma' dwy yn gostio?' Haf 1975 oedd hi, pan benderfynodd John Bŵts, yr actor, a'r cyhoeddwr teledu Gwyn Parry, ac iors trwli fynd ar wyliau wythnos, rhad fel baw i ynys Majorca; esgus i yfed a chambyhafio (hyd orau ein gallu). A dyna ddrwg pob gwyliau tramor i raddau helaeth: mae rhywun yn dychwelyd mewn gwaeth cyflwr na pan adawodd o, ac angen gwyliau i ddod dros y gwyliau yn aml iawn.

Un noson, a minna wedi cael llond bol o jiws y diafol yn barod, mi benderfynais y byddai'n syniad da dal tacsi i'r dre agosa. Rhowch filiwn o bunnau yn fy llaw ond fedra i yn fy myw gofio lle. Ta waeth, ymhen hir a hwyr mi landis mewn bar go amheus yr olwg mewn stryd gefn – nid trwy ddamwain, cofiwch, ond trwy fwriad. Roedd gennyf gynllun a fyddai, gobeithiwn, yn gwireddu rhai o'r ffantasïau gwallgo oedd yn chwyrlïo yn fy mhen. Roedd rhan o'r adeilad – fyny grisia' yn naturiol – yn buteindy. Ond doedd talu am un ferch ddim yn ddigon i'r llanc o Eryri, o na. Rhaid oedd cael dwy; rhaid oedd bodloni fy ysfa ysglyfaethus, doed a ddêl. Neu drio. Sôn am adael yr ochr i lawr; ia, i lawr, hwnna ydi o, reit i lawr hefyd gan iddi wrthod dŵad i fyny fodfadd, waeth faint oedd y genod yn bodio a thylino. Roedd yr hen Sioni Heiddyn wedi gwneud ei waith yn reit siŵr. Er i mi geisio'u perswadio nhw i roi dipyn o sioe ymlaen, ofer fu'r ymdrech a bu'n rhaid cilio i'r nos mewn cywilydd. Pan fyddaf yn meddwl am y digwyddiad, dwi'n dychmygu'r genod – oedd yn eu hugeiniau ar y pryd – yn ddwy wraig yn eu hoed a'u hamser, yn yr haul tu allan i far, ac yn clwcian yn sbeitlyd: 'Wyt ti'n cofio'r fisitor 'na, y Sais 'na dalodd ffortiwn am jymp a methu'i cha'l hi fyny!?' Neu hwyrach iddynt gael tröedigaeth a'u bod yn genhadon yn rhywle. Pam poitsio? Mi oeddwn i, wrth reswm pawb, yn fy niod a'm gwendid, ond rhaid bod rhyw angen gwaelodol yn fy ngyrru hefyd. Pan ofynnwyd i'r actor Jack Nicholson, a fynta yn ei chwedegau, beth oedd yr atynfa yn yr holl ferchaid ifanc (llawer fengach na fo'i hun) fu'n eu deisyfu (yn gymharol lwyddiannus) ar hyd y blynyddoedd, atebodd: 'Cnawd, os cofia i'n iawn.' A dyna hi ar ei phen.

Gwlad arall fûm i'n ymweld â hi yn ystod 1975 oedd Groeg – neu'n hytrach yr ynysoedd i'r de o'r tir mawr ar fôr Myrtoon, megis Spetses – pedwarawd ar wyliau ychydig yn wahanol, a oedd yn gysyniad reit newydd 'radag honno. Roedd cynrychiolwyr y cwmni gwyliau, morwyr profiadol iawn, yn arwain y gweddill ohonom, yn *flotilla* o ddeuddeg o gychod ('Wele'n cychwyn dair ar ddeg, O longau bach ar fore teg') o un ynys i'r llall dros gyfnod o bythefnos. Roedd yn rhaid i un aelod o bob criw fod yn forwr profiadol, ac yn ein hachos ni Dafydd Lewis, dyn busnas llwyddianus iawn o ardal Porthmadog, oedd hwnnw. Gweddill y tîm ar y trip cynta (bu ail un yn 1976) oedd Emyr Griffith (mab R. E. Griffith, yr Urdd, a chefnder Robin, yr actor) a Dafydd Gapper, gwerthwr tai o rywle yn y gorllewin. Emyr, oedd yn ffrind da iawn ar y pryd, ddaru fy listio i; daeth o hyd i mi mewn clwb nos yn y dociau yn cysgu o dan y bar, a phenderfynu yn y fan a'r lle, mae'n rhaid gin i, fy mod wedi fy ngeni i grwydro'r moroedd. Hwyrach fod ei reddf yn gywir. Er nad oedd gin i ddim profiad ar y dŵr cyn hynny, fûm i rioed yn sâl môr, hyd yn oed pan gafon ni ein dal mewn ffwc o storm ar y trip cynta hwnnw; o ddifri, roeddwn i wirioneddol yn meddwl y byddai'n ta-ta arnom, ac y byddai Gwenlyn yn gorfod ymlafnio ag ail gyfres 'Pobol' ar ei ben ei hun. Oni bai am fedrusrwydd morwrol Dafydd Lewis mae'n gwestiwn gin i a fyddwn i yma i adrodd yr hanes. Ond un pnawn dychrynllyd oedd hwnnw, ynghanol pythefnos bleserus dros ben. Y syniad oedd hwylio o ynys i ynys, a glanio ar un wahanol bob gyda'r nos; am dri diwrnod o'r bythefnos caem rwydd hynt i ddilyn ein trwyn, neu drwyn y gwch, cyn belled â'n bod yn cyrraedd porthladd penodedig ar y diwedd. Erys rhai golygfeydd, wrth i ni hwylio heibio a rhwng ynysoedd anghysbell, yn y cof: bugail, yn codi o nunlla, ar ôl treulio noson o gwsg yn y brwgaits; ceffylau gwyllt, yn rhedeg yn gyfochrog â'r gwch. Wrth gwrs, roedd hwylio trwy'r dydd yn waith caled, ac yn gwneud y gyfeddach wedi i ni lanio gymaint yn felysach; o leia toeddwn i ddim yn gorwedd ar draeth drwy'r dydd yn rhostio.

Ond gwyliau neu beidio (Sbaen, Groeg), anodd yw osgoi'r teimlad mai esgus i oferu oeddynt, ac yn rhan o batrwm bywyd. Rhoddai fy ngalwedigaeth ddigon o gyfle i hynny, yn naturiol; cafodd y diwydiant teledu, ac adloniant yn gyffredinol, ei greu ar gyfer rafins, meddwon a godinebwyr. Roeddwn yn fy elfen am gyfnod. Y patrwm sefydlog gyda 'Pobol' fyddai ymarfer o ddydd Sul tan ddydd Mercher (ia, cofiwch, ymarfer UN bennod hanner awr am BEDWAR diwrnod; mi gaech eich rhoi mewn seilam am awgrymu'r ffasiwn beth heddiw) a threulio trwy'r dydd Iau yn recordio'r bennod yn hen stiwdios y Bib yn Broadway, Splott. Diflas fyddai'r diwrnod ei hun ar y cyfan, i gyw olygydd aflonydd; fawr i'w wneud 'blaw gwylio'r monitor i weld a oedd yr actorion yn cadw at yr hyn benderfynwyd dros y pedwar diwrnod blaenorol. Toeddan nhw byth bron yn cyfeiliorni; wedi pedwar diwrnod o ymarfer mi fasa'n warth tasan nhw. Dim ond un waith gafon ni draffarth, i mi gofio, a hynny mewn golygfa rhwng Maggie Post a chymeriad o'r enw Vodden. Plismon oedd Vodden, ditectif, a bod yn fanwl gywir, a fyddai'n ymddangos yn achlysurol yn ystod y cyfresi cynnar. Philip Madoc oedd yn chwarae'r rhan, gan ddefnyddio'i lygadrythiad treiddgar, sinistr i'w lawn effaith – gymaint felly fel y taflwyd Harriet Lewis (Maggie Post) oddi ar ei hechel; aeth y graduras i'r pot yn lân, heb fedru cofio'r un gair o'r sgript. Bu'n rhaid i John Hefin orfadd o dan gowntar y post a 'bwydo' y llinellau i Harriet fesul un, fel tasa chi'n bwydo darnau o bry genwair i dderyn bach. Medraf gydymdeimlo'n llwyr. Flynyddoedd yn ddiweddarach, a minnau'n chwarae'r pennaeth, Jack Bevan, yn y gyfres *Yr Heliwr (A Mind to Kill)*, ac yn rhannu pob golygfa, bron, gyda'r prif gymeriad, Noel Bain (Philip Madoc), medraf dystio fod cyd-actio ag o yn sialens. Roedd gofyn i chi fod ar eich gora neu roedd peryg i chi gael eich bwyta'n fyw.

Brawd-yng-nghyfraith – Emyr Huws Jones (Ems)

Ar ôl pob recordiad o 'Pobol' arferem fynd yn griw i glwb y Bib yn Newport Road, wedyn ymlaen i glwb nos Pappagio's yn y dre. Roedd bri mawr ar y fangre hon am gyfnod. Cyfansoddodd fy mrawd-yng-nghyfraith (Emyr Huws Jones) gân yn clodfori'r lle:

Mae'r miwsig yn uchel a'r goleuadau yn fflachio,
mae'r stafell yn troi a phawb o gwmpas yn dawnsio,
ma' blas y gin fel dŵr, be am gael un arall, John?

Rwy'n trio ei anghofio hi
ond mae'n anodd mewn lle fel hyn
ac mae hithau yma
yn dawnsio dan y gola gwyn
a'r unig ffordd i wella fy mhen
yw yfed y botel i gyd.

Hywel a Bet, mae'ch potel win yn diflannu,
peidiwch edrych arna i pan fydd Demis Roussos yn canu
rhag ofn i chi weld y dagra yn fy llygaid.

Rhan o batrwm. Galw i mewn ar ymarferion *Glas y Dorlan* o dro i dro, John Bŵts a finna. Esgus arall i oferu, gan fod y cwmni'n cynnwys yr hen wariar Stewart Jones a'r arch-oferwr ei hun, yr hynaws Rhydderch Jones (cynhyrchydd y gyfres). 'Radag honno, roedd Bŵts yn yfed dros Gymru. Dywedir iddo, yng nghwmni Alun Ffred Jones, Gweinidog Trafnidiaeth y Cynulliad (mae'n ddrwg gin i, 'treftadaeth' ddyla hwnna fod, dwi'n meddwl) a Robin Huws (mi fydda'n cymryd gweddill y ganrif i mi sôn amdano fo), yfed pum peint ar hugian mewn un sesiwn yn Steddfod Fflint. Gwneud i Oliver Reed ymddangos fel rêl hen bansan, 'tydi? Nid felly mohoni heddiw, dwi'n falch iawn o gael dweud, gan i Bŵts fod yn sych fel tost am flynyddoedd lawer. Ond yn 1975 yfed ac oferu oedd y nod, a 'toes ryfedd na fedraf wneud rhych na chefn o ambell i nodyn yn y dyddiadur heddiw. Dydd Llun, 13eg Ionawr: 'Cleddyf Beli – Twm fab Hywel ei gyrru yn ôl – MP.' Degpunt i'r sawl all fy ngoleuo. Dydd Llun, 3ydd Chwefror: 'Miss Price – Megan – Two Heads Three Scetches of Welsh Characters Wendy V Williams – Nan Whitmore M.P.' Dim ffwcin clem.

Gwallgofrwydd arall y flwyddyn hon oedd gofyn i ferch nad oeddwn prin yn ei hadnabod i fy mhriodi: Saesnes o Gyncoed, naci chwaith Cymraes ddosbarth canol Caerdydd oedd hi, ond chwaer mam ydi modryb erbyn meddwl. Rhyw ddwywaith fûm i efo hi rioed – h.y. dwy noson feddw a romp – cyn gofyn y cwestiwn. O edrych yn ôl, nid gofyn am ei llaw mewn glân briodas oeddwn i go iawn, ond gofyn am help. Am y tro cynta yn fy mywyd – a'r tro ola hyd yma – mi ges bwl drwg iawn o iselder. Anodd disgrifio'r unigrwydd a'r anobaith llwyr, a'r teimlad fod byw yn gwbl, gwbl ddiystyr.

Roeddwn wedi bod ar y meri-go-rownd ers sbel, ac yn llanast corfforol a meddyliol; iselder oedd ei ben draw naturiol, am wn i. Mae'n siŵr y dylwn i fod wedi chwilio am gymorth, a chyngor proffesiynol, ond wnes i ddim. Rhy falch; gormod o ofn. Rhywsut, pwy a ŵyr sut erbyn hyn, mi ddes drwyddi a daeth y flwyddyn uffernol hon i ben.

1976

Achubiaeth, ond nid yn syth bìn. Yn ystod misoedd cynnar y flwyddyn roedd hi'n 'business as usual'. Sul, 18fed Ionawr: gwahoddiad i ginio, i Glydach, i dŷ modryb i'r actor William Huw Thomas. Pan oeddwn yn byw mewn fflat yn Llandaf bu Wil yn lojiar i mi am oddeutu blwyddyn, tra oedd yn portreadu'r Ficer Roderic yn *Pobol y Cwm*. Wyth bunt yr wythnos oedd y rhent. Roeddem yn dipyn o lawia ar y pryd, wedi i ni gwarfod a chydweithio ar gyfres *Y Rhandir Mwyn*. Ar y Sul hwnnw, mi landion mewn clwb yfed i gychwyn (Llafur, decini) ac ymuno â dewythr iddo – hen lanc, cerdded ar grim cracyrs 'ddylis i gychwyn, er ei fod o'n ŵr gwaetgoch, mae'n debyg. Mi sincion chwe pheint o chwerw cyn meddwl am droi i dŷ'r fodryb. Yno, cafwyd clamp o ginio nes oeddan ni'n methu symud ein dau. Roedd Wil, wrth reswm pawb, yn gyrru i Gaerdydd ddiwedd pnawn. Heddiw, fyddwn i ddim yn breuddwydio am fentro i gar gan wybod fod y sawl oedd yn gyrru wedi yfed cymaint o lwyth, ond mae'n amlwg nad oedd yn poeni fawr arna i 'radag honno. 'Business as usual', fel deudis i.

Rhywdro ym mis Ebrill, digwyddodd rhywbeth o bwys mawr – heb os, y peth pwysicaf ddigwyddodd i mi rioed. Nid gormodiaith ydi dweud na faswn i yma rŵan oni bai iddo ddigwydd. Yn syml, yn ddamweiniol achlysurol, ailgwarfod Gwen oedd hynny. Hi ddaru fy achub i. Nid gwella'r 'clwy yn fy mron' ar unwaith, na'm gwneud yn berson gwell (mi gymerai rai blynyddoedd) ond yn llythrennol fy achub rhag dinistr llwyr. Rhoddodd bwrpas i fy mywyd a rheswm i ddal ati.

Athrawes ysgol gynradd oedd Gwen am y rhan fwyaf o'i hoes, ond roedd yn cymryd hoe yn y cyfnod yma gan fod ganddi ddau o blant: Catrin yn dair a Llion yn flwydd. Oedd, roedd Gwen yn briod; o leiaf roeddwn yn gyson yn hynny o

Gwen, dechrau'r 80au

beth. Dechreuodd ddŵad i glwb y Bib yn Llandaf; roedd yn ffrindiau gyda'r actor Dafydd Hywel a'i wraig, Beti – bu Gwen a Dafydd yn gydfyfyrwyr yn y coleg yn Abertawe. Fel dwy wenynen, gwelsom yr un pot jam a mynd amdano. Rhybuddiodd Dafydd hi i beidio poitsio, gan fod gin i enw drwg iawn fel merchetwr (celwydd i gyd). Dwi'n grediniol fod Dafydd fymryn yn genfigennus, achos onid oedd pawb yn y byd yn ffansïo Gwen? Ofer fu ei gyngor. Roedd y ddau ohonom wedi ein geni i'n gilydd, a'r hyn oedd ar fin digwydd yn anorfod, fel gwawr a machlud. Ni feddaf y ddawn i lawn ddisgrifio'r teimladau nerthol, angerddol oedd yn gyrru ac yn cynnal ein perthynas. Cariad pur, cariad oes, cariad na cheir mo'i debyg fyth eto. Hyd yn oed taswn i'n chwilio, hyd yn oed taswn i isio. Dwi'n sgwennu hyn o lith (mewn llaw hir) yn 2008, yn eistedd yn fy ngwely am bedwar o'r gloch y bora, yn edrych ar lun ohoni oddeutu chwarter canrif yn ddiweddarach, ar soffa yn ein hen gartra yn Plasturton Gardens, bellach yn wraig yn ei hoed a'i hamser, tua hanner cant a phump, rhyw bedair blynedd cyn ei marwolaeth annhymig. Hŷn, ydi, ond mae'r prydferthwch, mewn gwedd a chymeriad, a'm gorchfygodd yn llwyr ar gychwyn y daith yn dal yn amlwg iawn.

Wedi'r wythnosau cynnar o glosio, datblygodd pethau'n gyflym iawn. Hogyn dosbarth canol, Cymro di-Gymraeg o Gaerdydd oedd Ian, gŵr Gwen ar y pryd, a thad biolegol

Catrin a Llion – cemegydd diwydiannol wrth ei alwedigaeth ond hefyd yn gitarydd medrus dros ben a oedd yn aelod o'r band Esther's Tomcat, a chwaraeai mewn neuaddau, clybiau a thafarndai ledled de Cymru. Pan oedd hi'n canlyn Ian ac yn ddi-blant arferai Gwen duthio'r holl ffordd o Swydd Derby (bu'n dysgu yno am flwyddyn) bron bob bwrw Sul i glywed y band yn perfformio – ac i weld Ian wrth reswm. Cyfaddefodd mai'r syniad o fod yn 'rock chick' oedd yn apelio go iawn, neu'n hytrach ddaru gymylu ei gwir deimladau, gan iddi sylweddoli ar noson ei phriodas ei bod hi'n gwneud clamp o gamgymeriad. Buan iawn daeth ein 'cyfeillgarwch' yn hysbys i mei nabs ond, diolch i Dduw, os ydi o'n bod, toedd o ddim yn ŵr treisiol. A bod yn gwbl onest, tasa'r esgid wedi bod ar y droed arall mi fyddwn i – o gofio mai Gwen oedd y gwrthrych – wedi rhoi homar o stid i unrhyw un ddôi o fewn hanner milltir iddi.

Ar 6ed Mai, a'n hymrwymiad i'n gilydd yn ddi-droi'n-ôl, roeddwn yn hedfan o Gatwick i Athens, ar ddechrau'r ail daith hwylio o amgylch ynysoedd Groeg. Cymerwyd lle Dafydd Gapper gan Joe Jones, boi difyr iawn, brawd Jenny Ogwen, a Mr Bwrdd Croeso am flynyddoedd lawer. Mae'r teimlad o anobaith llwyr wrth i'r awyren godi yn dal yn fyw iawn. Be' tasa Gwen wedi dwys ystyried, a meddwl: 'Be' ddiawl dwi'n neud yn gadael tŷ braf, gŵr boring ond dibynadwy a dyfodol sicr am feddwyn anwadal a merchetwr honedig?'

Doedd dim sail i'm pryderon, ac roedd y croeso pan gyrhaeddis i 'nôl yn dywysogaidd, a'r ymrwymiad i'n gilydd yn gryfach os rhywbeth. Rhywbryd ganol yr haf, awgrymais y dylai adael Ian. Hwyrach nad oeddwn i'n gwbl o ddifri, ac yn awgrymu hynny i weld beth fyddai ei hadwaith yn unig. Hyd heddiw, cysidraf ei phenderfyniad yn un mentrus a dewr eithriadol – sef gadael ei chartra yn Tŷ Draw, yr Eglwys Newydd, a mynd gyda'r plant i fyw at ei mam yn Llangefni, Môn. Aeth â chryn dipyn o ddodrefn i'w chanlyn, a'u storio am y tro yn fy fflat bach i yn Llandaf.

Yn sydyn, o fod yn fflat lom ar y diawl roedd yn llawn i'r ymylon, popeth wedi'i bentyrru rywsut-rywsut, un ar ben y llall. Teimlais braidd fel y tenant yn nrama Ionesco, *Y Tenant Newydd* (awr ddisgleiriaf Huw Tudor, a chwaraeodd y rhan yng nghynhyrchiad Cwmni Theatr Cymru yn 1968). Lleolir y ddrama mewn fflat, sydd yn gwbl wag i gychwyn. Daw dau weithiwr â dodrefn i mewn fesul tipyn, tra mae'r tenant yn ceisio dal pen rheswm gyda'r *concierge* gegog. O dipyn i beth, mae'r tenant wedi'i amgylchynu'n llwyr, wedi'i gaethiwo yn wir. Dim ond ei lais fedrwch chi ei glywed. Tybed ai dyna sut roeddwn innau'n teimlo o ddifri, yn bump ar hugian oed ac ar drothwy'r newid mwya ddaeth i'm rhan rioed?

1977

Roedd cynnal perthynas garwriaethol rhwng Môn a Chaerdydd yn dipyn o straen, yn enwedig felly gan nad oeddem ein dau yn gyrru (byddai Gwen yn dri deg saith a minnau'n dri deg pump cyn dysgu gwneud hynny). Heblaw am y ffôn a llythyru bron yn ddyddiol, dim ond yn achlysurol roedd hi'n bosib i ni gwarfod yn y cnawd, weithiau yn y gogledd, weithiau yn nhŷ Dafydd Hywel a Beti yng Nghaerffili. Un diwrnod, pan sylweddolais fod y sefyllfa'n gwbl annerbyniol mi es ati i roi trefn ar y dodrefn yn y fflat – gorchwyl amhosib, 'ddylis, nes i mi drio. Llwyddais i greu nyth glyd dros ben, a mawr oedd y llawenydd pan ddeudis i wrth Gwen nad oedd bellach rwystr i ni fod gyda'n gilydd fel teulu. Erys y noson cyn iddynt gyrraedd yn fy nghof. Treuliais ran ohoni'n llymeitian yn nhafarn y Black Lion yn Llandaf, yng nghwmni Wil Sir Fôn (dwi'n meddwl), ddaeth yn olygydd 'Pobol' yn fy lle ac a fu'n ddylanwad mawr ar y gyfres am ugian mlynedd a mwy. Teimlwn braidd fel y condemniedig, neu'n sicr roeddwn yn ymwybodol mai hon fyddai'r noson olaf i mi ei threulio fel rhywun cwbl sengl. Byddai Gwen a'r plant yn cyrraedd ar y trên y diwrnod canlynol, ac er mai dyna oeddwn i isio yn fwy na dim byd, roedd elfen o ofn ac ansicrwydd ynglŷn â'r fenter hefyd.

Oddeutu mis yn ddiweddarach roeddwn yn gadael y Bib, a'r unig dro erioed – heblaw am y cwta dair blynedd gyda Chwmni Theatr Cymru, a blwyddyn gyda chwmni Bracan rywdro yn nechrau'r ganrif hon – i mi fod yn gyflogedig, neu ar staff unrhyw sefydliad. Dwi'n eitha balch o hynny, rhaid dweud. Er fy mod yn aml yn ddibynnol ar fympwy sawl unigolyn, mae'r ffaith i mi ddŵad trwyddi, ar fy liwt fy hun, yn rhoi gronyn o foddhad i mi ar nosweithiau oer y gaeaf. Ac yn y blynyddoedd diwetha yma, dwi wedi llwyddo i 'reoli' fy ngyrfa yn llawer iawn gwell nag y gwnes i yn y gorffennol. Ar 2il Ebrill daeth Gwen a'r plant i lawr; 22ain Ebrill oedd fy niwrnod olaf yn y Bib, dydd Gwener ac yn ddiwrnod recordio. Rhaid mai pennod olaf cyfres oedd hi, achos cynhaliwyd y parti yng nghlwb y Bib, Llandaf, ac roedd yn dipyn o barti ffarwél i mi yn ogystal, siŵr o fod. Ond roedd y cyfan yn ddibwys prun bynnag, achos dyma'r diwrnod gyrhaeddodd y newydd brawychus am farwolaeth Ryan yn Buffalo, talaith Efrog Newydd. Brydan Griffiths, cyfarwyddwr yn yr adran ddrama, dorrodd y newydd i mi. Wedi iddo'i ddweud y tro cyntaf, y cwbl fedrwn i ei wneud oedd rhythu arno. Toeddwn i ddim cweit wedi dallt. Bu'n rhaid iddo'i ddweud drachefn, fel tasa fo'n egluro wrth blentyn.

Mi fyddwn yn ffŵl celwyddog taswn i'n honni fod pethau'n hawdd ar y cychwyn – er ein bod yn caru ein gilydd yn angerddol. Ond un peth ydi cariad; roedd bod yn gyfrifol am wraig a dau o blant ('dath Gwen ddim yn ôl i ddysgu am sbelan) yn dipyn o gyfrifoldeb. Rhaid wrth ddyfalbarhad ac anhunanoldeb i wneud llwyddiant o berthynas hirdymor – a gwyddwn bryd hynny mai rhywbeth hirdymor fydda fo, i bara oes. Fodd bynnag, ar brydiau byddai'r ysfa i ymddwyn yn anghyfrifol yn mynd yn drech na mi, ac ymhen sbel roedd Gwen yn gyfarwydd â rhif ffôn pob tafarn o fewn talgylch o dair milltir i Landaf. Ond trwy'r cyfan – ar wahân i'r cariad – roedd y parch a'r edmygedd a deimlwn tuag ati (gan iddi aberthu popeth er fy mwyn) yn enfawr, ac yn dŵad â fi at fy nghoed yn reit sydyn os oedd peryg i fi fynd dros ben llestri yn llwyr.

Fy joban gyntaf ym mis Mai, ar ôl gadael y Bib yn Ebrill, oedd chwarae rhan mewn ffilm deledu, *Heyday in the Blood,* i gwmni Huw Tan Voel, addasiad Emyr Humphreys o nofel Geraint Goodwin. Roedd y stori wedi'i lleoli yn nhridegau'r ganrif ddiwethaf, ar y ffin rhwng Cymru a Lloegr, ac yn

Gyda Donald Houston
Heyday in the Blood, *1977*

olrhain hanes dau lanc ifanc (iors trwli fel Llew a Dyfed Thomas fel Evan) oedd yn ymladd am sylw a serch Beti, a chwaraeid gan Gillian Elisa. Roedd y cast yn frith o gewri'r byd actio Cymraeg – Stewart Jones, Charles Williams, Glyn 'Pen-sarn' Williams – ac un 'seren' adnabyddus yn Donald Houston, yn enedigol o Donypandy ac yn frawd hŷn i'r actor Glyn Houston. Yn ei ddydd, bu Donald mewn ffilmiau nodedig (*The Blue Lagoon, A Run for your Money, The Longest Day, Where Eagles Dare*) ond roedd ei ddyddiau gora tu ôl iddo erbyn i mi ddŵad ar ei draws, ddeudwn i. Roedd oddeutu 53 mlwydd oed (bu farw ym Mhortiwgal yn 1991), yn ŵr balch a blin, yn rhannol am ei fod yn brwydro gyda'r botel.

Yn 1968, tra oedd yn gwneud y ffilm *Where Eagles Dare,* aeth pethau o chwith yn ystod ymladdfa ar gar rhaff rhwngtho fo a Richard Burton, a chafodd anaf pur ddifrifol. Ceisiodd erlyn y cwmni ffilmiau am iawndal, ond collodd ei achos. Bu'n drobwynt, ac ni fedrodd weithio'n llwyddiannus iawn wedi hynny. Cymro di-Gymraeg ydoedd, ac yn arddangos ei anhoffter o'r iaith ar ei lawes fel petai. Roedd yn ŵr ei gyfnod, fel Stanley Baker a'r bardd Gwyn Thomas; aeth i lawr y pyllau glo yn ifanc iawn ac roedd unrhyw sôn am iaith a chenedligrwydd yn anathema iddo. Gan fod mwy na hanner y cast yn Gymry Cymraeg iaith gyntaf, roedd sylwadau a chyfarwyddiadau Huw Davies, y cynhyrchydd, yn aml iawn yn Gymraeg, a'r Gymraeg yn naturiol fyddem yn ei pharablu â'n gilydd yn y bylchau hir pan fyddai dim yn digwydd. Nid yn gwbl annisgwyl, roedd Donald yn anhapus ynglŷn â hyn, ac am wn i y disgwyliai i Stiw, Charles a phawb arall droi i'r Saesneg er ei fwyn. Ond pan gofnododd gŵyn gyda Huw, chafodd o fawr o gydymdeimlad. Naw mlynedd ynghynt, fel llwyfannwr 'benthyg' i'r Welsh Theatre Company, roeddwn yng Nghasnewydd yn gweithio ar gynhyrchiad o ddrama John Hopkins, *This Story of Yours*. Glyn Houston, brawd fenga Donald, chwaraeai ran y prif gymeriad a rhan o'm dyletswyddau i oedd cario paneidiau o de iddo yn yr egwyl. Roedd Glyn yn ŵr bonheddig, ac oddeutu pum mlynedd ar hugain yn ddiweddarach mi ges gyfle i'w atgoffa o hynny pan chwaraeodd ran Defi (gyda Siân Phillips yn chwarae Mair) yng nghynhyrchiad Radio 4 o *Like an Animal,* addasiad Saesneg o'r ddrama lwyfan *Fel Anifail.*

Dydd Mercher, 16eg Mawrth, mae'n debyg i mi gwarfod Mrs Skinner am 7.00 yr hwyr, a Mr Topless awr yn ddiweddarach am 8.00. Wir yr, dyna sydd i lawr.

Daeth ffilmio *Heyday in the Blood* i ben ar ddydd Gwener ym Mehefin; ar y dydd Llun canlynol roeddwn yn dechrau ymarfer drama i'r Bib, *Pechod y Tadau* gan R. Gerallt Jones (chwi gofiwch mai hon oedd y ddrama a ymffrostiai brif gymeriad o'r enw Caleb). Erys yn y cof am un peth, ac un peth yn unig. Mae'n brawf pendant fy mod –

ar y pryd – yn llawn rwtsh a hiwbris. Penderfynais – o mhen a'm pastwn fy hun, a heb air o brotest gan y cyfarwyddwr, Merfyn Owen – chwarae'r rhan mewn acen ddeheuol, er fy mod yn gwbl anghymwys i wneud y ffasiwn beth, er nad oedd fy acen ddeheuol yn ddigon da i gario sgets, na hyd yn oed *Pobol y Cwm*. Mae'r diffyg elfennol yma wedi bod yn wir am y mwyafrif llethol o actorion Cymru ar hyd y blynyddoedd, wrth gwrs. Dirgelwch, gan y disgwylir i'r actor Saesneg feistroli sawl acen, neu o leia brif acenion ei wlad. Prin iawn ydi'r Cymry sydd yn llwyr argyhoeddi, ac eithrio enghreifftiau anrhydeddus megis Gwyn Elfyn a Sera Cracroft. Mae sawl un yn meddwl y medran nhw, ond fel wnes i yn 1977, maen nhw'n twyllo eu hunain. Beth ar y ddaear feddyliai fy 'nghariad' yn y ddrama, Eirlys Britton? Rhaid bod ganddi farn, ond ei bod yn rhy neis i fynegi'r farn honno. Dwi ond gobeithio fod y tâp wedi'i ddifetha'n llwyr, fel oedd yn arferiad gan y Bib gyda phopeth, bron, 'radag honno.

Cymeriad unigryw roeddwn mewn cryn gysylltiad ag o yn y cyfnod yma oedd prif weithredwr Theatr yr Ymylon, Norman Florence. Er na wnes i ddim gwaith i'r cwmni fel actor yn ystod fy amser gyda'r Bib, roeddwn yn aelod o'r bwrdd rheoli. Tipyn o gyw gog oedd Norman. Dai Lyn – fel cyfarwyddwr artistig – oedd yn bennaf cyfrifol am ei benodi, a Dai Lyn fyddai'n teimlo'r rheidrwydd i ymddiswyddo ymhen blwyddyn neu ddwy oherwydd bod Norman wedi llwyddo i gael clust y rhan fwyaf o aelodau'r bwrdd, ac yn rhedeg pethau fwy neu lai. Yn hanfodol, roedd D. J. Thomas, cadeirydd y bwrdd, gŵr ceidwadol, oedd ofn ei gysgod, cyn-fferyllydd o Abertawe a chynhyrchydd radio a theledu i'r Bib am flynyddoedd lawer, yn ei boced. Gŵr croenddu oedd Norman – neu Norman Samuel Fredericksen Florence, i roi iddo'i enw llawn – a hanai o Cape Town, De Affrica; daeth i sylw'r actor a'r dramodydd Emlyn Williams, oedd ar daith o amgylch y byd ar y pryd. Cafodd ei noddi gan Williams i

*Yr awdur wrth ei waith! – tua 1978 yng nghanolfan Theatr yr Ymylon yn Crwys Road, Caerdydd. Llun wedi ei ffugio ar gyfer erthygl bapur newydd (*Y Faner *siŵr o fod)*

fynychu coleg drama'r Central yn Llundain. Wedi graddio, ymddangosodd mewn sawl ffilm a drama deledu, yn aml iawn yn serennu fel dyn drwg mewn cyfresi fel *The Saint, Z Cars, The Avengers* a *The Man from UNCLE*. Cyfarwyddodd addasiad ffilm o *The Swamp Dwellers* gan Wole Soyinka a gafodd glod mawr yng ngŵyl ffilmiau Berlin yn 1966. Yn y saithdegau canolbwyntiodd ar ochr weinyddol a rheolaeth y theatr; bu'n gweithio'n glòs gyda Sam Wanamaker ar fenter y Globe yn Southwark, Llundain, yn ogystal â rhedeg theatrau yn Birmingham, Northampton ac Ipswich.

Mae'n werth nodi mai fo hefyd oedd y bandito, Vito, yn y ffilm *The Singer Not The Song* gyda Dirk Bogarde a John Mills, ffilm hynod o ryfedd, gyda Bogarde mewn dillad lledr du, homo-erotig – a tasa hi'n dŵad i hynny, ei berfformiad oedd y peth mwya camp welsoch chi ers i Syr Ifor Ab sefydlu gwersyll yr Urdd yn Llangrannog yn 1932.

Er bod Theatr yr Ymylon yn gweithredu'n ddwyieithog bron o'r cychwyn, Norman ddaru gynyddu'r arlwy Saesneg. Ond, a bod yn deg, mi ddaru hefyd sicrhau fod fy nwy ddrama hir gynta i, *Y Cadfridog* a *Terfyn*, yn cael eu llwyfannu, er bod D. J. Thomas yn wrthwynebus gan yr ystyriai fod y dramâu yn rhai anweddus, yn enwedig *Terfyn* lle roedd lot o sôn am 'ddŵad' a ballu. Byddai Norman wastad yn llawn brwdfrydedd, er yn brin o ffeithiau ar adegau.

NORMAN: Who are the Welsh dramatists we should be doing? Where are the classics? What about this John Gwilym Jones I've been hearing about – is he alive?
FI: Yes, Norman, he's alive.
NORMAN: That's as maybe – but do people know about it?!

Weithiau, byddai'r esgid ar y droed arall, fel yr amser pan fu'r actores Iola Gregory yn dadlau ag o ynglŷn â chyflog. Roedd Norman wedi cynnig, ond Iola yn benderfynol o ddal ei thir.

IOLA: I don't care, Norman. You can argue with me until you're black in the face!

Yn ddiau, awr fawr Norman oedd sefydlu gŵyl lenyddol y Gelli Gandryll gyda'i fab, Peter, a'i wraig, yr actores Rhoda Lewis, yn 1988, pan oedd y gyllideb yn ddim ond £23,000. Erbyn 2007 roedd yn nes at hanner miliwn. Peter, wrth gwrs, ydi'r pen bandit heddiw ac mae ei fugeilio doeth a chadarn ar hyd y blynyddoedd wedi sicrhau fod yr ŵyl yn enwog trwy'r byd i gyd.

1978

Rhywbryd ddechrau'r flwyddyn, neu'r flwyddyn cynt hyd yn oed, penderfynodd Theatr yr Ymylon gynhyrchu drama Saunders Lewis, *Gymerwch Chi Sigarét?* yn ystod tymor yr hydref. Bosib ei fod yn llyfr gosod, achos roedd toman o berfformiadau mewn ysgolion yn y pnawnia, gyda mwyafrif llethol y disgyblion, ddeudwn i, heb ddim mwy o awydd gweld y ddrama na chael twll arall yn 'u tina'. Daeth Norman i'r casgliad – yn ddiau mewn ffit o wallgofrwydd – mai myfi, iors trwli, fydda'r person cymwys i'w chyfarwyddo. Cytunais – mewn ffit waeth o wallgofrwydd, garantîd – heb ddim math o hyfforddiant na phrofiad yn y maes. Mae'n wir i mi gyfarwyddo ymhen blynyddoedd, ond dim ond pan oeddwn i dipyn yn hŷn ac, yn bwysicach, fy nramâu fy hun. Yn saith ar hugian, mi ddylwn i fod wedi ymbwyllo a gofyn cwestiynau difrifol ynglŷn â'r hyn roeddwn yn pasa'i wneud. Beryg fy mod yn ormod o goc oen, a matar bach oedd y ffaith nad oeddwn prin yn dallt y ddrama, 'a mere trifle, old boy', dim rhwystr yn fy ffordd o gwbl.

Yn llawn hyder, cyrhaeddais benderfyniad pur chwyldroadol. Gan nad oedd yr elfen grefyddol, Gatholigaidd – sef calon y ddrama – yn golygu dim, nac yn apelio dim ata i (fy marn oedd, ac ydi, mai rwdl-di-ri ofergoelus, peryglus ydi pob ffurf ar grefydd), mi es ati, fel rhan o'm paratoadau, i dorri pob cyfeiriad crefyddol a welwn. Yn fy anwybodaeth, ymresymais y byddai'n chwarae'n tshiampion fel melodrama fach ddigon hwylus hebddynt. Nid yn unig hynny, penderfynais fod yn hollol *avant-garde* a'i gosod mewn rhyw ddyfodol annelwig, a thrwy hynny ei diwreiddio'n llwyr o'i chyfnod a'i chyswllt (cyfnod y Rhyfel Oer, cwbl hanfodol). Roedd Christine Pritchard, rhywun sydd ag ymennydd gwerth sôn amdano ac a gastiwyd i chwarae Calista, yn bur amheus. Ddeudodd hi rioed air, ond roedd yr olwg yn ei llygaid yn ddigon. Daeth gweddill y cast – ac eithrio Marc – i'w le yn ddigon del: Luned Jones fel Iris, Stewart Jones fel Phugas ac Ioan Meredith fel y Capten Christopher. Marc oedd y broblem. Heddiw, mae actorion Cymraeg eu hiaith fel grawn unnos; yn niwedd y saithdegau roeddynt yn gymharol brin. Yr unig un gwerth ei ystyried yn y pen draw oedd Cliff Jones, a aeth ymlaen i gynhyrchu a chyfarwyddo (*Pobol y Cwm, Rownd a Rownd*), ond a oedd ar y pryd yn ei gysidro'i hun yn rhyw lun o berfformiwr (dawnsio gwirion, nosweithiau llawen ac yn y blaen), er nad yn actor proffesiynol yng ngwir ystyr y gair. Tasa ots, roedd yn medru actio, dim dowt; yn sicr, byddai wedi gwneud Marc rhagorol. Roedd yn llawn brwdfrydedd ac yn amlwg yn awyddus iawn i chwarae'r rhan. A'r fargen ar fin ei tharo mi ddigwyddis grybwyll, bron wrth basio, ei bod hi'n fwriad gan y cwmni i gynhyrchu'r ddrama yn y ddwy iaith. Peth nesa welwn i oedd lliw tin Cliff yn diflannu drwy'r drws.

Yn ei ddoethineb, roedd Norman wedi penderfynu y byddai'n wleidyddol fanteisiol i wneud fersiwn Saesneg, rhan o'r llun mawr oedd ganddo i wneud y cwmni yn gwbl ddwyieithog, gyda'r pwyslais ar y Saesneg yn y pen draw, synnwn i datan. Yn ymarferol, golygai hyn ein bod yn colli'r unig Farc posib, oedd yn rhydd, yn awyddus ac yn da i rywbeth, a gan ein bod o fewn ychydig wythnosau i ddechrau ymarfer roedd hi'n ben set. Toedd dim amdani ond camu i'r adwy, naci chwaith, cael fy llusgo'n sgrechian ac yn protestio i'r adwy, a chwarae'r rhan fy hun, gan gyflogi rhywun arall i gyfarwyddo – sef Wynford Ellis Owen, a oedd, wrth gwrs, yn gwbl addas gan fod crefydd yn golygu cymaint iddo, ac wedi llywio'i fywyd erioed. Ambell dro mi fydda i'n meddwl, taswn i wedi cyfarwyddo, mai hwn fyddai'r trychineb mwya (ymysg llawer o drychinebau) yn hanes y theatr yng Nghymru.

Mae Marc yn glamp o ran, cymeriad sydd ar y llwyfan trwy gydol y tair act a gyda llawer gormod i'w ddweud, yn fy marn bach i. Mae hefyd yn gymeriad anghyson, mewn drama lle mae'r ddadl rhwng Catholigiaeth a Chomiwnyddiaeth, yn ôl cyfaddefiad yr awdur ei hun, yn 'anghyson ac anghyfartal'. Rŵan, mae'r act gynta rhwng Marc ac Iris yn gweithio'n grêt; pam, o pam na fasa S.L. wedi bodloni ar ddrama un act – mae mawr eu hangen yn y Gymru sydd ohoni. Na, tydw i ddim yn gwamalu. Ond yr hyn roddodd hoelen yn fy arch i fel actor oedd y ffaith ein bod yn gorfod gwneud fersiwn Saesneg, a hynny am dri pherfformiad yn unig allan o dri deg pump. Toman o waith dysgu ychwanegol 'nelo tri pherfformiad. Onid oedd y gotsan yn ddigon anodd i'w dysgu yn y Gymraeg, heb sôn am fynd i'r afael â hi yn yr iaith fain?

Gan ei bod hi'n hwyr yn y dydd arnom yn castio Marc a listio Wynford, roedd y set eisioes wedi'i hadeiladu a'r gwisgoedd wedi'u cynllunio; beth bynnag arall, roedd yn rhaid i Wynford fodloni ar yr hyn oedd yno'n barod. Golwg 'futuristic' oedd i'r hen beth (yn unol â'm 'gweledigaeth' gylch meithrin i). Er bod y Capten Christopher mewn ffurfwisg byddin adnabyddadwy, a Phugas a Calista hwythau mewn dillad cyfnod o'r pumdegau, roedd Marc ac Iris yn edrych fel dau ffoadur o'r gyfres *Star Trek*. Yn benodol, roeddwn i'n gwisgo be' fedrid ei ddisgrifio fel pâr o welingtons am fy nhraed – a wnaeth i mi deimlo, yn naturiol ddigon, fel pâr o dits.

Dechreuwyd ymarfer ar 2il Hydref, ac agor yn hen gapel Pembroke ar waelod Churchill Way yng Nghaerdydd ar 1af Tachwedd. Bu'r holl brofiad, yn enwedig y perfformiadau cynnar, yn hunllef arteithiol. Emyr Humphreys osododd y lefel feirniadol pan landiodd o gefn llwyfan yn dilyn y perfformiad agoriadol. Mi ganodd glodydd Stiw a Chris Pritchard (fel Phugas a Calista), a dwi ddim yn ama' iddo ddweud gair da wrth Luned (Iris) hefyd. Y cwbl ges i, dest cyn iddo fynd oedd: 'Gyda llaw, Iris (Gymreig) ydi'r ynganiad cywir, nid Iris (Seisnig).' Sylw difeddwl, di-alw amdano ar y pryd, yn syth ar ôl y perfformiad ac yn enwedig o gofio fod fy hyder yn fregus prun bynnag.

Wedi i ni fod ar y lôn am wythnos neu ddwy, gwellodd pethau. Roeddwn yn cyd-deithio yng nghar Stewart ac mi ddes i adnabod mwy arno yn ystod y daith honno na'r un tro arall, am wn i. Byddem yn aros yn yr un gwesty, ac yn aml yn rhannu stafell. Peth cynta fydda Stiw yn ei wneud ar ôl deffro, rhwng wyth a naw fel rheol, dibynnu faint o'r gloch gaeodd y bar, fyddai ymbalfalu yn y twllwch am ei sigaréts wrth ymyl y gwely a thanio; yna mi fyddai'r straeon yn dechrau. Roedd Stiw yn hanner cant yn 1978. Dyna i chi arwr.

Sadwrn, 21ain Ionawr: i Lerpwl (ar fy mhen fy hun; toeddwn i ddim eto wedi mentro cyflwyno Gwen a'r plant i fy nheulu niferus) a phriodas fy chwaer Magwen a Ken Bradley, plismon. Bu Mags yn nyrsio yn yr hen C & A ym Mangor; bu'n troli doli (stiwardes awyr) am chwe blynedd wedi hynny cyn dychwelyd eto i nyrsio – yn ogystal â magu dwy o genod, Emma a Helen – a diweddu ei gyrfa fel rhywbeth a elwir yn 'nurse practioner' – h.y. ddim cweit yn feddyg teulu ond yn ail agos, yn ennill lot llai o bres ond gyda'r rhan fwya o'r cyfrifoldebau. Mae llun ohonom ar gael (teulu Tŷ Cerrig, yn dad a mam a naw o blant) yn nerbynfa'r gwesty, ond mae cwilydd yn fy nadu rhag ei gynnwys yn hyn o gyfrol gan fy mod yn edrych fel bwi tew, meddw. Erbyn meddwl, dyna oeddwn i ar y pryd.

Nos Lun, 27ain Chwefror, am ddeg o'r gloch darlledwyd drama deledu olaf Saunders Lewis ar y BBC. *1939* oedd ei henw, gyda'r hen ham hoffus ei hun, Dai Lyn, yn chwarae Hitler. Cymerodd Gwen un olwg arno ac ebychu, 'Abracadabra Jones!' Rhywdro yn ystod y saithdegau, roedd Dai wedi chwarae'r brif ran mewn cyfres blant o'r enw

Broc Môr *(Rhydderch Jones)* *1978 – yn 27 mlwydd oed ond yn chwarae bachgen 17 oed!*

Abracadabra Jones, a toedd ots pwy chwaraeai wedi hynny, fedra Gwen ond uniaethu ag o fel y cymeriad hwnnw – felly, y noson honno Dai Lyn fel Abracadabra Jones yn dynwared Hitler gafon ni yn ein tŷ ni. Ar ben hynny, roedd y penderfyniad i gastio Charles Williams fel Goering – braidd fel pan gastiwyd John Wayne i chwarae Ghengis Khan – yn sicrhau ei fod, yn gwbl anfwriadol, yn un o'r cynyrchiadau doniolaf i mi ei weld erioed.

Dydd Mercher, 29ain Mawrth: dechrau ymarferiadau ar gyfer drama newydd yn Charles Street, Caerdydd, i'r Bib, sef *Broc Môr* gan Rhydderch Jones. Hon, o bosib, oedd drama deledu orau Rhydd, yn rhagori hyd yn oed ar ei ddrama enwocaf, *Mr Lolipop, M.A.* Tybed, yn anymwybodol, iddo gael ei ddenu gan ddull ac arddull ei hen ffrind mynwesol Gwenlyn Parry? Mae'n bosib dadlau fod y saer yn *Saer Doliau* a'r dyn lolipop yn llathen o'r un brethyn, y ddau fel ei gilydd yn byw mewn byd ffantasi. Gyda *Broc Môr,* roedd Rhydd yng nghanol ei filltir sgwâr emosiynol, yn tynnu fel roedd o ar ei gefndir chwarelyddol yn Aberllefenni a Chorris. Drama am helbulon un teulu ydi hi, a hwyrach i mi gnesu ati gan fy mod yn dechrau darganfod mai'r ffordd orau i gyflwyno cynfas eang ydi trwy brofiadau criw bach o bobl, gora'n byd os ydyn nhw'n perthyn. Mae'r stori'n ymwneud â threfn newydd, a hen ffordd o fyw yn darfod – thema ddigon cyffredin ond fe roddwyd gwreiddioldeb a ffresni iddi trwy gywirdeb a gonestrwydd Rhydd fel sgwennwr. Charles Williams a Nesta Harris oedd yn chwarae'r tad a'r fam, gyda John Bŵts, Clive Roberts, Marged Esli ac iors trwli yn blant iddynt. Bachgen ysgol dwy ar bymtheg oed oeddwn i, er fy mod mewn gwirionedd yn saith ar hugian. Pa ots, gan i Angela Lansbury a Laurence Harvey chwarae mam a mab yn ffilm wreiddiol *The Manchurian Candidate* pan oeddynt yn dri deg saith a thri deg pump, yn y drefn honno. Yn ystod yr ymarferion mi ges bwl afreolus o chwerthin na welsoch chi rioed rotsiwn beth. Mae'n digwydd weithiau am ddim rheswm yn y byd, bron: ysfa sydd yn amhosib i'w dofi, fel yr ysfa i chwerthin mewn cnebrwn orchfygodd y ferch yn chwedl Llyn y Fan. Ar ddiwedd *Broc Môr,* mae'r prif gymeriad (Bŵts) yn dychwelyd adra, a mawr ydi gorfoledd gweddill y teulu gan iddynt ofni iddo gael anaf drwg, neu waeth, yn y gwaith. Rhaid cofio fod Bŵts yn hogyn mawr, yn hogyn tal, yn chwe troedfadd, pedair modfadd yn nhraed ei sana. Pwtan oedd Nesta Harris wedyn, joci ar binsh, a phan gofleidiodd Bŵts hi mi ddiflannodd i 'boced gesail ei gôt' – ac mi collis inna hi'n llwyr.

Dydd Sadwrn, 15fed Ebrill, roeddwn yn ffilmio ac yn aros yn Llanberis; yng Nghaerdydd ar yr un diwrnod roedd Gwen a'r plant yn edrych ar dŷ oedd ar werth, sef 35, Plasturton Gardens a fyddai, maes o law, yn gartra i ni am y chwarter canrif nesa, namyn blwyddyn. Ar y nos Sul, arhosais gyda'm rhieni yn Nhŷ Cerrig, Garn, a ben bora Llun dywedodd Gwen dros y ffôn fod y tŷ, er bod gwaith arno, yn addas. Roedd hynny'n ddigon da i mi a dyma ffonio'r gwerthwr tai ar unwaith a chynnig amdano – heb ei weld. Derbyniwyd y cynnig, a diolch byth am hynny; gan i ni orfod symud o'r fflat yn Llandaf wedi i honno gael ei gwerthu, ers rhai wythnosau roeddem wedi bod yn byw mewn dwy stafell yn nhŷ Gwyn Parry a Ceridwen yn Hamilton Street, Treganna – bron union dros y ffordd i'r tŷ lle bu'r hen ffrind Saunders Lewis yn byw unwaith, cyn iddo briodi, a phan oedd yn llyfrgellydd ym Mhen-y-bont.

Trwy mis Chwefror bu Theatr yr Ymylon yn ymarfer fy nrama hir gynta, *Y Cadfridog*. Dau gymeriad sydd ynddi, dau filwr wedi'u dal mewn byncar yn dilyn rhyfel niwcliar amhenodol, ac yn cael eu gorfodi i wneud y gora ohoni dan amgylchiadau dyrys. Stewart Jones ac Ian Saynor oedd yn chwarae'r rhannau, dan gyfarwyddyd yr actor Meredith Edwards. Gwelwyd y perfformiad agoriadol yn Theatr y Werin, Aberystwyth, nos Fercher, 1af Mawrth. Cafodd y ddrama gryn sylw, yn bennaf am fod portreadu cariad agored rhwng dau ddyn, ar lwyfan Cymraeg ac mewn iaith dafodieithol, yn ddigwyddiad prin, os digwyddodd o gwbl cyn hynny. Wrth edrych yn ôl, erys yr amheuaeth yn fy meddwl a fyddai'n gweithio heddiw. Beryg mai drama ei chyfnod ydoedd, ffrwyth llafur egin-ddramodydd oedd â llawer iawn i'w ddysgu eto, ac a oedd o bosib yn malio mwy am y sioc a gâi'r gynulleidfa wrth ei gwylio na'r awydd i sgwennu rhywbeth o safon. Hoffwn i ddim gweld cynhyrchiad cyfoes ohoni, ddeuda i fel'na. Rhaid cofio mai yn 1974 sgwennis i hi, yn benodol ar gyfer cystadleuaeth y tlws drama yn Steddfod Cricieth y flwyddyn ganlynol. Prin oeddwn i allan o nghlytia. Ail wobr ges i, a'r enillydd oedd William R. Lewis (Wil Lew) â'i ddrama *Geraint Llywelyn*. John Gwilym Jones oedd yn beirniadu; roedd John Gwil a Wil yn ddarlithydd a myfyriwr ym mhrifysgol Bangor.

Ymysg popeth arall, bûm yn cyd-storïo *Pobol y Cwm* (a sgwennu ambell i bennod) gyda'r actor a'r sgriptiwr David Garfield trwy gydol y flwyddyn. Roedd David yn sgwennwr ar y gyfres *Crossroads* yn ogystal; bu ar eu llyfrau am flynyddoedd lawer – yn weithiwr caled, di-lol. Yn wahanol i 'Pobol', roedd sgriptwyr *Crossroads* yn sgwennu ar gyfer setiau penodol – h.y. mi fyddai pob golygfa yn y gegin, dyweder, yn cael ei llunio gan un awdur, ac un awdur yn unig; un arall fyddai'n gyfrifol am olygfeydd y bar, ac yn y blaen. Y garej, yn bennaf, oedd yng ngofal David, lle bu'r canwr a'r comedïwr Stan Stennett yn chwarae'r rheolwr, Sid Hooper, am gyfnod. Allan o bob bloc, hwyrach y byddai ganddo rhwng pymtheg ac ugian golygfa i'w rhoi wrth ei gilydd, a phythefnos o amser i gyflawni'r gwaith. Ond nid mynd ati'n syth bìn oedd ei ddull o o weithio; roedd yn well ganddo ei gadael hi nes oedd hi'n ben set, yna cloi ei hun mewn stafell am ddau ddiwrnod cyfan nes i'r gwaith gael ei gwblhau. Yn wahanol i bob sgwennwr arall y gwyddwn i amdano, toedd David ddim yn poitsio gyda pad a beiro, a fersiwn llaw hir, gan groesi allan ac ailsgwennu. Eisteddai o flaen ei gyfrifiadur, gan lithro i berlewyg creadigol (os fedrwch chi alw *Crossroads* yn greadigol) a chreu'r olygfa yn ei ben, linell wrth linell. Pan oedd fodlon, pan fydda'r olygfa gyfa' ar ei gof byddai'n ei theipio'n ofalus heb unwaith wneud camgymeriad; a dyna fyddai'n ei gyflwyno pan âi ar ei hynt i Birmingham am ei gwarfod pythefnosol, heb lygad golygyddol nac arlliw o altro ar y cyfyl. Yn ddiwahân, byddai'r golygfeydd yn cael eu derbyn a'u recordio fel ag yr oeddynt ar bapur. Ond wedi dau ddiwrnod o ymlafnio yn y modd yma byddai David wedi ymlâdd, yn feddyliol ac yn gorfforol. Yn ysbeidiol, byddai'n syllu i ryw wagle a mwmian rhywbeth tebyg i: 'People get over heart attacks, Michael – as I will prove.'

Yn ystod Gorffennaf/Awst bûm yn ymarfer *Penderyn*, sioe gerddorol yn olrhain hanes Richard Lewis, y merthyr dosbarth gweithiol o Aberafan. Cafwyd dau berfformiad yn unig, a hynny yn y Theatr Newydd, Caerdydd, yn ystod wythnos y Steddfod. Roedd yn 147 o flynyddoedd, ond y dim, i ddiwrnod ei ddienyddiad ar 13eg Awst 1831 tu allan i garchar Caerdydd, a safai bryd hynny ar safle'r farchnad ar Heol y Santes Fair. Y fi oedd yn chwarae rhan Crawshay, y meistr dur. Y bardd Rhydwen Williams oedd yn gyfrifol am y sgript a Meic Stevens am y caneuon cofiadwy. Dyna'r tro cynta – ers fy ngyrfa fyrhoedlog ond disglair fel 'prif leisydd' y Thunderbolts yn y chwedegau – i mi ganu'n gyhoeddus (a bron iawn y tro ola, dwi'n hynod falch o gael dweud). Un o uchafbwyntiau'r sioe oedd cân gan Cefin Roberts (yn portreadu gweinidog), a roddodd gyfle iddo ddangos ei ddoniau perfformio i'r eitha. Roedd canwr arall yn rhan o'r sioe hefyd, canwr y gwyddwn i fymryn amdano ond nad oeddwn wedi'i gwarfod tan hynny: rhywun o'r enw Bryn Fôn. Dwn i ddim be' ddigwyddodd iddo fo.

Yn syth ar ôl y Steddfod, mi es ati i baratoi ar gyfer mis o waith gyda Theatr Genedlaethol Ieuenctid Cymru, o dan arweinyddiaeth Allan Vaughan Williams ar y pryd. Cwrs mis, blynyddol, ydoedd i oddeutu hanner cant o fyfyrwyr o allu amrywiol a gynhaliwyd ar gampws Coleg Hyfforddi Caerdydd yng Nghyncoed; yn y neuadd yno yr arferai Cwmni Theatr Cymru berfformio pan oedd ar daith, cyn bod sôn am Theatr y Sherman. Ond yn y Sherman y byddai cyflwyniad y theatr ieuenctid y flwyddyn honno, gyda *Much Ado About Nothing* yn brif gynhyrchiad ar y llwyfan mawr. O blith y myfyrwyr byddai yna wastad ganran o Gymry Cymraeg a gymerai ran yn y brif sioe ond a oedd hefyd yn cael y cyfle i gymryd rhan mewn sioe lai, yn yr Arena, yn Gymraeg. Dyna oedd fy ngorchwyl i: llunio, sgwennu a chyfarwyddo sioe awr (*Mwy, Mwy, Mwy*) ar gyfer deuddeg ohonynt, sef nifer y siaradwyr Cymraeg y flwyddyn honno.

Roedd y deuddeg yn cymryd rhan yn y brif sioe yn ogystal, yn chwarae rhannau bach iawn yn ystod awr gynta'r sioe, wedyn yn ei heglu hi i'r Arena i berfformio'r sioe Gymraeg, cyn ei heglu hi 'nôl i'r prif lwyfan i ymuno â 'grand finale' 'Much Ado'. Gwyddwn o flaen llaw mai deuddeg actor oedd gennyf at fy neunydd, ynghyd â nifer y rhyw deg a'r rhyw gadarn. Wedi cwarfod â'r cast un waith, mi es ati i lunio'r hanner awr cynta, yn seiliedig ar fy nehongliad i o'u cryfderau a'u ffaeleddau fel perfformwyr. Wedi i ni dreulio bythefnos yn ymarfer yr hanner awr, mi es ati i lunio'r ail hanner. Beth oedd yn wirioneddol hynod am y profiad, gan gofio mai disgyblion ysgol oedd rhai ohonynt, oedd y nifer aeth ymlaen i ddilyn gyrfaoedd proffesiynol llwyddiannus ar lwyfan a sgrin: Dorian Thomas, Nia Caron, Geraint Lewis (roedd Nia a Geraint yn gariadon), Rhian Morgan, Phil Harris, Sian Rivers, Delyth Wyn, Eryl Phillips, a Seiriol Thomas. Er, dwi'n meddwl mai peintiwr a phapurwr ydi Seiriol erbyn hyn.

'Dim ond heddiw tan yfory, dim ond fory tan y ffair.' Tybed o lle doth hwnna? Nid fy mod ei angen ar ei hyd; roedd y *Dim ond Heddiw* ar ei ben ei hun yn ddigon i roi teitl cyfres ddrama i mi, chwe phennod hanner awr y'm comisiynwyd i'w sgwennu i Huw Tan Voel yn niwedd 1977. Mae'n rhaid fy mod i wedi llunio'r bennod gynta – a bod honno wedi'i chymeradwyo – yn ail hanner y flwyddyn honno, oblegid treuliais Ionawr, Chwefror a Mawrth 1978 yn rhoi'r pum pennod oedd yn weddill at ei gilydd. Bu'r ymarferion, a recordio bob wythnos, rhwng 27ain Ebrill a'r 20fed Mehefin. Hen dîm cynhyrchu *Heyday in the Blood* oedd wrth y llyw: Huw Davies, Alan Clayton, Endaf Emlyn (a gyfansoddodd ac a ganodd yr arwyddgan, ar ben ei ddyletswyddau swyddogol fel rheolwr llawr) a Sion Humphreys. Huw gyfarwyddodd bedair pennod, ac Alan oedd yn gyfrifol am y ddwy arall. Dechreuodd Alan ei yrfa gyda'r Bib yng Nghaerdydd fel rheolwr llawr cynorthwyol, cyn gadael i dreulio deuddeng mlynedd gyda teledu Granada fel rheolwr cynhyrchu. Buan iawn y daethom yn fêts, a threuliais y cyfnod rhwng 1980 ac 1985 yn gweithio bron yn gyfan gwbl iddo fo, yn bennaf fel sgriptiwr – yn gynta i Huw Tan Voel ac wedyn pan aeth yn gynhyrchydd annibynnol gyda dyfodiad S4C.

Cyfres ddinesig iawn oedd *Dim ond Heddiw*, gyda Chaerdydd yn gefnlen ddigyfaddawd, yn gybolfa o fyfyrwyr, y dosbarth canol parchus, Cymreig a chymeriadau tywyll ardal y dociau. Yr adeg honno, pan oedd hynny'n bosib,

Cast a chriw Dim ond Heddiw, *1978*

Fel Harri Huws
Dim ond Heddiw, *1978*

Carl Andrews fel King Kong a minnau fel Harri Huws –
Dim ond Heddiw, *1978*

Dim ond Heddiw, 1978

byddwn yn gwneud fy ngora i sicrhau rhan i mi fy hun ym mhob sgript deledu roeddwn yn gyfrifol am ei sgwennu, ac nid oedd *Dim ond Heddiw* yn eithriad. Chwaraeais ran Harri Huws, hogyn o'r wlad yn wreiddiol (cafodd Bryncir ei grybwyll) oedd wedi colli ei ffordd, wedi mynd ar gyfeiliorn yn llwyr ac wedi ildio i demtasiynau isfyd y ddinas fawr ddrwg. Aeth y stori yn ei manylder yn angof, ond o leia roedd y dihirod a'r parchusion fel ei gilydd yn Gymry Cymraeg – heblaw am warchodwr personol Harri Huws, King Kong, oedd yn groenddu ac yn siarad Saesneg. Chwaraewyd y rhan gan Carl Andrews, a gastiwyd yn fuan wedyn fel y mecanic Joe MacDonald yn y gyfres *Crossroads*. Bu farw Carl o Aids yn 1990. Tybed a ganiateid i mi heddiw alw cymeriad croenddu yn King Kong? Sgersli bilîf. Yn ogystal â Carl ac iors trwli, roedd ganddom ddau o golofnau'r achos yn arwain y cast yn John Ogwen a Christine Pritchard, ond y diléit mwya i mi oedd y cyfle i gydweithio am y tro cynta â thri oedd ar ddechrau eu gyrfaoedd: Mei Jones, Cefin Roberts a Luned Jones. Roeddynt yn chwa o awyr iach, yn llawn hyder a dyfeisgarwch. Roedd Luned yn actores wefreiddiol (heb sôn am fod yn rhywiol dros ben), ac yn y blynyddoedd dilynol chwaraeodd sawl rhan mewn amrywiol sgriptiau teledu o'm heiddo. Bûm yn gweithio'n glòs iawn gyda Mei ar y cyfresi *Deryn* a *Cerddwn Ymlaen* (a mwy am hynny letyr on), ac yn ddiweddar mi ges gyfle i ailgysylltu â Cefin, yn bersonol ac yn broffesiynol, yn sgil fy ngwaith i'r Theatr Genedlaethol.

Roedd cyfnod *Dim ond Heddiw* yn un hapus dros ben. Fel teulu, roedd ganddom gartra o'r diwedd. O ran gyrfa, fedrwn i ddim dymuno am well criw o bobl i gydweithio â nhw. Hen dro na fyddwn i wedi medru potelu'r cyfnod, fel medrwn i gymryd ffroeniad bach rŵan ac yn y man, fel bo'r galw, ac atgoffa fy hun o ddyddiau gwell. Ond nid fel'na ma hi'n gweithio.

Gyda Christine Pritchard, Cefin Roberts – Dim ond Heddiw, *1978*

1979

Dwy daith a gydredodd yn ystod Mai y flwyddyn hon oedd teithiau *Terfyn* a *Cofiant y Cymro Olaf*. Agorodd 'Cofiant' yn Theatr Harlech ar 4ydd Mai, ddiwrnod wedi i Thatcher gael ei hethol, a *Terfyn* yn yr un theatr ar y dydd Mawrth canlynol, yr 8fed. Llwyddiant (cymharol) *Y Cadfridog* oedd y sbardun i fynd ati i sgwennu ail ddrama hir (i John a Mo Ogwen, a Chwmni Theatr Cymru yn wreiddiol, fel y soniais yn gynharach). Yn anffodus, yn dilyn penderfyniad Wilbert Lloyd Roberts i beidio, ar boen ei fywyd, fy nghydnabod fel dramodydd (hyd yn oed un gwael), bu'n hel llwch am bron i dair blynedd. Er tegwch, mae'n siŵr nad oedd fy nghysylltiad agos â Theatr yr Ymylon wedi helpu fawr ar yr achos, ond Theatr yr Ymylon, a Norman Florence, ddaeth i'r adwy (fel y gwnaeth o yn achos *Y Cadfridog*), gan lwyddo i berswadio'r bwrdd i gefnogi llwyfannu *Terfyn*, er bod cryn wrthwynebiad i hynny ymysg lleiafrif o aelodau.

Yn Mei Jones ac Elliw Haf roedd ganddom, 'radag honno, ddau o'r goreuon fel actorion, ac yn Gruff Jones rywun deallus a dyfeisgar yn cyfarwyddo. I raddau helaeth, collwyd Gruff i fyd teledu gydol yr wythdegau a'r nawdegau, mwya piti. Dau gymeriad sydd yn y ddrama, Dafydd a Lois, a'r thema – amserol iawn ar y pryd – oedd cwestiwn dyrys Cymreictod. Digwydd yr act gyntaf yng Nghaerdydd lle mae Dafydd, sy'n gynhyrchydd teledu, yn gyndyn iawn i ildio i ddyhead ei wraig, Lois, i ddychwelyd i'r 'Fro Gymraeg'. Digwydd yr ail act yn Eifionydd, gyda Lois yn amlwg wedi mynd â'r maen i'r wal. Adlewyrchir y gwahaniaeth gwleidyddol rhyngddynt mewn cyfres o olygfeydd yn y gwely, lle dangosir hwynt yn rhywiol anghymharus. Roedd y cynnwys, o ran gweithred ac iaith, yn eitha beiddgar ar y pryd, mae'n siŵr, yn sicr ar lwyfan Cymraeg. Tybed ai'r gwrthdaro gwleidyddol arweiniodd at fethiannau rhywiol a chwalfa briodasol, neu fel arall oedd hi? Yr wy 'ta'r iâr? Fel *Y Cadfridog* o'i blaen, drama ei chyfnod oedd *Terfyn* a phrin y byddai'n haeddu ail-bobiad heddiw. Mentraf ddweud y byddwn yn gwrido rhyw fymryn taswn i'n cymryd golwg arni eto. Ond yn ei dydd cafodd dderbyniad da, a gwnaed gwaith penigamp gan Mei, Elliw a Gruff. Y siom fwya i mi, yn bersonol, oedd y perfformiad ym Mhorthmadog, canol fy mydysawd am sbelan. A finna'n dal yn 'local boi' i bob pwrpas, roedd yn brifo nad oedd ond llond cont yn y gynulleidfa, yn enwedig gan fod John Elwyn yn un ohonynt, yr hwn a wnaeth ei orau glas i fy osgoi ar y diwedd. Beth, neu pwy, oedd yn gyfrifol, dwn i ddim. Hwyrach i drigolion ceidwadol, sensitif Port gael achlust o natur 'rywiol' y ddrama, ac i'w 'character' hi gyrraedd yno o'i blaen. Neu hwyrach mai peiriant cyhoeddusrwydd cachlyd Theatr yr Ymylon oedd ar fai. Be' 'di'r ots, heddiw?

Er mai rifiw cerddorol oedd *Cofiant y Cymro Olaf*, yn hytrach na drama gonfensiynol, yr oedd yn ymdebygu i *Terfyn* yn hyn o beth: roeddynt ill dwy yn ymhél â thema argyfwng hunaniaeth. Yn naturiol, denodd 'Cofiant' edmygwyr a beirniaid, â rhai o'r olaf yn hallt dros ben. Cofnododd Hefin Wyn yr hanes yn drylwyr iawn yn ei lyfr ardderchog *Be Bop a Lula'r Delyn Aur*. Mawr yw fy edmygedd o ymroddiad ac aberth digyfaddawd Angharad Tomos; gwnaeth ei bys bach fwy dros Gymru na wnaf i byth. Rwyf yn parchu ei barn, ond ar yr un pryd yn hanner gobeithio ei bod hithau'n cydnabod fy hawl i – mewn democratiaeth – i'w dweud hi fel rydw i'n ei gweld hi. Sioe ddychan bur oedd 'Cofiant', nid ymosodiad ar sefydliadau ac unigolion, na chwaith werthoedd ein cenedl. Roeddem i gyd fel cast â'n trwynau yn yr un cafn fwy neu lai; dyna pam y medron ni gydweithio mor hwylus â'n gilydd. Yn nhraddodiad Twm o'r Nant a *Spitting Image*, aed ati i lambastio pawb a phopeth – ia, hyd yn oed y 'cyfryngis' atgas sydd mor wrthun gan y gwir ffasgydd o Gymro. Roedd y sgetsys Shane a Camdreiglo yn ddigon o brawf ein bod yn fwy na bodlon rhoi cic i ni'n hunain yn ogystal â phawb arall. Rŵan, tasa Angharad wedi beirniadu'r sioe achos fod safon y cyflwyniad, y gerddoriaeth neu'r sgript yn giami, fyddai gan neb gŵyn o gwbl. Does dim o'i le ar feirniadaeth gytbwys, deg. Ond roedd hi'n ymosod ar y cynnwys, ar yr hyn oedd yn cael ei ddweud, a'n hawl sylfaenol ni i'w ddweud o. Dyna fyddwn i'n ei alw yn sensoriaeth. O leia mi arhosodd Angharad yn ei sedd. Nid felly'r brawd Euros Lewis, a lamodd i'r llwyfan ar derfyn y perfformiad yn Theatr Felin-fach, gan annog y gynulleidfa i anwybyddu'r hyn roeddynt newydd ei weld (ac yn gwbl amlwg, fel pob cynulleidfa arall, wedi'i fwynhau yn fawr). Be' nesa tasa ti wedi cael dy ffordd, Euros bach – *Kristallnacht*?

Yn ogystal â sgwennu'r sgript, gan gynnwys monologau'r Doctor Hywel Ffiaidd ei hun (a bortreadwyd gan Dyfed Thomas a oedd, gyda Dafydd Pierce, yn bennaf cyfrifol am y caneuon a'r gerddoriaeth), roeddwn hefyd yn cymryd rhan yn y sioe. Diolch i drefn rhagluniaeth, hwn fyddai fy mherfformiad dramatig olaf o flaen cynulleidfa fyw.

At ei gilydd, ychydig iawn wnes i fel actor a pherfformiwr ar lwyfan – yn broffesiynol, oddeutu chwe chynhyrchiad yn unig. Er bod actio llwyfan, wedi i chi setlo, yn rhoi llawer o foddhad, roedd y diwrnodiau a'r oriau a arweiniai tuag at y noson agoriadol, ynghyd â'r perfformiadau cynnar, yn uffern ar y ddaear i mi. Diau eu bônt felly i bob perfformiwr, ond roeddwn i'n argyhoeddedig fy mod i'n diodda'n waeth na neb arall. Yr ofn pennaf ydi anghofio llinellau. Y dyddiau yma, a'r arferiad o gael rheolwr llwyfan cynorthwyol sydd hefyd 'ar y llyfr' wedi hen ddarfod, mae'n rhaid gin i fod yr ofnau yn gan gwaeth. Sgwrs gyda'r actor Dyfan Roberts oedd ei diwedd hi, rywdro ar ôl cwblhau taith 'Cofiant'. Roedd Dyfan eisioes yn actor profiadol iawn yn nhermau llwyfan, a ngobaith i oedd y byddai ganddo eiriau o gysur ac anogaeth i'w cynnig:

FI: Dyf – mi wyt ti wedi gneud toman o waith llwyfan yn dy ddydd. 'Siŵr gin i 'i bod hi'n mynd yn haws, wsti, yr hen ofn diawledig 'na – yn haws fel yr â amsar yn 'i flaen.
DYFAN: Nag'di, cofia. Os rwbath, mae o'n gwaethygu.

Addewais i mi fy hun na fyddwn i byth eto yn rhoi cam ar lwyfan fel perfformiwr, ac felly y bu.

Heuwyd yr had a fyddai'n medi'r cymeriad rhyfeddol Hywel Ffiaidd yn y rifiw *Croeso i'r Roial,* yn Steddfod Wrecsam 1977. Holais Dyfed yn ddiweddar a dywedodd ei fod bron yn siŵr mai syniad Mari Gwilym oedd o. Roedd ganddynt act ddwbl, Hywel Ffiaidd a Blodwen Chwd:

Y fi 'di Hywel Ffiaidd
A fi 'di Blodwen Chwd,
'Da ni yma i brotestio
So glua'i o'ma'r cwd!

Da 'de? Ond dim ond cymeriad pync, yn canu yn unig, oedd o yn y sioe. Roedd Dyfed yn chwarae cymeriad arall, sef gwastrawd (equerry) i'r frenhines. Awgrymodd y cyfarwyddwr, Ronnie Williams, y dylai ei wneud o fel dysgwr gwael, yn gonglau ac yn gamdreiglo i gyd. Felly, cyfuniad o ddau gymeriad oedd ei ddechreuad, a datblygodd wedyn yn y sioe *Gweledigaethau y Doctor Hywel Ffiaidd,* oedd yn ymestyniad o'i berfformiad gyda band. Daeth i'w lawn dwf yn *Cofiant y Cymro Olaf.* Yn weddol ddiweddar, mentrais roi cipolwg ar sgript 'Cofiant', a synnais gymaint roedd y sioe wedi dyddio. Pa ryfedd, a hithau wedi'i gwreiddio mewn cyfnod cyn i Gwynfor fygwth llwgu ei hun i farwolaeth, cyn bod sôn am S4C, cyn i neb wybod fod deunaw mlynedd o lywodraeth Doriaidd fileinig yn eu haros? Ar un pwynt yn y sioe roeddwn yn portreadu mam Hywel Ffiaidd (a fynta'n blentyn) ac yn cynnig eglurhad am y dryswch meddyliol oedd yn ei blagio: 'Dio byth wedi bod 'run fath ers iddo fo glywad Shane yn siarad Cymraeg!' Roedd y sylw yn garantîd o dynnu'r tŷ i lawr bob tro, am y rheswm syml ei fod yn gwbl amserol a pherthnasol. Yn ei ddoethineb, roedd Huw Tan Voel wedi mynd ati i drosleisio tair ffilm i'r Gymraeg. Chwara teg iddynt am arloesi, ond a oedd raid dewis clasur fel *Shane* fel un o'r tair? Mae pawb yn y byd yn gwybod fod yn rhaid i bob cowboi swnio fel John Wayne. Welis i, na gweddill y genedl, ddim digrifach ers acha'; dyna pam yr ymateb dilornus. Ond fyddai'r cyfeiriad yn golygu dim heddiw. Hyd yn oed ar bapur 'radag honno, toedd y sgript yn fawr o beth. Profiad theatrig oedd o; rhaid oedd bod yno i'w lawn werthfawrogi.

Er i'r ffilm *Heyday in the Blood* gael ei gwneud yn 1977, ni ddarlledwyd hi am rai blynyddoedd achos streic ar y rhwydwaith annibynnol (ITV). Ond ddydd Llun, 23ain Gorffennaf y flwyddyn hon, fe'm gwahoddwyd i fynd yn gwmni i un o benaethiaid Huw Tan Voel (ac yn rhinwedd fy swydd fel actor) i Lundain, i ddangosiad o'r ffilm ac wedyn i'r gynhadledd i'r wasg. Yno cyfarfyddais â'r sgriptiwr comedi a'r darlledwr Barry Took, oedd yn adolygu ar ran y *Daily Mail*, ac a'm cyffelybodd yn y ffilm i Aneurin Bevan ifanc o ran pryd a gwedd. Dau borchell tew, mae'n siŵr. Yn gynharach yn y dydd, gydag amser i'w ladd, treuliodd y pennaeth mwyn ac iors trwli orig fach ddifyr iawn yn gwylio sioe 'gelfyddydol' yng nghilfachau tywyll Raymond's Revue Bar yn Soho. Addysgiadol iawn, ac yn rhad ac am ddim. Ar y cyfan cafodd 'Heyday' ymateb ffafriol, ac yn ei sgil mi ddes i sylw sawl asiantaeth actio. Celwydd noeth: mi sgwennis at hanner cant ohonynt, ond dim ond dwy yn unig ddaru hyd yn oed drafferthu i gydnabod fy llythyr. Chwara teg, rhoddodd y ddwy gynnig i mi fynd ar eu llyfrau. Dewisais wraig, June Epstein. Bûm gyda hi am wyth mlynedd ar hugain.

Wrth edrych yn ôl heddiw, mae un cofnod yn nyddiadur 1979 yn peri cryn loes i mi (o gofio fy amgylchiadau rŵan). Nid y fi a'i rhoddodd yno, ond Gwen: 'Sylweddoli fod Gwenda yn golygu llai a llai i mi. Allan yn meddwi efo rhywun rhywun!' Dyna sgwennodd hi ar draws y dyddiadur mewn llythrennau bras. Roeddwn wedi anghofio ei fod yno. Wrth reswm, toeddwn i ddim yn meddwl llai ohoni; roeddwn yn ei charu gymaint ag erioed – ond pa iws oedd hynny iddi hi pan fyddwn i allan yn diota? Wela i ddim bai arni o gwbl. Roedd yn gyfnod pan oeddwn i ffwrdd yn aml, weithiau am bythefnos ar y tro. Gan nad oeddwn eto yn gyrru, toedd piciad adra os oedd gin i ddiwrnod yn rhydd ddim yn hawdd. Ydach chi wedi trio 'piciad' o Bwllheli i Gaerdydd ar drên neu fws? Roedd hefyd yn ddechrau ar gyfnod (maith) o drafaelio 'nôl a blaen i Lundain, gan fod gin i asiant yno bellach. Pan fyddwn i ffwrdd, byddai Gwen a'r plant yn disgyn i batrwm o fyw oedd yn eu siwtio nhw; pan ddychwelwn, dest i fwrw Sul yn aml, medrai fy mhresenoldeb darfu ar y patrwm hwnnw. Roedd yna wastad amheuaeth hefyd fy mod yn anghyfrifol pan oeddwn i ffwrdd, neu'n ddi-gyfrifoldeb o leia, ac roedd hynny'n wir i raddau helaeth. Wedi perfformiad yng Nghrymych ar nos Fawrth, dyweder, beth arall oedd dyn i'w wneud ond ei heglu hi am y dafarn 'gosa i yfed ac i falu cachu?

1980

Mae'r Gelyn Oddi Mewn, *1980*

Ar ddechrau degawd newydd sbon, cefais glamp o joban newydd sbon a fyddai'n para chwe mis: chwarae Harri Tomos, brawd Gwen Tomos, yn addasiad BBC Cymru o nofel enwog Daniel Owen, dan gyfarwyddyd George P. Owen (dim perthynas). *Gwen Tomos* oedd, ac ydi, fy hoff nofel yn y Gymraeg; roeddwn wedi'i darllen laweroedd o weithiau cyn i mi gael y cyfla i ymddangos mewn fersiwn deledu ohoni. Mae'n llawer difyrrach na *Rhys Lewis,* llyfr na fedris i rioed ei orffen. Oni ddaru'r hen Ddaniel ddiawl o gam gwag (yn *Rhys Lewis*) trwy ladd un o'i gymeriadau mwya diddorol, Bob Lewis, brawd hŷn Rhys, ym mhennod dau ddeg tri, a fynta â bron i ugian pennod i fynd? Yr hyn a wna baldaruo crefyddol Mary Lewis, y fam, yn lled-oddefol ydi'r ffaith bod llawer o'i hymryson yn digwydd gyda Bob. A sôn am baldaruo, hogia bach. Fel deudodd Wil Sam rhywdro, 'doedd bosib ei bod hi – gwraig dlawd, ddi-ddysg yn dallt hanner yr hyn oedd hi'n ei ddweud? Rhan Rheinallt, sef adroddwr y stori, gynigiwyd i mi yn wreiddiol – cymeriad clodwiw ond boring. Fy hoff gymeriad o ddigon oedd Harri, y brawd trasig aeth ar gyfeiliorn yn llwyr, gan yfed a hwrio'i hun i fedd cynnar. Yn nhermau gwaith, roedd Harri yn ymddangos ym mhump o'r wyth pennod – a hynny yn y dyddiau pan delid am benodau unigol, ac nid yn ôl hyd y job. Llai o benodau, llai o bres, ond roeddwn yn benderfynol o'i landio, neu wneud fy ngora glas o leia. Dyma fynd ar bererindod i bencadlys y Bib yn Llandaf, a pherswadio George fy mod i wedi ngeni i'w chwarae (y math yna o rwtsh). Mi ddes adra a Harri yn fy mhocad, gan adael Cefin Roberts i gymryd rhan Rheinallt.

'Rwy'n ddeg ar hugain oed, ac arna i chwant priodi!' ebe'r gân. Er fy mod yn ddeg ar hugian oed yn Nhachwedd y flwyddyn hon, byddai gwneud dynas onest o Gwen yn gorfod disgwyl pum mlynedd arall. Gofynnwyd i'r actor Anthony Hopkins unwaith pryd, a ble, fu'n teimlo hapusaf. Atebodd mai yn eistedd ar fryncyn ym Mharc Yellowstone yn bwyta afal oedd hynny. Pe bai rhywun yn gofyn i mi heddiw pryd, a ble, bûm i hapusaf, byddai'n rhaid i mi ddweud ar noson fy mhen-blwydd yn ddeg ar hugian oed. Wedi hynny, bu hapusrwydd yn fater o fod – a dyfynnaf Enoch Powell – 'mor hapus ag mae'r cyflwr dynol yn ei ganiatáu'. Mae deg ar hugian yn fwgan i lawer, merchaid yn bennaf, meddan nhw: y teimlad fod y dyddia gora ar ben, ac mai'r oll sydd i edrych ymlaen ato ydi colli dannadd a *Dechrau Canu, Dechrau Canmol.* Nid dyna oeddwn i'n ei deimlo; yn hytrach, roeddwn yn gwirioneddol gredu y byddai bywyd yn mynd yn ei flaen am byth. Meidroldeb oedd y peth dwytha ar fy meddwl. Onid hen bobl oedd yn marw? Roedd cael fy mhoenydio peth cynta'n bora, o'r eiliad y byddwn yn deffro, gan y syniad o farwolaeth yn rhywbeth oedd yn perthyn i'r dyfodol, mewn degawd arall, fel y tystia'r darn canlynol o'r ddrama *Fel Anifail,* a'r cymeriad Defi, sydd yn cwmpasu ystyr ddeublyg y teitl: gweithred dreisiol, ddidrugaredd, honedig Defi ar y mynydd gyda 'fisitor' – marwolaeth, gan fod hynny, fel anifail, yn annethol, yn ddidostur ac yn ddigydwybod:

DEFI: Roedd o yma eto bora 'ma. Peth cynta, damia fo. Damia fo, Mair! Ai dyma fel y bydd

hi o hyn allan? Ia beryg. Go brin gadawith o
fi rŵan. Ia, fel hyn bydd hi i chi! Mae o'n
barod amdana'i.

Ar noson fy mhen-blwydd aeth criw bach dethol ohonom i giniawa i dŷ bwyta rhannol-lysieuol o'r enw Grains a oedd, yn eironig ddigon – gan fy mod yn sôn am hapusrwydd ac anhapusrwydd – union dros y ffordd i'r tŷ dwi'n byw ynddo heddiw, ym Mhontcanna: y tŷ y bu Gwen yn breuddwydio amdano cyhyd ond na chafodd fawr o ddedwyddwch ynddo. Yn ystod y noson, rhoddwyd anrheg i mi gan Siân Owen, yr actores a nith Richard Burton, sef llond dwrn o ddôp. Rŵan, rhag ofn i chi feddwl mod i'n sbliffio o fora gwyn tan nos, toeddwn i ddim, a tydw i ddim. Bu blynyddoedd lawer ers i mi boitsio ddwytha. 'Radag honno, mi fyddwn yn poitsio yn achlysurol iawn, ond a bod yn gwbl onest chafodd cyffuriau fawr o argraff arna i rioed. Rhowch beint yn fy llaw, neu'n gynyddol fel dwi'n mynd yn hŷn, wydriad o win. Teimlaf fod slotian yn wahanol i sbliffian (er bod sgil-effeithiau ei gamddefnyddio yn llawer gwaeth), gan ei fod yn eich gadael â mwy o reolaeth dros eich cyneddfau, yn yr ystyr eich bod yn dal yn fersiwn ohonoch chi eich hun, er eich bod yn rwdlan mymryn ac yn deisyfu cariadon a gwragedd eich mêts. Wrth gwrs, os ydi dyn yn feddw dwll, yna 'tydi dim o'r uchod yn berthnasol. Dyfynnaf Wil Sam unwaith yn rhagor: 'Dw't ti ddim wedi meddwi go iawn nes i ti gachu llond dy drowsus a cholli dy gap.' Onid 'colli dy gap' sy'n ei gwneud yn llinell gofiadwy, ac nid y 'gachu' amlwg?

Gyda chyffuriau, roeddwn yn teimlo fel taswn i'n 'gadael' fi fy hun rywsut, yn troi yn rhywun arall oltwgeddyr. Y cyffur mwya eithafol i mi arbrofi ag o oedd 'speed', yng nghwmni Meic Stevens (y canwr). Profiad dwys, ond byrhoedlog. Taswn i'n ifanc y dyddia yma, 'sdim dowt na fyddwn i wedi arbrofi gyda cocên. Diolch i Dduw (neu rywun, achos 'tydi Duw ddim yn bod) mod i o fewn golwg i mhensiwn.

1981

'Ma'r boi 'na 'di marw, 'dydi – be' 'di 'i enw fo 'fyd – wsti, fo o'dd y copar Cymraeg ar Meindar.' Heblaw am selogion y ddrama Gymraeg (prin fel aur), dwi'n mawr ofni mai fel'na fydda i'n cael fy nghofio, am y pum munud y caniateir i mi gael fy nghofio, pan fyddaf yn ddim ond tocyn o lwch yn cael fy ngwasgaru ar wyneb y môr yng Nghaerdydd a Llanddwyn. Er gwaetha gyrfa amrywiol dros ben, fel actor a sgwennwr, bron yn gyfan gwbl yn fy iaith gynta, cymaint oedd poblogrwydd y gyfres *Minder* yn ei hanterth, serch y ffaith nad oeddwn ond mewn tua phump ar hugian allan o'r saith deg pennod a wnaethpwyd (gyda Dennis Waterman, nid y cyfresi eilradd gyda Gary Webster), dyna, ym meddwl y mwyafrif llethol, fu fy nghyfraniad pwysica – neu amlyca o leia. Ddoe ddwytha – mae hi heddiw yn 29ain Ionawr 2009 – mi ddes ar draws gwraig mewn caffi yn Nhreganna a ddywedodd rywbeth tebyg i hyn: 'I know you! You're on *Minder*!' Hyn oherwydd bod TV Gold yn ailddarlledu'r hen gyfresi hyd syrffed. Gwenais yn gwrtais, gwneud y synau priodol, sglaffio fy mrechdan bacwn ac wy cyn gynted â medrwn i, a gadael. Be' ddylwn i fod wedi'i ddweud, be' oeddwn i isio'i ddweud, be' ydw i isio'i ddweud bob tro mae rhywun yn fy 'adnabod' ydi: 'Ffyc sêcs, calliwch! Ma' 'na dros ugian mlynadd ers i mi orffan 'i neud o! Gorffan, heb sôn am ddechra!' Ydi bywydau pobl mor llwm a thrist, mewn difri? Er hynny, mi rydw i'n hynod o falch i mi fod yn rhan o gyfres deledu a oedd, ar un adeg, yn denu cynulleidfa o ddeunaw miliwn. Roedd yn wyrth fy mod i ynddi o gwbl, o gofio fod fy nhro (fel DC Jones) yn ymylu ar fod yn un o'r perfformiadau mwya siarlatanaidd yn hanes y ddrama deledu. Heblaw am y ffaith fod fy nehongliad yn anghyson, roedd yr acen yn gwbl ffug, yn ymdrech drychinebus i efelychu acen yr Hwntw, oedd, dwi'n siŵr, yn gyrru fy nhyd-

Gyda chast a chriw Minder, *1987*

actorion Hwntŵaidd i ffit biws o gynddaredd. Sorri, Dafydd Hywel. Sorri, Ifan Huw Dafydd. Nid arna i roedd y bai. Euston Films fu'n ddigon gwirion i gynnig y rhan i mi, yn eu hanwybodaeth wrth reswm, gan fod un acen Gymraeg yn swnio yn union fel un arall i glust fonoglotaidd, anniwylliedig y Sais. Heblaw am 'You're in *Minder!*', y cwestiwn nesa fel rheol ydi sut brofiad oedd o i weithio gyda George Cole a Dennis Waterman, a sut bobl oeddan nhw. Wel, fel actorion ym mhob oes am wn i, yn yr ystyr eu bod yn bobl gynta ac yn actorion yn ail, yn union fel pawb arall y munud des i i'w nabod, dim gwell a dim gwaeth. Cig a gwaed oeddan nhw, fel chi a fi. Mae cachu pawb yn drewi.

Crëwyd *Minder* yn arbennig ar gyfer Dennis Waterman yn dilyn ei lwyddiant mawr yn *The Sweeney*, gyda John Thaw. Y bwriad oedd ei wneud yn brif gymeriad – a dyna'r rheswm dros y teitl – neu'n sicr y cymeriad fyddai'n 'cario' y gyfres. Er i'r cymeriad Arthur Daley – a'i ddywediadau bachog: ''er indoors', 'nice little earner' – ddatblygu'n eicon celfyddydol yn ystod yr wythdegau nid dyna oedd y bwriad i gychwyn, ac nid George Cole oedd ar dop y rhestr i'w chwarae. Dychmygwch rywun heblaw Mei Jones yn portreadu Wali, neu rywun heblaw Stewart Jones yn Ifas y

Tryc? Cysidrwyd y comedïwr Jimmy Jewell a'r actor Denholm Elliot cyn iddynt benderfynu ar George, yr actor-gomedïwr a fyddai'n sicrhau llwyddiant i'r gyfres nad oeddynt ond wedi breuddwydio amdano ar y cychwyn. Heb os, ei berfformiadau o sydd yn dal i'w gwneud yn rhaglen werth edrych arni, dros ddeng mlynedd ar hugian wedi iddi ymddangos am y tro cynta. Darlledwyd y gyfres gynta yn 1979, ac ymunais â'r drydedd gyfres yn 1981. Roedd y gyfres gynta yn wahanol iawn i'r gweddill: yn dywyll a chaled, yn ddrama go iawn yn hytrach na'r ddrama gomedi a esblygodd. Y prif reswm am hyn oedd gallu anhygoel George. Mewn un ystyr, bu'n chwarae Daley ers y pumdegau; mae'r prototeip i'w weld yn glir yn ei bortread o Flash Harry yn ffilmiau *St Trinian's* y cyfnod. Buan iawn y sylweddolodd y cynhyrchwyr fod perthynas gomig arbennig iawn yn bodoli rhwng George a Dennis, a datblygwyd y sgriptiau i adlewyrchu hynny.

O'r cychwyn, bu Patrick Malahide – a ddaeth yn dipyn o fêt – yn portreadu Chisholm, y plismon trwynsur a gysidrai rhoi copsan i Daley yn uchelgais oes, er y byddai Daley wastad yn cael y gora ohono ar y funud ola. Ym mhob pennod y byddai Pat yn ymddangos, byddai ganddo DC gwahanol wrth ei gwt. Pan welodd fy asiant yr enw 'Jones' ymresymodd y medrai fod yn Gymro a phenderfynu fy ngyrru i gael fy ngweld ar gyfer y rhan. Nid bod fawr o ots am yr enw yn y bôn, gan mai ond tair llinell oedd ganddo yn ei bennod agoriadol, mi fuasai mwnci lled-ddeallus wedi gwneud y tro yn iawn.

Yn ystod 1981 bûm yn gyfrifol am sgwennu cyfres i Huw Tan Voel a'r cynhyrchydd Alan Clayton, o'r enw *Taff Acre*, chwech ar hugian o benodau hanner awr, a gafodd eu darlledu ar rwydwaith ITV amser cinio. Dydd Gwener, 27ain Mawrth, roedd Alan, y cyfarwyddwr, Sion Humphreys ac iors trwli mewn fflat yn Baker Street,

Llundain, yn cyf-weld actoresau gogyfer â'r gyfres. Fflat Huw Tan Voel oedd hon, ac ar gael i'r penaethiaid, o Gaerdydd a Bryste, pan oeddynt ar dripiau busnes yn y ddinas. Pwy oedd yn gadael fel roeddan ni'n cyrraedd ond y pen bandit ei hun ar y pryd, yr Arglwydd Harlech. Toeddwn i fawr o feddwl y byddwn yn syllu ar ei fedd yn Eglwys Llanfihangel-y-traethau, ger tref Harlech, ymhen llai na phum mlynedd, yn ystod ffilmio golygfeydd ar gyfer y ddrama deledu *Sul y Blodau*. Fel cyn-lysgennad yn Camelot, yr enw stiwpid a fabwysiadwyd i ddisgrifio teyrnasiad John F. Kennedy, a ffrind personol i'r arlywydd, sicrhaodd fod rhai o fawrion yr Amerig, gan gynnwys y godinebwr a'r diotwr, y Seneddwr Edward Kennedy, yn ei gnebrwn. Bu sibrydion, wedi bradlofruddiad (dyna ydi o yn y Briws) JFK fod yr Arglwydd wedi cysuro cryn dipyn ar Jackie, ei weddw; yn wir, dywed ambell un iddo roi'r 'length' iddi. Fydda fo'r syndod – a'r pechod – mwya yn y byd tasa fo wedi gwneud hynny?

Dwi'n cyfeiliorni. Tua amser cinio dyma Gwen yn fy ffonio, gan ddweud i June, fy asiant, fod ar y ffôn, yn poeri tân wedi iddi ddarganfod fy mod yn Llundain heb roi gwybod iddi. Pan ffonis yr hen grachan gorchmynnodd i mi gyrraedd pencadlys Euston Films ger pont Putney pronto, ddim hwyrach na phedwar o'r gloch. Gadewais Alan a Sion a dal y diwben agosa. Am bedwar o'r gloch, roeddwn yn styc mewn gorsaf tua dau stop i ffwrdd. Penderfynais y byddwn yn dal y diwben nesa, doedd ots i ble roedd hi'n mynd – ymlaen i'r cyfweliad, neu yn ôl am Paddington a Chaerdydd, dibynnu pa un fyddai'n landio gynta. Trwy lwc, neu ffawd, tiwben Putney enillodd y ras, ac o fewn chwarter awr eisteddwn gyferbyn â Robert Young, un o gyfarwyddwyr *Minder* – Sais bonheddig dros ben. Cymerodd un olwg arnaf a heb ofyn i mi ddarllen (be' taswn i'n diodda o'r atal dweud mwya dychrynllyd?), cynigiodd y rhan i mi yn y fan a'r lle. Dychmygwch fy nghynnwrf, ar y trên rhwng Llundain a

Chaerdydd, yn syllu ar y sgript â'r wynebddalen binc o mlaen, gyda'r gair 'Minder' mewn du ar ei thraws. Meddyliais: 'Ma' deunaw miliwn yn gwylio'r sioe yma, ac ma' gin i ran ynddi.' Tair llinell mae'n wir, ond hei.

Cwestiwn a ofynnir yn aml ar y diawl ydi: 'Be' 'di'r gwahania'th rhwng actio Cymraeg ac actio Saesneg?' Mae'r broses lythrennol, dechnegol o ffilmio yn union yr un fath: cyrraedd yn blygeiniol; panad o de; malu cachu; tynnu coes a fflyrtio diniwed; panad arall; newid i 'wisg'; panad; colur; panad – a disgwyl teirawr i gael eich defnyddio. Os oes ganddoch brif ran mae siawns y cewch eich defnyddio yn gynt; garantîd nad oedd George a Dennis yn stwna am deirawr, a nhwtha mor uffernol o ddrud. Mae'r actio ei hun, yn Saesneg, mewn ail iaith yn brofiad cwbl wahanol wedyn, yn brofiad arswydus, a dweud y gwir. Ar y gora, mewn cynhyrchiad yng Nghymru (fel chwarae Jack Bevan yn *Heliwr / A Mind to Kill*, er enghraifft) roeddwn wastad yn gorfod gweithio'n gymaint c'letach i gael yr iaith yn gywir, a pheidio baglu dros fy ngeiriau oedd y peth mwya blaenllaw yn fy meddwl, yn hytrach na'r perfformiad. Gan fy mod yn was bach i Chisholm, a gan fod Chisholm bron yn ddiwahân mewn golygfeydd gyda Daley a McCann, golygai fy mod wedi fy amgylchynu ag actorion enwog, oedd ar adegau yn brofiad bygythiol. Byddwn yn aml yn cachu brics pan elwid fi i'r set i ymarfer. Roedd poblogrwydd y gyfres yn denu enwau mawr y dydd, yn union fel y byddai cyfresi Morecambe and Wise yn ei wneud yn y saithdegau: Richard Briers (hyfryd o ddyn), Diana Quick, Robbie Coltrane, Mark McManus, Paul Eddington (mochyn), Rula Lenska, Roy Kinnear, Derek Fowlds, Ronald Fraser – rhestr ddiddiwedd o enwogion oedd wedi'u cyflogi yn arbennig i wneud fy mywyd i'n uffern. Ar dudalen gefn fy nyddiadur, 1981, yng nghanol gwahanol gyfeiriadau a lleoliadau roedd yn rhaid i mi eu cyrraedd – Mortlake Crematorium;

Tongley Hill, Wandsworth; Deodar Road, Putney; Godolphin Road, Shepherd's Bush – dwi wedi sgwennu'r cofnod hwn: 'Ffycin 'els bels – w, coc y gath – dyna i gyd fedra i ddeud – dyna i gyd – dwi isio mynd yn ôl i Gaerdydd – o ydw.' Fel'na yn union roeddwn i'n teimlo.

Amlosgfa Mortlake, ger Barnes yn Llundain: golygfa angladdol. I'r rhai ohonoch chi welodd y bennod, mae iors trwli yn eistedd yng nghefn y llun. Hon oedd fy mhennod gynta a fy niwrnod cynta o ffilmio. Noson cynt, roeddwn wedi bod yn cadw reiat yng nghwmni Ian Saynor a Marged Esli – y ddau ar y pryd yn 'eitem' ac yn byw yn Llundain – ac roeddwn yn diodda o benmaen-mawr go hegar; a 'tydi hi byth yn syniad da i eistedd mewn amlosgfa yn diodda o benmaen-mawr, ymhell o gartra, yn unig ac yn isel. Llawenydd (cymharol) o ddarganfod mai Jackie Jeffries oedd y ferch colur; roeddwn wedi gweithio gyda hi ar gyfres gynta *Minafon,* addasiad o nofel Eigra Lewis Roberts gan yr awdures ei hun. Golygydd sgriptiau oeddwn i.

Ymdrech gan S4C i hudo'r gynulleidfa Gymraeg o 'comfort zone' Cwmderi oedd *Minafon.* Roedd y cyfresi cynnar yn be' faswn i'n ei alw yn 'sylweddol', yn bennaf am fod Eigra wedi creu cymeriadau mor gofiadwy: Dic Pwal, a bortreadwyd mor effeithiol gan John Ogs; Beryl Williams, fel Gwen Elis; Grey Evans fel ei gŵr, Dei – awr ddisgleiriaf Grey fel actor, 'does bosib. Hwyrach i'r gyfres fynd yn ei blaen yn rhy hir; mae cymaint i'w ddweud dros dorri pethau yn eu blas. Datblygodd yn rhyw fath o gomedi sefyllfa 'cae tu 'nôl', gyda Dic Pwal yn hanner y dyn oedd o ar y cychwyn, yng nghwmni dau gymeriad arall 'comedïol', Magi Goch a Hyw Twms. Nid bai'r perfformwyr, prysuraf i ddweud – mae Siw Brod, Dyfan a John Ogs yn perthyn i uwch-gyngrair y byd actio Cymraeg – a dwi'n caru'r tri ohonynt – ond weithia, fel deudodd Ems, fy mrawd yng nghyfraith, rywdro, 'Be' am beidio?'

Daeth S4C i fodolaeth ar 1af Tachwedd 1982, gyda Sianel 4 Lloegr yn dilyn y noson ganlynol. Dywedir mai'r rheswm yr achubodd S4C y blaen ar ei chwaer sianel Saesneg oedd am fod gan Jeremy Isaacs, y pennaeth, feddwl mor uchel o Owen Edwards, ein pennaeth ni, cymaint felly fel iddo ddweud, 'After you, old boy' (neu eiriau cyffelyb). Mawr fu'r trafod a'r dadlau ynglŷn â dyfodiad y sianel – a'i ffurf – ymysg y gweithwyr a oedd eisioes yn gwasanaethu'r Bib a Huw Tan Voel. Roedd staff y Bib, ar y cyfan, yn cachu brics, ac yn poeni eu hoedal am eu dyfodol a'r safle anwadadwy roeddynt wedi'i mwynhau ers degawdau. Nid sianel gyfa' i ni'n hunain oedd y ffordd ymlaen iddyn nhw – wel, be' tasan ni'n 'i cholli hi? – ond yn hytrach ymestyn y sefyllfa flaenorol, y *status quo*: ychwanegu at yr oriau a gyflenwai'r Bib a Huw Tan Voel yn barod. Gan nad oedd ond cwta bedair blynedd ers i mi fadal â'r Bib fy hun, a gan fy mod yn gachwr di-asgwrn-cefn cynhenid, tueddwn i gytuno â'm cyn-gyflogwyr. O dipyn i beth, trwy wrando ar ddadleuon rhai a fyddai'n brif gynhyrchwyr annibynnol y sianel newydd maes o law – Alan Clayton, Alun Ffred, Sion Humphreys, Endaf Emlyn, Wil Aaron, Norman Williams – a thrwy gydnabod fod cenedligrwydd yn bwysicach na dim, mi ddes at fy nghoed. 'Toes yr un dylanwad yn y byd mor bwerus a damniol â gwasanaeth teledu, yn enwedig i ni yma yng Nghymru pan gloriennir effaith y diwylliant Eingl-Americanaidd ar ein plant a'n pobl ifanc. Heb os, yn wych neu'n wachul, S4C ydi'r sefydliad pwysica a feddwn fel cenedl.

1982

Gyda Sue Jones Davies yn Mae'r Gelyn Oddi Mewn, *1980*

Yn ystod y flwyddyn hon ac am y pedair blynedd nesa, bûm yn gweithio bron yn gyfan gwbl i'r cynhyrchydd annibynnol Alan Clayton, yn bennaf fel sgriptiwr a golygydd, er na fedrwn wrthsefyll y demtasiwn yn llwyr i roi ambell ran i mi fy hun, megis y gwerthwr tai yn y ddrama ffilm *Aelwyd Gartrefol,* a ddarlledwyd ym misoedd cynnar y sianel. Gan fy mod yn hoffi'r syniad ohonof fy hun fel sgwennwr 'politicaidd' – glywsoch chi'r fath rwtsh yn 'ych dydd? – ymgais gynnar i wireddu'r ffantasi honno oedd *Aelwyd Gartrefol,* am wn i. Cefn bocs matsys oedd y stori, ma' gin i ofn, ddim yn wreiddiol o bell ffordd, ond o leia roedd hi'n amserol, yn ymwneud fel ag yr oedd hi â gŵr ifanc yn dychwelyd i fro ei febyd wedi blynyddoedd i ffwrdd yn byw ac yn gweithio yn Llundain. Buan iawn y sylweddola fod y tirwedd ieithyddol a chymdeithasol wedi newid yn ddybryd ers iddo fod yno ddwytha; ar ben hynny, daw reit i ganol yr ymgyrch losgi tai haf a oedd, yn hanesyddol, yn ei hanterth ar y pryd. Mae'r gwerthwr tai (iors trwli), ffrind ysgol iddo, yn geidwadol iawn erbyn hyn ac yn daer yn erbyn unrhyw eithafiaeth, tra bod ei wraig yn genedlaetholwraig bybyr. Er bod y gŵr ifanc wedi bod i ffwrdd cyhyd, mae'n cydymdeimlo â daliadau'r wraig ('gorau Cymro, Cymro oddi cartra'?) a cyn y medrwch chi ddweud 'Penyberth' mae'r hen ffandango yn dangos ei ben hyll, wrth iddo ddechrau dyfalu pa liw, tybed, yw ei dillad isa. Afraid dweud ei bod hithau'n dechrau dyfalu pa liw, tybed,

Gyda Sue Jones Davies ac Alan Clayton (Cyfarwyddwr) –
Mae'r Gelyn Oddi Mewn, *1980*

yw ei drôns o. Oedd, roedd mor amlwg â thrwyn Cyrano de Bergerac!

Castiwyd y diweddar Richard Clay Jones i chwarae rhan y dychweledig, a hynny yn wyneb tystiolaeth gref iawn nad oedd yn medru yr un gair o Gymraeg (heblaw am 'shw-mai' a 'beint, diolc'). Ai rhyw ddiafol a'n meddiannodd, Alan a fi, yn eistedd yn y dafarn yn Nhwickenham, yn sgwrsio gyda Richard ynglŷn â'r rhan, ac yn argyhoeddi ein hunain nad Saesneg yn wir a siaradai ond ffurf ar Gymraeg nad oeddem eto wedi dŵad ar ei thraws? Ddaru ni deimlo y byddai popeth yn iawn yn y diwedd achos fod Richard yn fab i'r enwog Clay Jones ac y byddai, fel blodeuyn yng ngardd ei dad, rywfodd yn gwreiddio'n ieithyddol ac yn ffynnu o flaen ein llygaid? Hogia bach, roedd isio grodan ar gefna'r ddau ohonon ni. Er bod Richard yn eithriadol o hardd ac yn meddu ar lais dwfn, melfedaidd (fel ei dad), toedd hynny ddim gwerth rhech dafad pan mai'r cymhwyster mwya angenrheidiol oedd y gallu i gael ei ddallt gan y gwyliwr. Aeth gweddill y plot bron yn angof, a dwi'n grediniol mai embaras fyddai gweld y ddrama eto, yn sicr fy mhortread anwadal, annisgybledig i. Erys un olygfa gofiadwy, yn yr ystyr fod y darnau i gyd wedi disgyn i'w lle – fframio, goleuo, y ddeialog, perfformiadau Elliw Haf ac Eluned Jones – ond fel y dywedodd Ronnie Williams rywdro: 'Un wennol ni wna borc pei.'

Os mai cyboli ynglŷn â sgwennu am y Gymru gyfoes oeddwn i yn *Aelwyd Gartrefol*, gyda *Sul y Blodau* daeth cyfle i blymio reit i mewn i giarpad bag mwya dadleuol y cyfnod, sef ymgyrch yr heddlu yn dilyn ymosodiadau ar dai haf o 1979 ymlaen. Uchafbwynt yr ymgyrch oedd nifer o gyrchoedd doriad gwawr ledled Cymru ar fora Sul, 30ain Mawrth 1980; ymdrech oedd *Sul y Blodau* i gofnodi a chloriannu'r digwyddiadau hynny ar ffurf drama. Daeth gweithgareddau'r wythnos i'w penllanw pan gadwyd nifer o bobl yn y ddalfa; arestiwyd bron i hanner cant, yn wŷr a gwragedd, rhai'n cael eu cadw yn y ddalfa heb i'w teuluoedd, eu cyfeillion na'u cyfreithwyr gael gwybod ym mha le y cedwid hwy. Nid y fi oedd yr unig un i deimlo ias oer i lawr fy nghefn, a lwmp yn fy stumog wrth i dactegau dan din a chiaidd yr heddlu ddŵad i'r amlwg, dow-dow. Pa ryfedd fod pobl yn eu casáu â chas perffaith? Yn y diwedd, dim ond pedwar o'r cyfanswm o hanner cant a gyhuddwyd. Fel y dywedodd golygydd *Y Cymro* ar 8fed Ebrill 1980: 'Mae'n amlwg nad oedd rhithyn o dystiolaeth yn erbyn y mwyafrif a bod peth sail o hyd i un o sloganau 1969, "Mae'n drosedd bod yn Gymro." '

Cyflwynwyd y syniad i gomisiynydd drama'r sianel a chafodd ei gymeradwyo. Aed ati i ymchwilio, gan gloddio yn bennaf yn yr adroddiad ardderchog a thrylwyr *Operation Tân!* (a gyhoeddwyd dan nawdd Ymgyrch Cymru dros Hawliau Dinesig a Gwleidyddol). Roedd yr adroddiad yn ymgais i gynyddu gwybodaeth y cyhoedd ynglŷn ag effeithiau'r cyrch a drefnwyd gan yr heddlu; cynhwysai ddegau o ddatganiadau gan unigolion a'u teuluoedd, gwybodaeth amhrisiadwy o lygad y ffynnon.

Trwy Lowri Morgan, un o ffrindiau fy nghyfnither Rita Forbes, mi ddes i gysylltiad â John Jenkins, y gwladgarwr – person cwbl lesmeiriol, a chwa bygythiol wastad o dan yr wyneb. Does ryfadd iddo gael llonydd am ddeng mlynedd, yn ystod ei ymgyrch yn erbyn y sefydliad Prydeinig yng Nghymru. Toedd o ddim yn un i dynnu sylw ato fo'i hun. Un noson yn nhafarn y Conway, Caerdydd, yn o agos at stop tap, dyma fentro cyfleu – yn ddiau mewn cyflwr 'emosiynol' – fy mod yn teimlo nad oedd fy nghyfraniad tuag at y frwydr genedlaethol yn ddigonol, ac oedd yna rywbeth amgenach fedrwn i ei wneud? Hwyrach fy mod yn gobeithio y byddai'n dweud, 'Michael, you're just the kind of man I've been looking for.' Ddaru o ddim; yn hytrach, dywedodd wrtha i am beidio trafferthu, ac i ddal ati i wneud yr hyn roeddwn i'n ei wneud yn barod – h.y. dal ati i sgwennu ac i fod yn rebal wic-end achlysurol. Medrodd John, wrth reswm pawb, adnabod dyn gwellt o hirbell; yn un peth, gwyddai na fedrai ymddiried ynof i gau fy hopran am hanner eiliad. Awgrymodd – fel ddaru Owain Williams (Now Gwynus) pan oeddwn yn ymchwilio i'r ffilm deledu *Y Weithred* – mai'r llyffethair pennaf i ymgyrchu llwyddiannus oedd prinder o bobl ddibynadwy a fedrai gadw cyfrinach yn gyfrinach.

Roedd y sgript orffenedig yn eitha digyfaddawd, â naws ddogfennol gref iddi. Roedd hi hefyd yn eithriadol o unochrog, heb fawr o ymdrech i ddarganfod cydbwysedd (rhywbeth na fyddwn yn ei osgoi heddiw). Roedd yr erlynwyr yn ddu a'r erlyniedig yn wyn. Moch ac angylion; ond onid oedd y moch hefyd yn gig a gwaed, onid oedd ganddynt hwythau deuluoedd ac anwyliaid? Beth oedd yn eu 'gyrru' nhw, tybed? Chafon nhw mo'r cyfla i ddweud eu dweud, most y piti. Gyda'r cast yn ei le (Dewi 'Pws' Morris a Caryl Parry Jones yn y prif rannau) a'r dyddiad ymarfer bythefnos i ffwrdd, dyma daranfollt yn landio o gyfeiriad Clos Sophia, pencadlys S4C. Roedd y sianel wedi darllen y sgript ac wedi cachu llond ei thrôns. Nid yn unig y cafodd hi draed oer ond mi rewodd y ddwy yn dalp. Er bod cryn rincian dannedd a melltithio ar y pryd, erbyn heddiw dwi'n llwyr gydymdeimlo â'r penderfyniad i ganslo. Mi fyddai darlledu drama mor ymfflamychol, mor bleidiol i un garfan wedi bod yn fêl ar fysedd gelynion niferus y sianel mor gynnar yn ei hanes, yn brawf digamsyniol iddi gael ei sefydlu gyda'r unig fwriad o hyrwyddo cenedlaetholdeb eithafol. Nid dyna ddiwedd y stori chwaith. Cafwyd ail gynnig arni – ond mwy am hynny letyr on.

Sadwrn, 19eg Mehefin: i Fôn yng nghwmni Stewart ar gyfer cnebrwn Glyn 'Pen-sarn' Williams – amaethwr, actor, cymeriad hynod a gwreiddiol. Yoland oedd ei enw canol, ac mae'r hanes yn ddiddorol iawn. Pan oedd yn ifanc, bu tad Glyn yng Nghanada am oddeutu deunaw mlynedd. Rhoddodd gŵr o'r enw Iolen, oedd yn wreiddiol o Llanddeiniolen ac yn foi uchel yn y Canadian Pacific Railway, lain o dir iddo am ddim, ar yr amod ei fod yn ei wella. Gan fod y Canadians yn methu dweud Iolen, cafodd ei alw'n Yoland, a gan fod tad Glyn yn meddwl cymaint ohono, penderfynodd enwi ei fab yn Glyn Yoland; Glyn wedyn, yn ei dro, yn galw ei fab ei hun yn Yoland (sef yr actor Yoland Williams). Er mai perfformio

*Y fi fel Seth, Gwyn Parry fel Rhys Lewis –
Cwmni Theatr Cymru, 1970*

oedd diléit Glyn, byddai gwaith y ffarm wastad yn cael y blaenoriaeth ar unrhyw waith actio – yn ystod ymarferion o leia. Os oedd yn rhaid hel gwair cyn i'r tywydd droi, yn syml iawn fydda Glyn ddim yn bresennol yn y stafell ymarfer. Ar y daith o waith Daniel Owen i Gwmni Theatr Cymru yn 1970 – pytiau dramatig o'r nofel *Rhys Lewis* yn bennaf – roeddwn i'n portreadu John Beck a Seth 'y bachgen gwirion', yn benodol olygfa ei farwolaeth. Gyda'm llaw ar ben Rhys Lewis (Gwyn Parry, yn edrych tua saith oed) a'm gwallt wedi'i bac-comio yn Liberace-aidd (wele'r llun gyferbyn!), perffeithiais y dechneg o syllu i un man heb flincio unwaith – ymdrech wynebgaled, hunanol i odro pob owns o sentimentalrwydd fedrwn i, gyda geiriau'r hen Ddaniel yn bywhau'r tân:

RHYS: Mae Seth yn well ...?
SETH: *(yn floesg)*
Ydi, mae Seth yn well.
RHYS: Ydi Seth eisio deud rhwbeth wrth Rhys?
SETH: Iesu Grist ddoe, heddiw, yr un ag yn dragywydd.

(Ar y pwynt yma mi fedsach glywed y rhesi blaen yn estyn am eu hancesi.)

SETH: Seth ddim mendio. Seth ddim chwarae eto efo Rhys.

(Y rhesi blaen yn dechrau sniffian.)

SETH: Seth ddim mynd i gapel Abel eto. Seth mynd i ffwrdd ymhell, ymhell, i gapel mawr Iesu Grist.

(Sŵn igian crio; roeddynt yn fy llaw, a Gwyn druan wedi'i wthio i'r cefndir yn llwyr.)

Chwaraeai Glyn ran Thomas Bartley i berffeithrwydd; Elen Roger Jones oedd Mary Lewis, 'yr hen frwsh bras' fel y'i gelwid ('da i ddim i fanylu; gofynnwch i Mici Plwm). Pan fyddem yn crwydro Cymru, o dre i dre, o ardal i ardal, byddai Elen, a fydda wastad yn eistedd yn ffrynt y bws mini, yn ebychu rhywbeth tebyg i hyn o bryd i'w gilydd: ''Ol ylwch mewn difri ...! (adeilad 'wrach, llain o goed, afon) 'Tydi o/hi yn fendigedig!' Wedi rhai diwrnodia o hyn, dyma Glyn, yng nghefn y bws, ac o glyw Elen yn dweud: 'Os deudith hi "bendigedig" un waith eto, mi dynna i nghoc allan ac mi ddeuda i, "Ylwch, Mrs Jones – dyma i chi be' 'di bendigedig!" Mentraf ddweud fod mwy o ddyfnder i'r ychydig eiriau hynny na dim sgwennodd yr hen Ddaniel erioed.

1983

Dyma un o'r blynyddoedd mwyaf boring yn fy hanes; mi wna i be' fedra i i fynd drwyddi cyn gynted â bo modd. Dydd Iau, 24ain Mawrth, mae'r dyddiadur yn nodi fy mod i angen prynu 'ruban teipiadur a Tippex'. Toeddan nhw'n ddyddia da? Oeddan, achos doeddwn i ond tri deg dau ar ddechrau'r flwyddyn, ac nid yn rhythu i wyneb milain chwe deg. Er fy mod hyd heddiw yn sgwennu pob drafft cynta mewn llaw hir, mae'r broses wedyn yn haws – a chynt – o beth mwdral. Wrth reswm, mae rhoi'r fersiwn llaw hir yn y cyfrifiadur yr un mor llafurus â'i deipio fesul tudalen ar deipiadur. 'Tydi'r gwahaniaeth – enfawr – ddim ond yn dŵad i'r amlwg wrth wneud newidiadau o ddrafft i ddrafft. 'Stalwm, roedd pob drafft yn cael ei anfon drwy'r post, yn enwedig gan fod cymaint o'r gwaith i gwmnïau yn y gogledd, i Ffilmiau'r Nant yn arbennig. Newidiodd e-bost – y ddyfais bwysicaf a grëwyd erioed – bopeth; yn sydyn, roedd yn bosib treulio awran, ddwy yn adolygu a thwtio sgript, ei gyrru, ei derbyn yn ôl gyda nodiadau, ailwampio a'i gyrru yn ôl drachefn – a hynny o fewn un diwrnod. Cyflymwyd y broses weinyddol gan roi llawer mwy o amser i'r broses greadigol.

Dydd Llun, 11eg Ebrill, roedd Gwen yn y llys, neu siambr barnwr a bod yn fanwl gywir, yn cau pen y mwdwl ar ei phriodas gyntaf. Y Barnwr Hywel ap Robert oedd yn caniatáu'r archddyfarniad diamod, di-droi'n-ôl iddi. Dywedodd Gwen iddo oedi yn ystod y gweithgareddau er mwyn nodi'n ffurfiol ei fod yn adnabod y sawl oedd yn cael ei 'enwi' yn y ddogfen, sef iors trwli wrth gwrs. Am sawl blwyddyn buom yn cyd-eistedd ar fwrdd rheoli Theatr yr Ymylon. Roedd y Barnwr ap Robert yn un o'r dynion hyfrytaf i mi gwarfod ag o rioed, a tasa pob dihiryn wedi cael ei halio o'i flaen o, dwi'n grediniol y byddai carchardai'r wlad yn wacach o beth diawl.

Dwi'n aml yn dychmygu sut deimlad ydi o – fydda fo – i wybod i sicrwydd eich bod yn mynd i farw, neu gael eich lladd o fewn ychydig funudau. Teimlad o arswyd pur, beryg. Tybed a fyddai'n ymdebygu i'r teimlad (honedig) a geir pan mae rhywun ar fin boddi – sef bod eich bywyd cyfan yn noflithro heibio i chi neu, os ydach chi'n ddosbarth canol iawn, ddodrefn Habitat. Decini – a dwi'n mawr obeithio na fydda i byw i weld y dydd – mai eistedd ar awyren, a sylweddoli fod y bitsh yn mynd i lawr (yn gyflym eithriadol) fydda'r arswyd pennaf. Dyna pam, fel teulu, y mabwysiadon ni bolisi 'dim hedfan' a fu mewn grym am saith mlynedd, yn dilyn y ddamwain erchyll ym maes awyr Tenerife ar 25ain Mai 1979 pan laddwyd dros bum cant o bobl. Yn gynharach yn y flwyddyn, roeddwn wedi rhoi ernes i lawr ar bythefnos o wyliau ar yr ynys honno. Canslwyd, a chollwyd yr ernes.

Dyna oedd i gyfri pam mai ar drên y teithiais, ddechra Mai, o Gaerdydd i dref fechan glan môr Castiglione della Pascaia yn Tuscany, yr Eidal, ac nid mewn awyren. Fe'm comisiynwyd i sgwennu sgript ffilm gan S4C i gwmni Alan Clayton, ac roeddwn yn mynd allan yno am y bythefnos gynta o saethu. *Meistres y Chwarae* oedd enw'r ffilm, a Sharon Morgan oedd yn portreadu 'meistres' y teitl – sef actores ar wyliau gyda'i gŵr a phâr arall oedd yn ffrindiau iddynt. Elliw Haf, Mei Jones a Wyn Bowen Harris oedd gweddill y pedwarawd, gyda Bryn Fôn – o bawb – yn chwarae rhan Eidalwr (yn effeithiol iawn os ca' i ddweud). Roedd plot annhebygol y stori yn troi o gwmpas y ffaith fod y Mafia lleol yn grediniol fod cymeriad Sharon – actores ddwy a dima go iawn (y cymeriad, nid Sharon) – yn enwog ac yn gefnog, ac felly yn werth ei herwgipio er mwyn hawlio pridwerth amdani. Roedd gŵr Elliw Haf (Wyn Bowen Harris) yn caru ar y slei gyda chymeriad Sharon, ac yn rhan o'r cynllwyn i'w herwgipio yn y gobaith y byddai rywsut yn rhannu'r ysbail. Glywsoch chi'r ffasiwn lwyth o gachu yn eich dydd? 'Na fo, mae'n amlwg nad oedd y sianel o'r un farn ar y pryd. Ar y daith, prynais botel o *gin*, ac ar y siwrna faith, dros nos, rhwng Paris a Castiglione della Pascaia dwi'n ofni i mi ddrachtio'n helaeth iawn ohoni; yn y bora, wrth agor un llygad swrth medrwn weld y botel wag yn rowlio 'nôl a blaen ar lawr y cerbyd. Afraid dweud nad oedd fawr o siâp arna i am ddiwrnod neu ddau.

Un o'r profiadau mwya pleserus a gefais tra oeddwn yno oedd dŵad i nabod Bryn Fôn yn dda. Ar ddechrau ei yrfa bu'n gweithio i'r hen Gwmni Theatr Cymru fel gyrrwr, pan oedd y cwmni hwnnw yn dal o dan oruchwyliaeth Wilbert Lloyd Roberts. Gan i minna fod yn gweithio iddynt ar ddiwedd y chwedegau roedd yna hen gymharu straeon. Roedd ei berthynas ynta a Wilbert, fel f'un inna, yn llawn tensiwn. Wedi cyfnod fel gyrrwr, cafodd ddyrchafiad, yn Ddirprwy Swyddog Cyhoeddusrwydd; mi gafodd fan-mini ei hun yn sgil ei joban newydd. Eto fel finna, gogwyddai Bryn tuag at yr ochr artistig, a gan ei fod newydd ddechrau fel lleisydd gyda'r grŵp Crysbas, yn naturiol ddigon yn y cyfeiriad hwnnw roedd ei ddiddordeb pennaf. Onid oedd yn llawer mwy secsi na bod yn Ddirprwy Swyddog Cyhoeddusrwydd? Dychmygwch:

HOGAN HANDI 1:	Be'di dy job di 'ta?
BRYN:	Dirprwy Swyddog Cyhoeddusrwydd.
HOGAN HANDI 1:	Zzzzzzzzzzz.
HOGAN HANDI 2:	Be'di dy job di 'ta?
BRYN:	Canwr mewn band.
HOGAN HANDI 2:	Dy le di 'ta'n lle i?

Roedd gan Crysbas gìg ym Mangor – a Bryn yng Nghaerfyrddin. Mi adawodd y bocs pres (arian ticedi) gyda dau aelod 'cyfrifol' o'r cwmni, a'i heglu hi am Fangor. Pan ddychwelodd ar y nos Sul roedd neges ar ffenest y fan-mini yn ei orchymyn i fynd (yn ôl) i Fangor rhag blaen; roedd Wilbert am ei weld – ac am ei waed yn ogystal. Mi yrrodd yn syth i Fangor, a ffendio'i hun ar carpad fore Llun. Mae'n debyg i'r bocs pres gael ei ddarganfod ar ben wal, tu allan i Theatr y Drindod. Er y gwnaed yn glir iddo ei fod wedi tramgwyddo yn enbyd, roedd Mr Roberts – dwi'n siŵr mai Mr Roberts oedd Bryn yn ei alw erbyn hyn – yn fodlon rhoi un cyfla arall iddo, ar yr amod y byddai'n rhoi'r gora i fod mewn band roc a rôl. Dywedodd Bryn na fedra fo wneud hynny, a dyma roi goriadau'r fan-mini yn ei law a cherdded allan. Rai blynyddoedd wedyn, medda Bryn, roedd John Ogs yn castio rhyw ddrama, ond dywedwyd wrtho gan Wilbert na châi o byth weithio i'r cwmni eto. Chwara teg, ildio ddaru o hefyd: ymhen rhyw flwyddyn landiodd un o'r prif rannau yn y ddrama *Gwenith Gwyn*.

Yn yr Eidal, eto medda Bryn, mi gollodd Alan Clayton bob ffydd yn y sgript, ac yn raddol diflannodd ei ran nes oedd o'n ddim llawer mwy na 'glorified extra' (geiriau Bryn). O ganlyniad, ddaru o ond gweithio tri diwrnod allan o'r mis oedd o yno.

Ma' hi'n Ddydd Gŵyl Dewi 2009. O'r wyth deg a phump o enwau yn adran rhifau ffôn y dyddiadur (1983), mae'r canlynol wedi'n gadael ni: Wil Sam Jones, Rhydderch Jones, Dillwyn Owen, Merfyn Owen, Gwenlyn Parry, Emyr Povey, Guto Roberts, Beryl Williams, William 'Wil Sir Fôn' Jones, a Charles Williams.

Un enw arall sydd wedi went ydi Huw Jones, neu Huw Dant fel y'i gelwid gan bron bawb. Ia, deintydd wrth ei alwedigaeth, o'r *west* – hen hogyn iawn. Byddwn yn chwarae sboncen gyda Huw yn bur aml pan oeddwn yn fy nhridegau – partneriaid cyson eraill fyddai Hefin Wyn, Alun Ffred, Dewi Pws, Dewi Tsips, a Gwyn Parry. Yn yr un degawd, byddwn hefyd yn nofio a rhedeg yn rheolaidd. Rois y gora i'r cyfan flynyddoedd yn ôl. Rhywbryd yn ystod y ganrif hon mi ddes ar draws Huw yn Tesco, heb ei weld ers cantoedd. Roedd ar fin symud yn ôl i'r gorllewin, ac mewn hwyliau da. Bythefnos yn ddiweddarach disgynnodd yn gelain pan oedd yn chwarae gêm o sboncen – yn hanner cant oed.

1984

Dyddiadur, a digwyddiadau dibwys: pwy gebyst oedd/ydi Fred Jeffries, yr hwn y'm gorchmynnwyd gan y dyddiadur i'w ffonio ar 2il Ionawr? Os ydi o'n dal yn fyw, cysylltwch.

Yr unig Ffred y gwn i amdano i sicrwydd ydi Alun Ffred Jones – cyn-dafarnwr, drama-garwr, cyn-gynhyrchydd, cyn-arweinydd cyngor a darpar brif weinidog, synnwn i damad.

Dydd Iau, 7fed Mehefin, mae'r dyddiadur yn dweud: 'Mynd â'r gaib yn ôl.' I bwy, tybed? Toeddwn i ddim eto yn gallu gyrru car, felly mae'n rhaid fod perchennog y gaib yn byw yn weddol agos – Gwyn Parry, heb os, ddwy stryd i ffwrdd.

Yn wythnos 29 – neu 'week 29' fel mae staff BBC Cymru, Cymraeg eu hiaith, mor hoff o ddweud – sef o ddydd Llun yr 16eg i ddydd Gwener yr 20fed, mi chwaraeais gêm o sboncen bob dydd. Roedd angen sbio fy mhen; mae'n syndod mod i'n dal yn fyw.

Ar 5ed Ionawr mae'r dyddiadur yn nodi cwarfod, gydag Alan Clayton a Manny Wessel (ei gynorthwyydd) – neu 'right-hand Manny', fel bydda Sion Humphreys yn hoff o'i galw. Pwrpas y cwarfod oedd trafod drama ffilm arfaethedig o'r enw *Erstalwm*. Pam *Erstalwm*? Yn syml, am fy mod yn hoff o sŵn y gair ac yn barnu y byddai'n deitl amwys, secsi. Roedd yn gyfnod pan oeddwn yn meddwi ar deitlau, yn aml heb obadeia ynglŷn â stori a themâu. Sgorio'r gôl cyn chwarae'r gêm; sgwennu stori i ffitio'r teitl; mewn gair, sgwennu rwtsh. Prin ydw i'n cofio'r senario glytiog, simsan y llwyddwyd i'w rhoi wrth ei gilydd. 'Da'th y sgript ddim yn rhyw bell iawn, a diolch i'r drefn am hynny, er y byddwn yn amddiffyn i'r carn hawl pob awdur ifanc i gynhyrchu rwtsh cyn iddo ddatblygu ac aeddfedu yn awdur â rhywbeth gwerth chweil i'w ddweud, ynghyd â'r ddawn i'w ddweud yn ddifyr a synhwyrol. Cefais fy meirniadu unwaith gan Gareth

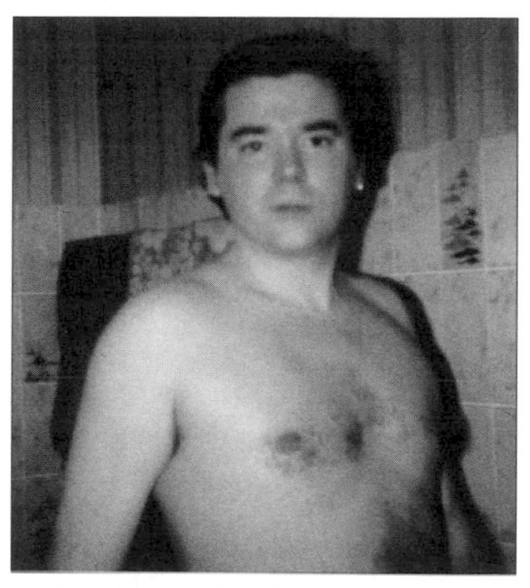

Yn noeth yn Strasbourg – ond gyda chlustdlws!

Miles (hen hogyn iawn) am awgrymu wrth awduron ifanc nad oedd gobaith iddynt sgwennu dim o bwys nes iddynt gyrraedd oddeutu'r deugian. Dwi'n dal o'r un farn (er bod eithriadau anrhydeddus). Rhaid wrth y rwtsh. Sut medrwch chi fod â dim gwirioneddol gall i'w ddweud yn bump ar hugian oed, oni bai eich bod yn Shakespeare, yn Dwm o'r Nant neu'n Ddylan Thomas? Yn gyffredinol, credaf mai embaras ydi ymdrechion cynnar y rhan fwyaf ohonom.

Dydd Sadwrn, 18fed Chwefror: ar y trên i ddinas Strasbourg gyda Gwen, Catrin a Llion (yn un ar ddeg a naw, yn y drefn honno). Roedd eu tad, Ian, yn byw mewn fflat yno ac yn trafaelio ledled Ewrop yn rhinwedd ei swydd fel cemegydd diwydiannol. Y syniad oedd mod i a Gwen yn aros yn y fflat tra oedd o yn mynd â'r plant i sgio. Cyfnod poenus i ni fel teulu. Roedd gan Ian yr hawl cyfreithiol i weld ei blant wrth reswm, a byddai'n ymarfer yr hawl honno ryw ddwywaith y flwyddyn. Gwerth nodi iddo golli pob diddordeb ynddynt ddiwedd yr wythdegau, wedi iddo brynu gwesty 'sgota yn Werddon, ailbriodi a chael rhagor o blant. Ni fu cysylltiad pellach, ac mae Catrin bellach yn cyfeirio ato fel 'y dyn sy'n byw yn Werddon'. Prin fod Llion yn ei grybwyll. Fodd bynnag, yn y cyfnod yma roedd wrth ei fodd yn poitsio gyda phen Gwen, yn chwarae'r tad cyfrifol, yn difetha'r plant yn rhacs am gyfnodau byr ar y tro; hawdd medra fo pan nad oedd yn gorfod eu magu 24/7. Nobar. Deluxe.

Prosiect arall gydag Alan Clayton yn Ebrill a Mai oedd y

ddrama ffilm *Camau Troellog,* a gafodd ei darlledu ar ddydd Nadolig y flwyddyn hon. Rhywsut, bendith arno, llwyddodd Alan i gonio – maddeuwch i mi – argyhoeddi S4C y byddai'n 'gẁd thing' i ddychwelyd i Castiglione della Pascaia i ffilmio stori arall â chefndir Eidalaidd. Mynd yn ôl i'r un lle am yr ail flwyddyn yn olynol. Chaech chi ddim mynd i'r Mwmbwls ddwy flynedd yn olynol dyddia yma. Tra medrach chi o leia gyfiawnhau mynd yr holl ffordd i'r Eidal i saethu *Meistres y Chwarae* – roedd y Mafia yn y pair wedi'r cyfan, er mor annhebygol – mi fyddai *Camau Troellog* wedi gweithio siort ora o gael ei saethu yng ngogledd Penfro; ond pwy yn ei iawn bwyll wrthodai gyfla i fynd i Tuscany yn yr haf, a chael ei dalu am fynd? O leia roedd plot *Camau Troellog* yn rhagori ar blot *Meistres y Chwarae*; bron na ddeudwn ei fod o'n un da, yn ddigon da i ailymweld ag o rywbryd – yng ngogledd Penfro, 'wrach – pwy a ŵyr. Yn naturiol, dwi ddim yn pasa'i ddatgelu yn y fan hon gan fod llên-ladrad yn rhemp yn y Gymru sydd ohoni. Digon yw dweud fod yn y stori gymeriad canolog o'r enw John Grey, sydd yn awdur nofelau llwyddiannus iawn ond ei fod, fel cymeriad y Dyn yng nghlasur Wil Sam, *Y Fainc,* yn dioddef erbyn hyn o ddiffyg ysbrydoliaeth.

DYN: Deunydd. Rydw i'n hesb, sych grimp. Gwair rhaffa. Mi wna i beth o beth, wna i ddim o ddim. Rydw i bron â drysu.

Mewn rhan un olygfa (allweddol) ar ddechrau'r ffilm, chwaraewyd Miss Shusterflock gan Sheila Ruskin, hen ffrind i Alan o'i ddyddiau gyda theledu Granada. Roedd Sheila yn ferch hynod o smart. Ar y traeth ryw ddiwrnod, a hithau'n torheulo heb fron-gynhaliwr ar 'cyfyl, y senario ganlynol ddaeth i fy mhen:

FI: Can I tell you something, Sheila?
HI: Yes, Michael?

Byddai hi'n tybio fy mod ar fin dweud rhywbeth cwbl ddwys ynglŷn â'i rhan yn y ffilm, megis 'Without your one scene part, this film would be nothing'.

FI: You've got a wonderful pair of tits.

Byddai hithau wedyn yn rhoi homar o glustan i mi, a martsio 'nôl i'r gwesty. Byddwn innau'n prysuro i'w chanlyn, yn ymddiheuro'n llaes ac o dipyn i beth, dros botel neu ddwy o win, byddai hithau'n meirioli – ac yn y diwedd yn awgrymu ein bod yn parhau â'r 'trafodaethau Ugandaidd' yn mhreifatrwydd ei hystafell wely. Wrth reswm pawb, ddigwyddodd dim o'r uchod; fy nychymyg i oedd wedi mynd dros ben llestri.

Sheila ddaru fy mherswadio, ar ddiwedd y bythefnos y bûm i yno, i ddychwelyd gyda hi mewn awyren – gan dorri polisi 'dim hedfan' y teulu. Cytunais pan oeddwn yn fy niod a ngwendid, er fy mod yn cachu brics ar y siwrna i faes awyr Leonardo Da Vinci yn Rhufain y bora canlynol, yn naturiol yn dioddef o benmaen-mawr ac yn hynod o isel. Mi byrcis yn rhyfeddol pan roddwyd gwydriad o shampŵ yn fy llaw ar yr awyren, a gyda Sheila hyfryd yn eistedd drws nesa i mi ar hyd y daith buan iawn diflannodd y bwganod.

Chwaraewyd rhan John Grey yn y ffilm gan Clive Roberts. Gan fod problemau Clive gyda'r ddiod yn hysbys i bawb yn y busnes roedd ei gastio yn dipyn o fenter, a dweud y gwir. Ar y cyfan mi fyhafiodd a chafwyd perfformiad gwych ganddo. Un rhan o'r drasiedi enfawr a'i hamgylchynodd oddeutu pum mlynedd yn ddiweddarach – pan laddodd ei gariad, Elinor Wyn – oedd y golled i'r byd actio Cymraeg. Nid mod i'n esgusodi ei ymddygiad am hanner eiliad; roedd tranc Elinor druan, a dioddefaint ei theulu, yn gwneud ei ddioddefaint yntau yn ddibwys, ac roedd yr hyn ddaru o yn gwbl erchyll. Fodd bynnag, erys y ffaith ei fod ar y pryd – ac yn dal i fod dwi'm yn ama' tasa fo ond yn cael y cyfla – yn un o'r actorion gora a feddwn. Tydw i ddim yn Gristion yn ystyr gonfensiynol y gair, ond mi rydw i'n credu mewn rhai gwerthoedd Cristnogol, yn bennaf maddeuant. Troseddodd Clive; talodd y pris.

Mi fyddai'n gysur mawr i mi, yn enwedig yn sgil profedigaethau diweddar, tasa gin i gred; taswn i ond yn medru dweud, fel deudodd T. H. Parry-Williams: 'Dwi ddim yn credu yn y tylwyth teg, ond mae nhw'n bod' ('wrach mod i'n aralleirio mymryn). Ofer yn fy achos i, oherwydd pa Dduw gwerth ei halen fydda'n caniatáu i John Lennon gael ei lofruddio? Wedyn, os nad oes gan ddyn ffydd, os nad ydi dyn yn credu yn 'y byd a ddaw' yna mae'r broses o alaru yn anos. Mae'r syniad o fywyd tragwyddol yn abswrd i mi – 'toes dim cyn i ni gyrraedd, 'toes dim wedi i ni adael. Nos da, Vienna.

Fy hoff lun o Dad

Nos Sadwrn, 24ain Tachwedd: i fwyty'r Ranch yn Llanstycs (Llanystumdwy) ac aduniad teuluol i ddathlu priodas aur fy rhieni. Er iddynt ddathlu eto ymhen deng mlynedd, mae'r ddau wedi'n gadael ni bellach. Dim ond yn y blynyddoedd dwytha dwi wedi llwyddo i roi rhywfaint o fesur ar fy mherthynas â nhw, a chydnabod mai dwy berthynas wahanol oeddynt: caru Dad, parchu Mam. Pan farwodd Dad yn 1998 y fi, fy mrawd John a fy chwaer Magwen oedd yr unig blant ddymunai ei weld yn ei arch, noson cyn y cnebrwn. Os des i'n agos rioed i gredu yn y bywyd tragwyddol, dyna pryd oedd o: y tro cynta i mi weld corff marw, wedi'i wisgo mewn pyjamas gwyrdd a golwg dangnefeddus ar ei wyneb. Arhosodd y ddelwedd gyda mi am yn hir iawn; yn 2003 mi ges gyfla i'w hanfarwoli yn y ddrama *Indian Country*:

> YOUNG MOS: He isn't dead. Not really. He's standing on top of the mountain in green pyjamas, listening to the thin wind and smiling.

Gobeithio ei fod o.

Dathliad teuluol, 1994
Rhes ôl: Gwen a fi   Rhes flaen: Dad a Mam

1985

'Fory heb 'i dwtsiad.' Beth sy'n grêt ynglŷn â'r dweud ydi y medrwch chi ei ddweud o bob dydd, a hynny gyda gronyn o optimistiaeth: yn llythrennol, mae pob yfory heb ei dwtsiad ac felly yn perthyn i'r dyfodol. Dysgais, fodd bynnag, dow-dow, mai negyddol ydi pendroni'n ormodol ynglŷn â'r dyfodol. Erbyn heddiw (2009) 'toes gin i ddim ffydd ynddo o gwbl. Dywedodd George Harrison (neu rywun cyffelyb) mai 'heddiw, rŵan, yr eiliad hon' ydi'r dyfodol, ac wrth gwrs roedd yn llygad ei le. O gyrraedd unrhyw ddyfodol mae'n bownd o fod yn 'heddiw, rŵan, yr eiliad hon'. Cymerwch bob diwrnod fel y daw o, a gwneud y gora ohono fo – boed hynny'n ddymuniad iddo fynd ar ras i'w ddiwedd (mae 'let this day end' yn ebychiad cyson) neu ymestyn, pan mae profiadau'r dydd yn felys iawn. Onid doeth ydi hynny gan fod bywyd mor uffernol o fregus a hapddamweiniol?

'Fory heb 'i dwtsiad' oedd arwyddair Robin Pritchard, prif gymeriad y gyfres deledu *Deryn,* a chwaraewyd gyda chymaint o argyhoeddiad gan John Ogwen.

Mei Jones ac iors trwli oedd yn gyfrifol am sgriptio dwy gyfres a ffilm. Roedd arwyddair Pritchard yn nodweddiadol o'r hyn a'i gyrrai fel person. Byddai Janet, un o'i weithwyr, yn hoff o'i atgoffa, 'It never rains, Mr Pritchard!', ac yn wir roedd rhyw greisys yn ymweld ag o bron yn ddyddiol, ac felly toedd ganddo fawr o ddewis ond edrych i'r dyfodol gan obeithio y byddai gan hwnnw rywbeth gwell i'w gynnig (er ei fod o ynddo fo'n barod tasa fo ond yn sylweddoli hynny; gweler uchod).

Bûm yn gweithio gyda Mei ar sawl achlysur cyn i ni gyd-sgwennu *Deryn – Dim ond Heddiw* yn 1978 a fo hefyd ddaru gyfarwyddo'r ddrama lwyfan *Chwara Plant* i Bara Caws yn 1984, syniad oedd wedi datblygu rhwng tripiau i'r bar yn Castiglione della Pascaia y flwyddyn flaenorol.

MERCH 1: You coming out tomorrow night, yeah?
MERCH 2: No, I'm staying in. Bird's on telly.

Mei ddigwyddodd glywed y sgwrs ar y stryd: dwy lafnas, 'Bangor-Ayes', tystiolaeth go gadarn o lwyddiant a phoblogrwydd y gyfres – syniad gwreiddiol Mei. Yn ystod y cyfnod y bûm yn gweithio ag o dysgais lawer ynglŷn â sut i ddweud stori, a pha fotymau ddylid eu pwyso; nid gormodiaith ydi dweud i'r profiad fod yn drobwynt yn fy hanes fel sgriblwr. Nid fod cydweithio bob amser yn hawdd. Roedd yn broses foddhaus, lawn asbri, ond hefyd un hir a llafurus, a fyddai weithiau'n rhoi cryn straen ar fy mywyd teuluol. Yn ogystal â thrafaelio 'nôl a blaen i Fangor fel pipi-down roeddwn hefyd, yn yr un cyfnod, yn aml yn Llundain yn ffilmio *Minder*. Dyma fyddai'r drefn: treulio wythnos ym Mangor yn cyd-storïo, ac yn lletya gyda Mei; fynta yn ei dro yn treulio wythnos yng Nghaerdydd, yn lletya gyda mi, am fisoedd bwygilydd, yn byw ym mhocedi ein gilydd. Deuai cyfnodau o ryddhad, fel y bythefnos a gaem i sgwennu bobo bennod ar wahân. Pan fyddem yn ailgwarfod byddai Mei yn bwrw golwg ar fy mhennod i, a minna feis fyrsi ar ei bennod o. Roedd yn athro llym, heb ofn dweud yn union beth oedd ar ei feddwl; os oedd rhywbeth yn gachu (yn ei farn o) byddai'n dweud hynny. O weithio fel hyn roedd pob syniad, pob stori, pob golygfa, pob llinell a chymal yn cael eu pwyso a'u mesur ar y cyd. Yn bennaf, dysgodd y broses i mi bwysigrwydd datblygu stori, a thaith cymeriad o'r tu mewn am allan – ac nid o'r tu allan am i mewn. Yn yr ail gyfres, yn hytrach na'r gynta, ddaru petha ddechra asio go iawn. Roedd y gynta'n orddibynnol ar gymeriadau achlysurol, un bennod, i yrru'r stori yn ei blaen. Yn yr ail, roedd y straeon yn deillio o brofiadau'r criw dethol o gymeriadau craidd, sefydlog – h.y. o'r tu mewn – egwyddor y glynais wrthi fel gele ddeudwll pan es ati, ddeng mlynedd yn ddiweddarach, i lunio'r cyfresi *Talced Caled*. Slog ydi cael cynulleidfa i falio am gymeriadau achlysurol. Gyda chymeriadau sefydlog, os ydynt yn gweithio, yn raddol daw pawb i uniaethu â ffefryn personol; mae perthynas yn tyfu rhwng cymeriad a gwyliwr, a'r gwyliwr yn cyfri rhywun cwbl ddychmygol yn ffrind, yn gariad, yn aelod o'r teulu (cofier PC Sweet yn *Z Cars*). Dyna'r rheswm pam bod operâu sebon mor boblogaidd, am wn i – nid mater o 'cynefindra a fag ddirmyg' ond 'cynefindra a fag agosatrwydd'.

Rhywdro yn ystod mis Ionawr, dros beint yn y King's Castle, Treganna, yn aros i gyrri tec-awê fod yn barod, rhywsut trodd sgwrs Gwen a finna tuag at ein perthynas – 'wrach oherwydd y byddem, y flwyddyn ganlynol, yn dathlu deng mlynedd o fod efo'n gilydd. Cytunodd y ddau ohonom y dylem briodi; os cofia i'n iawn, Gwen ofynnodd am fy llaw i, nid yn gymaint am ein bod yn ansicr o'n statws fel 'partneriaid' – dwi'n casáu'r disgrifiad; twrneiod a chyfrifyddion sy'n bartneriaid wedi'r cyfan, a na, fedra i yn fy myw ragori arno – ond bod y syniad o briodas yn ddifyr ac yn esgus am joli-hoit. Penderfynasom fynd amdani ar 20fed Ebrill, oedd, o'i gysidro mewn gwaed oer, yn ddewis gwallgo gan fod mis Ebrill yn un drud ar y diawl fel ag yr oedd hi, gyda Gwen, Catrin, Llion, mam Gwen a fy mam i yn cael eu penblwyddi. O hyn ymlaen byddai dyddiad arall i'w ychwanegu at y dathliadau niferus. Criw bach, dethol – rhieni a ffrindiau agos – oedd yn bresennol yn y swyddfa gofrestru yng Nghaerdydd; parti nos wedyn i lawer mwy mewn clwb yn ardal y dociau, cyn rhoi ein pennau i lawr yn hen westy'r Park yng nghanol y ddinas. Yn unol â'r addewid wnaed, mewn tafarn yng Nghefncoedycymer ddechrau'r saithdegau, Clive Roberts oedd fy ngwas priodas, gorchwyl y bûm i'n ymhél â hi eisioes pan briododd o ei ail wraig, Carys. Cymerodd ei ddyletswyddau o ddifri; cadwodd yn sobor, a mawr fu ei ofal amdanom trwy gydol y diwrnod maith. Gyda'r nos y diwrnod wedyn, dydd Sul, gorfod i fi adael am Lundain gan fy mod yn ffilmio *Minder* yn gynnar ar y bora Llun. Roeddwn ar fy isa yn ffarwelio â Gwen a'r plant, ac yn wynebu'r daith unig i Paddington â chalon drom.

Yn America, hyfforddir plant a phobl ifanc y berfeddwlad, neu'r 'America ganol', yn y grefft o saethu, hela a lladd ei gilydd yn gyffredinol. Mae'r hawl i ddwyn arfau wedi'i gwreiddio yn y cyfansoddiad, yr hawl gyfreithiol mwya hurt a dinistriol yn hanes holl wledydd y byd o bosib. Yng nghefn gwlad Cymru ceir hawl debyg, er anghyfreithlon, yn yr hen arfer o yrru tractor, pic-yp neu fan ymhell cyn yr oed priodol. Dyna sydd i gyfri am y ffaith fy mod i, yn dair, bedair ar ddeg oed, fel y mwyafrif o'm cyfoedion yn ardal Rhos-lan, yn giamstar ar yrru tractor Gwilym Brynrefail (a thractorau ffermydd eraill wrth reswm pawb; toedd gan Gwilym ddim monopoli ar y cyfryw beiriannau). Mi fyddai biwrocratiaid Iechyd a Diogelwch heddiw yn cael strôc o weld y ffasiwn beth ond 'radag honno dyna oedd y norm, a taswn i wedi aros yn fy nghynefin, yn ddiau mi fyddwn wedi symud ymlaen i gar ac eistedd fy mhrawf gyrru. Yn anffodus i mi ar y pryd, ond yn ffodus i ddefnyddwyr priffyrdd ein gwlad, aeth yr alwad thesbiaidd yn drech na mi, a'm cymryd ymaith o'r 'fro rhwng môr a mynydd' i fetropolis cymharol Bangor (aye), ac wedyn i Gaerdydd. Yng Nghwmni Theatr Cymru cawn fy nghludo i bobman ym mws mini'r cwmni; yn y brifddinas roedd llond gwlad o fysys a thacsis at fy ngwasanaeth, heb sôn am y pâr o draed a feddwn. Canlyniad hyn oll oedd na wnes i eistedd fy mhrawf gyrru (a'i basio) nes oeddwn yn dri deg pump. Yn ystod mis Ionawr, tra oeddwn yn cymryd rhan mewn cyfres sgetsys o'r enw *Pedwar ar Bedwar* i'r Bib, sylweddolais rhyw fora fod Sharon Morgan (aelod o'r cast) wedi cyrraedd y gwaith mewn car. Roeddwn i wedi cerdded, trwy eira ac oerfel. Meddyliais, gan ein bod o gwmpas yr un oed: 'Ffycin hel, os medrith Sharon Morgan basio'i thest, mi fedar rhywun.' Munud landis i adra, dyma gythru i'r llyfr ffôn ac archebu fy ngwers gynta gyda BSM.

Yn ystod cyfnod gwneud dwy gyfres o *Pedwar ar Bedwar* mi ddes i ar draws Richard 'Dic' Lewis, cynhyrchydd yn adran nodwedd y Bib, arbenigwr mewn dramâu dogfen megis *Merthyr Riots* a *Welsh Not*, ynghyd â'r enwog *How Green was my Father*, rhaglen ddychan a sgriptiwyd gan y bardd Harri Webb ac y chwaraeodd Ryan Davies liaws o gymeriadau cofiadwy ynddi. Bu Dic hefyd yn gyfrifol am ambell i ddrama ffilm nodedig, yn arbennig *Dylan*, gyda Ronald Lacey yn rhoi perfformiad ei fywyd fel y bardd trasig, a Gayle Hunnicutt yn chwarae ei gariad Americanaidd, Liz Reitel. Dic hefyd oedd yn gyfrifol am ddrama ffilm yn olrhain hanes y gwladgarwr John Jenkins, a bortreadwyd mor gelfydd gan Dyfed Thomas. Trwy Brynmor Williams, cynhyrchydd *Pedwar ar Bedwar*, y des i i gysylltiad a Dic, yn ddamweiniol iawn o gysidro i ni fynd ymlaen i gydweithio ar chwe chynhyrchiad gwahanol: *Sul y Blodau, Babylon By-passed, Nel, Y Filltir Sgwâr, Yr Ynys,* ac *Y Weithred.*

Fy holi yn gyffredinol ddaru o i gychwyn; tybed oedd gin i syniadau, rhywbeth heblaw pâr o sanau ar y gweill – h.y. sgript yn hel llwch. Mae gan bob awdur gwerth ei halen ddrôr waelod, a hei presto! Dyma sodro sgript wreiddiol *Sul y Blodau* ar y bwrdd, yr hon a gawsai ei 'thynnu' gan S4C ryw dair blynedd ynghynt. Cnesodd Dic yn syth at y stori, yn ddiau o achos yr elfen ddogfennol gref, ond nid at y fersiwn oedd yn bodoli. Brwsh newydd, hwnna ydi o. Fel hen hwran, heb ddangos owns o deyrngarwch tuag at y gwaith gwreiddiol, cytunais yn syth bìn i ddechrau o'r dechrau, gan fynd ati mewn ffordd dra gwahanol – trwy ganolbwyntio ar effaith y cyrch ar un teulu, a'u gwneud nhw'n feicrocosm o'r stori fawr. Yn fras, roedd dau frawd, Geraint ac Owain – y naill wedi aros yn ei fro a'r llall wedi madal i fyw a gweithio ym Manceinion, y naill yn genedlaetholwr eithafol a'r llall yn eistedd ar y ffens.

Chwaraewyd y brawd 'cyfiawn', Geraint, gan iors trwli (fel taswn i'n seren y sgrin arian, mi wnes yn siŵr fy mod yn bachu'r rhan 'arwrol'; mae sôn i John Wayne roi pryd o dafod llym i Kirk Douglas am feiddio chwarae rhan y 'loser' cynghrair gynta hwnnw – Van Gogh). Chwaraewyd y brawd 'diffygiol', Owain, gan Ian Saynor, actor a berffeithiodd y ddawn o bortreadu dynion gwellt, bregus dros y blynyddoedd. Mae'r hiraeth a'r edifeirwch yn ei lygaid yn adrodd cyfrolau. Daw Owain adra yn ystod penwythnos y cyrch, gan ddŵad â'i gariad uniaith Saesneg i'w ganlyn. Pan ddaw'r heddlu i gnocio ar y drws, a chludo Geraint ymaith yn oria man y bora (er ei fod yn gwbl ddieuog o unrhyw drosedd), teflir y teulu oddi ar ei echel yn llwyr, gyda'r holl densiynau a lechai dan yr wyneb cyn hynny yn dŵad i'r amlwg.

Er na honnaf fod *Sul y Blodau* yn berffaith o bell ffordd (gormod o bregethu, ar y trwyn mewn mannau, 'less is more'), dwi yn teimlo i mi wneud ambell i beth yn iawn, fy mod yn dechrau mynd i'r cyfeiriad iawn o leia. Calon y ddrama ydi'r berthynas rhwng y ddau frawd. Mae'n gwbl amlwg – er i mi fynd ati yn anymwybodol ar y pryd – mai un person ydynt, sef myfi fy hun. Geraint oedd y person yr hoffwn i gredu y byddwn i wedi medru bod taswn i wedi aros yn Eifionydd; Owain y realiti, rhywun oedd wedi symud i ffwrdd yn ifanc iawn ac yn teimlo'n euog ynglŷn â hynny o bryd i'w gilydd. Nid mod i'n cymharu am hanner eiliad, ond ceir yr un effaith mewn ffilm fel *Dr Zhivago* er enghraifft. Gyda chynfas anferth y chwyldro Rwsiaidd, un o ddigwyddiadau mwya tyngedfennol yr ugeinfed ganrif, yn gefnlen, dewisodd Boris Pasternak ddweud ei stori trwy ganolbwyntio ar stori gariad Dr Zhivago a Lara; eu stori bersonol nhw sy'n rhoi ystyr i'r gweddill, sy'n rhoi popeth arall mewn cyd-destun.

Gyda Stewart Jones
Sul y Blodau, *1986*

Ffilmiwyd golygfeydd allanol *Sul y Blodau* dros y flwyddyn newydd (1985/1986) yn ardal Harlech, a'r golygfeydd stiwdio, wedi cyfnod o ymarfer, ar ddydd Iau a Gwener, 30ain a 31ain Ionawr. Am hanner awr wedi naw ar y dydd Llun canlynol roeddwn i fod i ddechrau gweithio gydag Alan Clayton ar ddrama ffilm o'r enw *Better Days* i Huw Tan Voel; Glyn Houston fyddai'n chwarae'r brif ran. Pan gyrhaeddais adra ar y nos Wener roedd llythyr yn fy nisgwyl, yn egluro na fyddwn i'n dechrau ar y dydd Llun, nac unrhyw ddydd Llun arall tasa hi'n mynd i hynny. Roedd y rheswm a roddwyd yn amwys dros ben, a hyd y dydd hwn 'toes gin i ddim obadeia pam – wedi chwe blynedd o gydweithio – y penderfynodd Alan ddod â'r bartneriaeth i ben mor ddisymwth. Oeddwn i, tybed, yn gwbl ddiarwybod a difalais wedi tynnu blewyn o'i drwyn trwy ailgylchu *Sul y Blodau* gyda Dic Lewis; oedd Alan yn teimlo ei fod yn haeddu cynnig arall arni, gyda Dic yn cynhyrchu yn unig a

Gyda Leslie Duff, Ian Saynor, Beryl Williams, Stewart Jones
Sul y Blodau, *1986*

fynta yn cyfarwyddo? 'Wrach fod rheswm symlach, a'i fod wedi dŵad o hyd i sgwennwr arall fyddai'n fwy addas i'r math o gynlluniau oedd ganddo fo a Huw Tan Voel gogyfer â'r dyfodol. Bob Pugh oedd hwnnw, actor dawnus a phrysur iawn yn ogystal â sgwennwr. Bob sgriptiodd *Better Days*; wedi hynny mi addasodd nofel Una Troy, *We are Seven*, ar gyfer y teledu, ynghyd â'i ddrama lwyfan, *Ballroom*. Er i benderfyniad Alan roi swadan i mi, ac er na ches i rioed eglurhad, mi ddaru ni gydweithio wedyn, yn y nawdegau, yn bendodol ar fy addasiad ffilm, yn y ddwy iaith, o stori Richard Burton, *A Christmas Story*.

Ac eithrio Harri Tomos (yn y gyfres deledu *Gwen Tomos*), y rhan wnes i fwynhau ei chwarae fwya rioed oedd Mordecai, yn y ffilm deledu *Y Dyn 'Nath Ddwyn y 'Dolig*, cyfla ar blât i or-actio a'i chadi-ffanio hi i'r entrychion. Roedd popeth yn berffaith: sgript a chaneuon Hywel Gwynfryn a Caryl Parry Jones, cyfarwyddo Endaf Emlyn, perfformiadau fy nghyd-actorion, yn enwedig Emyr Wyn fel Sam, actor nad yw'n cael ei werthfawrogi hanner digon yn fy marn bach i. O dro i dro, caf fy nghornelu gan ferch landeg, yn ei thridegau cynnar, gyda'r ebychiad: 'O-mai-god! Mordecai!' Hwb fach i'r galon ar y pryd – fymryn yn drist 'wrach wrth edrych yn ôl.

1986

Mae sgwennu creadigol yn rheidrwydd yn fy mywyd, yn ogystal â bod yn waith bara menyn. Dwi'n grediniol y byddwn yn dal i ymhél â'r grefft taswn i mewn proffesiwn cwbl wahanol – yn fwmbeili neu'n feddyg dyweder, neu'n berchennog gwesty, yr unig alwedigaeth arall i apelio ataf rioed. Hyd yn oed taswn i'n ennill y lotyri – mae'n rhaid i rywun wneud – ac yn medru ymddeol, neu o leia fyw yn weddol gyffyrddus heb orfod poeni'n ormodol am bres, mi fyddwn yn dal i sgwennu: llai o deledu, yn sicr, a mwy o lawer o theatr. Os felly, beth yw'r atynfa, beth sy'n fy ngyrru? Does wybod, ond mi wn i gymaint â hyn: hobi aeth yn job ydi sgwennu i mi, ac 'wrach y byddai hel a chasglu ieir bach yr haf wedi bod yn haws o ystyried fod cymaint ohono yn dalcen mor galed, ac mai dim ond rhan fach iawn ohono sydd yn rhoi pleser gwirioneddol. Y rhannau gora o ddigon – a dwi'n gwbl o ddifri – ydi prynu llyfrau copi, pads a beiros ar gyfer yr orchwyl; penderfynu ar amserlen, er y bydd honno, garantîd, yn cael ei thaflu drw' ffenast o fewn wsnos i ddechra; breuddwydio am lwyddiant darn sydd ddim ond yn bod yn fy nychymyg ac sy'n bownd o newid ei siâp ganwaith, ac esblygu i bob cyfeiriad cyn gweld gola dydd. Yr unig ran greadigol o'r broses sy'n rhoi mwynhad ydi deialogi, ond wedyn nid am yn hir iawn gan fod ymdrechion cynnar wastad yn cael eu diystyru, am nad ydw i prin yn adnabod y cymeriadau, a heb eto'u 'clywed' yn siarad. Mae'r rhan bwysica – sef y strwythur – yn boen, ac unrhyw ymchwil yn boen yn y tin. Dwi'n cydnabod, wrth gwrs, fod peth ymchwil – i ambell agwedd o stori – yn hanfodol, ond gormod o ymchwil dagith sgriblwr.

Mae'r dyddiadur am y flwyddyn hon yn nodi fy mod wedi trafaelio i Tavistock Road, Sgeti, yng nghwmni Mei Jones i gwarfod ag Elgar Evans, rhyw lun o gyfrifydd. Roedd

Robin Pritchard – *Deryn* – yn ei chanol hi gyda gwŷr y FAT – aeth yn fethdalwr yn y diwedd, os cofia i'n iawn – ac Elgar roddodd ni ar ben y ffordd ynglŷn â'r hyn fyddai, neu ddim, yn digwydd. Buom efo fo am gryn ddwyawr, mae'n siŵr, gydag iors trwli yn nodi pob manylyn ffwl spid (fi fyddai'n gwneud hynny; smocio, yfed te a chynnig atebion oedd arbenigedd Mei). Llond trol o fanylion, felly, ond fel pob 'ymchwil' dim ond canran fechan iawn ohono gyrhaeddodd y sgrin deledu. Gwelais lawer gormod o gynyrchiadau, yn enwedig yn y theatr, oedd yn ffrwyth ymchwil a fawr o ddim arall. Onid ydi'n hanfodol fod mymryn o bob stori'n deillio o brofiad personol, neu fod yr awdur o leia'n medru uniaethu â rhyw agwedd ohoni?

Yn ystod y flwyddyn hon mae'n rhaid fy mod wedi 'ymchwilio' a sgwennu'r ddrama lwyfan *Perthyn,* a oedd yn ymwneud â llosgach (gan iddi gael ei pherfformio gan Gwmni Whare Teg yn Steddfod Port y flwyddyn ganlynol). Rŵan, 'toes gin i ddim profiad uniongyrchol o losgach, dwi'n prysuro i ddweud, ond gan ei fod yn ei hanfod yn ymwneud â'r teulu – 'a game all the family can play' fel deudodd rhywun – roedd deinameg a gwleidyddiaeth deuluol yng nghyswllt sefyllfa mor ffrwydrol a dinistriol yn fy niddori'n fawr. Fe wnes i ailymweld â'r thema hon yn y ddrama lwyfan *Gwaed Oer* ddechrau'r nawdegau, ac esblygodd honno yn ei thro yn bum cyfres o *Talcen Caled* i S4C, gyda'r un cymeriadau craidd – Les a Gloria Hughes. Mae'n wir dweud fod ffeithiau moel stori *Perthyn* yn seiliedig ar hanes go iawn a ddeilliodd o Fro Morgannwg, ac a roddwyd i mi gan ffrind o seiciatrydd. Mae diwedd y ddrama – sef y tad yn gwneud amdano'i hun ddeuddydd cyn ymddangos o flaen ei well – yn ffeithiol hefyd. 'Drama' ydi'r gweddill, ac ar y cyfan profiad anghysurus oedd ei sgwennu; roedd realiti'r sefyllfa, a sylweddoli bod digwyddiadau o'r fath yn weddol gyffredin (ia, hyd yn oed yn y Gymru

Gymraeg, sioc, arswyd) yn peri poen meddwl yn aml iawn. Yr un oedd y teimlad gyda *Sul y Blodau* ac *Y Weithred* – roedd gwybod eu bod wedi digwydd yn ei gwneud hi'n anos i fod yn wrthrychol.

Medi 9fed a'r 11eg: gweld dwy ddrama o fewn tridia i'w gilydd. Naci, chwaith: sioe glybiau a drama. *Y Byncar* gan Clive Roberts oedd y ddrama, cynhyrchiad Hwyl a Fflag yn Theatr Gwynedd, yr unig ddrama lwyfan i oedolion o eiddo Clive gafodd ei pherfformio rioed (hyd y gwn i). Tydw i ddim am funud yn cyhuddo Clive o lên-ladrad, ond tybed a gafodd ei ysbrydoli, yn ddiarwybod, gan fy nrama hir gynta, *Y Cadfridog*? Roedd yn gyfarwydd â hi, 'sdim dowt, gan iddo weld cynhyrchiad gwreiddiol Theatr yr Ymylon; ar ben hynny, y fo chwaraeodd ran Stewart – y Cadfridog ei hun – yn y fersiwn deledu, i gwmni Alan Clayton. Mae themâu'r ddwy ddrama yn debyg: byncar, a'r deiliaid wedi'u hamgylchynu gan luoedd gelyniaethus. 'Mond gofyn.

Zwmba oedd y sioe glybiau neu dafarn, y gynta un o stabal Bara Caws. Sgript Cefin Roberts a Bryn Fôn, a noson hwyliog iawn mewn clwb yfed yn Penis-ar-y-waun, yng nghwmni Mei. Cymaint oedd y mwynhad fel y bu i ni duthio'r holl ffordd i glwb Wellman's, Llangefni, i'w gweld am yr eildro. Dim ond tri oedd yn y cast: Bryn Fôn, ar ei ora, yn enwedig wedi'i wisgo fel dynas; Mair 'Harlech' Tomos; a'r hufen ar y gacan i mi – ymddangosiad proffesiynol cynta yr actor Maldwyn 'Mal' John, yn chwarae Mal Bagla, Sam Tatw ac Adfian (methu dweud 'r'). Mae'n hysbys i'r rhan fwya, am wn i, fod Mal yn nai i'r cawr o actor a digrifwr o Fôn, Charles Williams. O adnabod y ddau, mae'r tebygrwydd – o ran perfformio a diddanu – yn drawiadol tu hwnt, yn enwedig fel yr â Mal yn hŷn. Dyma actor comedi gora Cymru yn fy marn i, a hynny 'o hewl' fel byddan nhw'n ddweud yn y Sowth 'ma. Neb i'w dwtsiad ers i'w ewythr ein gadael ni. Etifeddodd ddawn amseru Charles yn llwyr; yn wir, bron nad ydi o wedi rhagori arno. Bûm yn ddigon ffodus i fedru ei gastio a'i gyfarwyddo mewn tair o fy nramâu hir: *Diwedd y Byd, Yn Debyg Iawn i Ti a Fi*, a *Bonansa*!

Roedd doniau Charles yn chwedlonol wrth gwrs, ar lwyfan ac ar sgrin; roedd y seiadau preifat, pan fyddai criw ohonom yn ymgasglu yn nhŷ ei gyfaill Rhydderch Jones yn Llanisien, yn wers ar sut i ddiddanu llond stafell, a hynny am oria bwygilydd. Nid jôcs fyddai Charles yn eu dweud, wrth reswm, ond straeon am bobl go iawn, yn bennaf am y stôr o gymeriadau lliwgar oedd yn rhan o'i gefndir amaethyddol ym Môn. Roedd bod yng nghwmni Charles a Stewart Jones – fy arwr pennaf – yn achlysur i'w gofio, er y byddai rhai o'r straeon wedi gwneud i ambell un gochi 'dat ei glustiau.

Charles, Stewart, J. O. Roberts, Glyn Pen-sarn – dim ond rhai o'u cenhedlaeth a fu'n gwbl hanfodol i ddatblygiad a pharhad y diwylliant actio a pherfformio yng Nghymru, yn bont gadarn iawn o ddechrau'r chwedegau ymlaen, pan fentrwyd, fesul tipyn, o'r amatur i'r proffesiynol. Gan fod actorion proffesiynol Cymraeg eu hiaith yn brin ar y pryd, ni fyddai'r cyfnod yma o drawsnewid wedi bod yn bosib hebddynt; eu dawn a'u harbenigedd nhw ddaru dywys a bugeilio'r gweddill ohonom. Mae ein dyled yn fawr iddynt. Roedd un o straeon gora Charles, na welodd ola dydd cyhoeddus, beryg, yn mynd rhywbeth tebyg i hyn:

> Wil Jos wedi bod yn reidio'i feic am oriau o gwmpas Môn. Cyrraedd adra, a gwraig ar stepan ei drws yn galw: 'Ma'ch beic chi'n gwichian yn arw, Wil Jos!' Atebodd yntau: 'Gwichian fysa chitha taswn i wedi bod ar 'ych cefn chi drw' dydd!'

1987

> Y mae hiraeth wedi 'nghael
> Rhwng fy nwyfron a'm dwy ael:
> Ar fy mron y mae yn pwyso,
> Fal pe mi yn famaeth iddo.
>
> *(Anhysbys)*

Dyna'n union sut fydda i'n teimlo weithia; dyna pam fod y gair 'hiraeth', islaw delwedd o'r blodyn gerbera, lliw coch, hoff flodyn Gwen, wedi'i groenliwio ar dop fy mraich chwith. Y blodyn hwn a addurnai wynebddalen trefn gwasanaeth ei chnebrwn yn 2007. Ond ar 7fed Ebrill y flwyddyn hon roedd Gwen yn ddeugian oed, a phenderfynwyd cynnal parti yn y tŷ, i'r detholedig rai yn unig: Gwen; Marged Esli; Rita Forbes, fy nghyfnither; Dafydd Hywel a Beti ei wraig; Ems a Tud (brodyr Gwen); Siwan, gwraig Tud ar y pryd; ac iors trwli. Noson hwyliog – a meddw iawn. Tynnwyd cachlwythi o luniau, sydd yn olrhain cwrs y noson a'r dirywiad graddol mewn ymarweddiad ac ymddygiad i'r dim. 'Sa fiw i mi eu cynnwys mewn cyfrol mor barchus â hon. Mae'r stwmp sigarét wedi'i stwffio i'r Stilton – roedd y mwyafrif yn smocwyr digyfaddawd – yn adrodd yr hanes yn gryno. Un o fy hoff ddelweddau ydi'r un o Marged Esli, gesan annwyl (yn 'flinedig ac emosiynol' iawn, yn ôl ei golwg) ac Ems, y ddau yn gega'i gilydd, yn amlwg yn rhoi'r byd yn ei le, a phwy a ŵyr be' arall. Tybed ydi Ems yn dweud: 'Dwi'n *trio* cofio dy wyneb?'

Dechrau Mehefin, i Borthaethwy a Chaernarfon i ymarfer a ffilmio drama John Gwilym Jones, *Ac Eto Nid Myfi* i gwmni Bryngwyn. Dyma'r tro ola – yn ystod y ffilmio – i mi weld John Gwil, er mai rhyw ddwywaith cyn hynny ddes i ar ei draws erioed. Roedd fy niwrnod ola o ffilmio yn cydredeg â dyddiad y lecsiwn gyffredinol. Roeddwn yn lletya gyda Megan, mam Gwen, yn Llangefni, lle disgwylid i ymgeisydd y Blaid, Ieuan Wyn Jones, wneud yn dda. Gan fod Megan yn genedlaetholwraig bybyr, ac yn caniatáu i weithwyr a swyddogion y Blaid ddefnyddio'i thŷ fel pencadlys yn ystod y noson faith, roedd cryn fynd a dŵad tan yr oria mân, a mawr fu'r dathlu ar y sgwâr, o flaen Neuadd y Dre, pan gyhoeddwyd yn y diwedd mai Ieuan oedd wedi mynd â hi.

Rhywun arall fyddwn yn ei weld am y tro ola – ond a fûm yn ei gwmni gannoedd o weithiau – oedd Rhydderch Jones. Bu farw fis Tachwedd yn hanner cant ac un. Roeddem yn cydfeirniadu (ynghyd â'r dramodydd a'r darlithydd o Fôn, William Lewis) Cystadleuaeth y Fedal Ddrama yn Steddfod Port – Rhydd yn traddodi, Wil Lew ac iors trwli yn gefndirol, yr olaf yn edrych yn dra gwahanol yn ei locsyn newydd sbon. Pam tyfu locsyn? Dim obadeia. Ar y gora mae pob locsyn yn ymdebygu i bwdin blew, a pham fyddai neb yn dewis tyfu un, heb reswm, does wybod. Gan fy mod yn casáu siafio hyd y dydd hwn, hwyrach mai dyna ddaru fy ysgogi. Bu Rhydd yn gwisgo locsyn ar hyd ei oes – neu ers i mi daro arno fo am y tro cynta yn hen westy'r Castle ym Mangor, yn 1969. Ganwyd ef yn Aberllefenni, Meirionydd, a'i addysgu yn Ysgol Ramadeg Tywyn a Choleg y Normal. Bu'n weithgar iawn fel actor amatur a sgwennwr, yn aml iawn yn cydberfformio â Ryan Davies, ac wedi rhai blynyddoedd fel athro ymunodd ag adran adloniant ysgafn BBC Cymru. Bu'n gyfrifol am gyfresi megis *Lloffa, Disc a Dawn, Cawl a Chân* a *Glas y Dorlan* – a fo hefyd oedd cyd-awdur, gyda Gwenlyn Parry, y gyfres gomedi *Fo a Fe.*

Ond yn ôl at ei locsyn am funud: un digon tila oedd o ac mi fyddai ei alw yn flewiach yn nes ati. Roedd yr hen Rhydd yn hoff o ambell i hanner, a tueddai pob diwrnod o'i fywyd i ogwyddo tuag at y dramatig, neu dyna oedd yr argraff gyffredinol. Un o'i gyfeillion pennaf oedd Stewart Jones, a arferai aros yn ei dŷ yn Llanisien ar ei aml bererindodau i'r brifddinas. Yn dilyn noson go wyllt, daeth Stiw i lawr grisia bora trannoeth i ddarganfod fod *mein host* wedi syrthio i gysgu yn ei gadair ledr, troi rownd bownd, ac wedyn wedi llithro'n raddol oddi arni, fel hen sliwan fawr, gan landio ar yr hanner dwsin o gartonau tec-awê Tsieinïaidd (ar agor ond prin wedi'u cyffwrdd) oedd yn gwrlid ar y llawr o'i flaen. Gorweddai, gan ddal i rochian, ar wely o *chop suey, sweet and sour, noodles* a *prawn foo yung*. I goroni'r cyfan, roedd y slipars gwadnau rwber am ei draed o fewn tair modfadd i'r tân nwy – yn ffrwtian yn braf. Ei gnebrwn, yng Nghorris ar 9fed Tachwedd, oedd y mwya y bûm i ynddo erioed: roedden nhw wedi dod yno o bedwar ban, yn gyn-benaethiaid fel Owen Edwards, yn ogystal â chymeriad o'r enw Ralph, Kairdiffian go iawn a arferai lanhau'r toiledau yn hen stiwdios y Bib yn Broadway.

Mehefin 29ain: swyddfa Richard Lewis. Cly-weld yr actor Richard Lynch ar gyfer y brif ran yn y ffilm *Babylon By-passed*. Mi gafodd y rhan.

Gorffennaf 6ed: swyddfa Richard Lewis. Cly-weld yr actores ('tydi hi ddim yn PC i ddweud 'actores' y dyddia yma gyda llaw, ond twll eu tina nhw) Catherine Tregenna ar gyfer rhan cariad cymeriad Richard Lynch yn *Babylon By-passed*. Mi gafodd y rhan.

Tachwedd 12fed: i Fwthyn y Felin, Rhydybenllyg, rhwng Rhos-lan a Chricieth, i gwarfod â Martin Roberts a'i bartner, Ashley. Brodor o dre Caernarfon oedd Martin yn wreiddiol, a threuliodd flynyddoedd lawer yn byw a gweithio yn Llundain. Ei hanes o, yn bennaf, ddaru ysbrydoli'r ddrama lwyfan *Wyneb yn Wyneb*. Calon y ddrama ydi Laura, mam Tom, yn dod i delerau â'r ffaith fod ei hunig fab, sydd yn hoyw, yn marw o Aids. Roedd Martin gig a gwaed yn union yr un sefyllfa â Tom dychmygol. Fel y soniais eisioes, dwi'n llwfrgi wrth reddf, ac er fy mod yn cysidro fy hun yn eangfrydig iawn, rhaid bod gwaddod y rhagrith a'r rhagfarn a oedd yn gymaint rhan o'm plentyndod yn dal i loetran – mewn gair, roedd meddwl am ymweld ag o yn ei gartra ei hun yn codi ofn arna i; nid gormodedd fyddai dweud fy mod yn cachu brics, neu blanciau hyd yn oed. Ofn yr anhysbys, hwnna ydi o, fel oeddwn i cyn i mi ymweld â Clive Roberts yng ngharchar Nottingham (mwy letyr on). Yn achos Martin, be' tasa rhai o'r straeon llawr gwlad yn wir, be' tasa dyn yn medru cael ei heintio trwy fod yn yr un ystafell ag o, neu drwy ysgwyd llaw neu yfed o'r un gwpan ag a ddefnyddiwyd ganddo? Nid fod rhagfarnau tebyg wedi fy synnu erioed; maent yn bur nodweddiadol o'r gymdeithas 'gartrefol', glòs, Gymraeg ei hiaith, homoffobig, hiliol sydd, ar y cyfan, yn byw yn y 'Fro' heddiw. Dywedodd Martin ei hun stori fendigedig am y gweinidog lleol – oedd, mae'n siŵr gin i, fel pob gweinidog, yn ymgorfforiad o ragrith – yn galw i'w weld. Cynigiodd Martin siocled iddo, o focs oedd eisioes wedi'i agor. Gofalodd y cyfaill mai siocled yn dal yn ei bapur lapio ddewisodd o. Dest rhag ofn.

Pan ymgartrefodd Martin ac Ashley yn Rhydybenllyg, cyn i Martin waelu, roedd gan Ashley fusnes llewyrchus iawn yn yr ardal fel triniwr gwallt merchaid – h.y. byddai'n ymweld â'i gwsmeriaid niferus yn eu tai. Pan ddaeth natur cyflwr Martin yn hysbys diflannodd y cwsmeriaid bron i gyd, dros nos. Gwaharddwyd Martin rhag defnyddio'r pwll nofio yn Harlech. Byddai 'caredigion' yn stopio'u ceir i siarad ag o, gan wneud yn siŵr nad oeddynt ond yn agor y ffenast ychydig fodfeddi. Dest rhag ofn.

Comisiwn i sgwennu drama – ar unrhyw bwnc – gan y cwmni theatr hen ddiflanedig hwnnw, Hwyl a Fflag, oedd y sbardun gwreiddiol. Aeth yr ymdrech yn ffliwt yn y diwedd, a hynny am sawl rheswm. Cwmni cydweithredol oedd Hwyl a Fflag, gydag oddeutu deuddeg ar y bwrdd a phawb yn rhoi ei werth chwech ynglŷn â beth oedd yn dda, neu ddim. Gormod o 'chiefs', hwnna ydi o. Toedd ganddyn nhw yr un 'Wilbert' i 'mugeilio, ddim un person oedd yn gwirioneddol ddallt y dalltings ac a fedrai gynnig barn wrthrychol, elfen hanfodol i sgwennwr. Ond hwyrach mai myfi fy hun ddylwn i ei feio fwya. Er ei fod yn syniad pwerus toedd o ddim yn mynd i nunlla; fedrwn i ddim gwneud iddo weithio, a wyddwn i ddim pam. Dechrau'r nawdegau, mi ddigwyddis sôn am y syniad wrth Bethan Jones, cyfarwyddwr artistig Dalier Sylw, rhagflaenydd Sgript Cymru (sydd bellach yn rhan o Sherman Cymru). Darllenodd hi'r hyn oedd yn bodoli eisioes, ac awgrymu mai stori'r fam, Laura, oedd hi, yn hytrach na stori ei mab, Tom, a'i gariad, Steff. Mwya sydyn, disgynnodd y darnau i'w lle. Dysgais wers werthfawr iawn yn y broses – sef pwysigrwydd penderfynu i bwy mae'r stori'n perthyn, trwy lygaid pa gymeriad ddylai gael ei dweud. Hyd yn oed mewn drama gyda hanner dwsin o gymeriadau, a'r rheini'n weddol gyfartal o ran maint, mae'n hanfodol fod 'taith' – ac uchelgais – un ohonynt yn fwy na'r gweddill. Mewn drama debyg i *Fel Anifail,* lle nad oes ond dau gymeriad, Defi a Mair, ymddengys ar yr wyneb fod 'taith' y ddau ohonynt yn gwbl gyfartal; yn wir, o ran geiriau mae gan Mair lawer mwy i'w ddweud. Eto, dywedir y stori trwy lygaid Defi, oherwydd bod ganddo fwy o uchelgais, ac mae ganddo fwy i'w golli.

1988

Yn fy rhestr rhifau ffôn ar gyfer y flwyddyn hon, y mwyaf dyrys i mi heddiw ydi Bob Williams, Llwyn Anas. Pwy efe? Mae'r lle – Llwyn Anas – yn canu rhyw lun o gloch, a'r enw ei hun yn awgrymu fferm neu dyddyn; mae Bob, yntau, yn awgrymu amaethwr yn hytrach na chanwr opera. Rhowch ganpunt yn fy llaw chwyslyd a fedra i yn fy myw ei ddwyn i gof. Ar y pryd, roedd yn ddigon pwysig i mi fod wedi nodi ei rif ffôn. Rŵan, tasa fo yn y rhestr ffôn am 1968, dyweder, ni fyddwn yn hitio cymaint, ond gan nad ydi 1988 ond ychydig dros ugian mlynedd yn ôl mae'n bryder nad yw'n golygu dim i mi.

Enw (a rhif) arall ar y rhestr – er na ddaru mi rioed gysylltu ag o ar ôl ei gwarfod o unwaith wrth ffilmio *Minder* – ydi Ronnie Fraser, actor poblogaidd o dras Albanaidd a chwaraeodd sawl rhan mewn ffilmiau Prydeinig yn y pumdegau, y chwedegau a'r saithdegau (*The Long and the Short and the Tall, Flight of the Phoenix*), yn amlach na pheidio yn portreadu hen snichod. Cafodd ei awr fawr, fodd bynnag, a ddaeth â fo i amlygrwydd ehangach, ar y sgrin fach, gyda'i bortread o Basil Allenby-Johnson (Badger) yn y gyfres deledu *The Misfit*, cymeriad a ddychwelodd o fywyd trefedigaethol ym Malaya i Loegr nad oedd yn ei hadnabod bellach. Erbyn i mi ddŵad ar ei draws roedd Ronnie ar ddiwedd ei yrfa, ac yn or-hoff, os nad yn ddibynnol, ar y ddiod gadarn. Er i un doctor ei siarsio i roi'r gora iddi yn llwyr, barn un arall wedyn – a lle basa ni, alcs, hebddyn nhw – oedd na fyddai llymeitian ambell i hanner o gwrw gwan gyda phryd o fwyd, rŵan ac yn y man, yn debygol o wneud gormod o ddamej. Afraid dweud, plymiodd Ronnie am gyngor yr ail gwac, a buan iawn aeth 'ambell i hanner o gwrw gwan' yn beintiau o seidr cryf, a hynny'n reit gyson. A'r ddau ohonom wedi gorffen ffilmio ryw amser cinio, treuliais bnawn difyr iawn yn ei gwmni yn y dafarn agosa, cyn mynd yn ein blaenau i glwb yfed, rhywle yn Maida Vale, gyda Ronnie yn mynnu ei fod yn ffit i yrru. Fel oeddwn i wiriona – gan gymryd rôl yr ail ddoctor (uchod) – mi ategais ei fod yn ffit i yrru ac i ffwrdd â ni mewn rhacsyn o hen Ford Granada. Os rhoddodd o swadan i un drych ystlys ar y daith, mi roth swadan i hanner dwsin.

Dydd Sul, 15fed Mai, mae'r dyddiadur yn fy ngorchymyn i 'ffonio Gruff yn Besda', sef Gruffydd Jones, cyfarwyddwr theatr ('radag honno). Fo oedd yng ngofal y ddrama *Terfyn* yn 1979; bu hefyd yn gyfrifol am fugeilio sawl un o sioeau cynnar Bara Caws. Mae stori amdano, pan nad oedd ei Gymraeg mor loyw ag ydi o heddiw, yng nghwmni'r actores a'r awdur Valmai Jones, yn rhedeg, a hithau'n ben set, i ddal bws yn dilyn ymarferion gyda Theatr Ieuenctid Clwyd. Dyma'r lein anfarwol ddaeth o'i enau: 'Mae'n *chances* ni o ddal y *last bus* yn mynd yn *increasingly remote.*' Dysgwr y flwyddyn.

1989

Dydd Gwener, 13eg Ionawr, i gnebrwn Dewyth Wil, brawd Dad, fu'n byw gydol ei oes ar ffarm Llwyn Dwyfog, Chwilog, gyda Dewyth George, ei frawd, a Modryb Lena, ei chwaer. Bywyd – a marwolaeth – Modryb Lena oedd yr ysbrydoliaeth tu ôl i'r ffilm deledu *Nel,* a enillodd wobr BAFTA Bach i mi fel sgwennwr gora yn 1991. Hanes brawd, Defi, a chwaer ydi *Nel,* dau oedrannus sy'n byw ar ffarm o'r enw Drws y Coed (Cedris Farm, Abergynolwyn, oedd lleoliad y ffilm go iawn). Chwaraewyd hwy gan Stewart Jones a Beryl Williams. Mae penderfyniad Defi i werthu'r ffarm ac ymddeol i dref lan môr gyfagos yn gyrru ei chwaer, Nel, i'r pen. Mae hi wedi treulio'i bywyd ar y ffarm, gan aberthu'r posibilrwydd o gael carwriaeth a'i theulu ei hun er mwyn rhedeg a rasio, yn gyntaf i'w rhieni, ac wedyn i'w brawd. Ar ddechrau'r stori, gwelwn Nel yn y beudy yn estyn potel o wenwyn o guddfan. Yn annisgwyl, mae perthnasau i'r teulu yn landio o Gaerdydd, a gorfodir hi i ohirio'r weithred. I dorri stori hir yn fyr, ar ddiwedd y ffilm mae Defi yn dioddef strôc, a'r awgrym pendant ydi mai Nel fydd yn gwneud y penderfyniadau o hynny ymlaen, ac na fydd gorfodaeth arni i symud o'i chynefin wedi'r cyfan.

Dyna yn union fu hanes fy Modryb Lena, ond na chafodd hi achubiaeth yn y ril olaf. Penderfynodd Dewyth Wil werthu Llwyn Dwyfog ac ymddeol i Gricieth i fyw. Fel eliffantod, mae ffarmwrs Dwyfor yn heidio i'r un lle i farw, a hyd y gwela i, Cricieth ydi'r lle hwnnw. Nid fod gan Modryb Lena ddewis yn y matar; byddai'n rhaid iddi hithau fynd i'w ganlyn. Roedd Lena yn ddynas beniog, ond nad oedd yr oes yn cydnabod hynny. Prin ddaru neb feddwl ddwywaith fod gan y llygoden ddibriod, yr hen ferch, dreuliodd y rhan fwya o'i hoes yn y gegin – 'yn rhedeg a rasio i bob Lari Jac fel dwi wiriona' – deimladau a dyheadau. Un bora, 13eg Chwefror

1987 a bod yn fanwl gywir, roedd John fy mrawd yn helpu Dewyth Wil ar y ffarm – yn benodol, ar ddigar, yn lefelu hen gytia moch o flaen y tŷ, fel rhan o'r paratoadau ar gyfer y gwerthiant am wn i. Mae'n cofio gweld Modryb Lena yn ffenast y llofft yn sbio arno fo, yn sbio ar ei byd yn cael ei chwalu o flaen ei llygaid. Toedd John ddim i wybod ei bod hi eisioes wedi cael bath, ac wedi newid i'w dillad gora. Cyrhaeddodd Dewyth Wil, ac aeth y ddau ddyn i'r tŷ i gael te ddeg. Pan ddychwelodd y ddau am ginio, o gwmpas yr hanner dydd, doedd dim golwg o Modryb Lena. Clywed griddfan wedyn o gyfeiriad y parlwr bach, a dŵad o hyd iddi ar y soffa, a photel o strycnin, gwenwyn tyrchod, wrth ei hymyl.

Cyn i *Nel* gael ei darlledu, soniais i 'run gair ynglŷn â'r stori wrth aelodau o'm teulu. Gan fod Beryl – yn digwydd bod – yn hynod o debyg i Lena, mewn edrychiad ac osgo, buan iawn y sylweddolodd Dad mai stori ei chwaer ei hun roedd yn ei gwylio ar y teledu bocs. Gan fod diwedd Lena yn gymaint o drasiedi – a sioc, agorwyd hen glwyfau led y pen, a mawr fu'r ceryddu arnaf am beidio'i rybuddio o flaen llaw. Fodd bynnag, pan edrychodd ar ailddarllediad medrodd ymlacio mymryn, a chysidro'r stori yn fwy gwrthrychol, ac nid gormodiaith ydi dweud ei fod wedi'i mwynhau. Byth ers hynny, o bosib yn anymwybodol, dwi'n grediniol fod rhai aelodau o'm teulu (gogleddol) yn wyliadwrus iawn rhag datgelu gormod ynglŷn â'u hunain yn fy ngŵydd; ar fwy nag un achlysur clywais y geiriau bygythiol (yn fy mhen), 'Meiddia di roi hwnna mewn drama, y basdad!'

Mae marwolaeth yn drist wrth reswm, ond mae hefyd, 'does bosib, yn llawn digrifwch a chomedi ddu. Onid marwolaeth ydi'r jôc eithaf? Mewn drama o'r enw *Diana* gan yr actor John Glyn, mae un cymeriad yn gofyn pam nad ydi pobl yn tynnu lluniau yn ystod cnebryna a'u dangos i deulu a ffrindiau wedyn, fel sy'n arferiad gyda lluniau priodas:

'Dyma ni, ylwch, ar lan y bedd. 'Tydi Cyril yn edrach yn neis yn 'i ddu?'
'Ac ylwch, ma' gin i un da fa'ma o Modryb Martha yn "torri lawr".'

Mae'n bosib mai dyna syniad mwyaf gwreiddiol John Glyn erioed. Felly gyda Modryb Lena a Magwen fy chwaer wrth iddi ddychmygu ei munudau terfynol ar yr hen ddaear yma. Chwi gofiwch mai ei gweithred olaf (ond un) oedd paratoi te ddeg i Fewyth Wil a John, fy mrawd. Yn gwbl reddfol, er nad oedd ots yn y byd, roedd wedi golchi, sychu a chadw pob llestr yn gydwybodol. Dyma flas o ddynwarediad Magwen:

'Dyna ni, fydd ddim rhaid i mi olchi'r bitsh yna eto' (sosar).
'Tro ola i mi orfod sychu'r hen chwaer yma' (cwpan).

Roedd Fewyth Wil yn dipyn o gymêr, yn ffraeth os nad yn llym ei dafod. Mae stori bur nodweddiadol amdano, yn gyrru adra o Bwllheli ar nos Sadwrn wedi cael llond bol o gwrw yn y Crown – gormod i yrru, yn saff. Cyn i'r ddeddf cwdyn chwythu gael ei phasio yn Hydref 1967, y drefn arferol fyddai cael y meddwyn, neu'r darpar-droseddwr ddyliwn ddweud, mae'n siŵr, i sefyll ar un goes neu gerdded ar hyd llinell wen yn unionsyth, neu hyd yn oed godi darn o arian – yr hen geiniog, dyweder – oddi ar y llawr heb bowlio drosodd. Daw stori am Wil arall i gof, sef Wil Berthlwyd (brawd Guto Roberts, Uncle Git, Rhos-lan). Mi gafodd ei stopio, a'i gludo i orsaf yr heddlu Caernarfon, lle gofynnodd y Sarjiant iddo a fedra fo godi pishyn tair oddi ar y llawr. Atebodd Wil: 'Ddyliwn, dwi wedi gorfod codi peth wmbrath ohonyn nhw yn 'y nydd!'

Roedd hi'n noson dywyll, a Dewyth Wil yn gyrru 'nôl o Bwllheli i Lwyn Dwyfog. O nunlla, daeth car arall ar ei warthaf ac mi gymrodd Wil yn ei ben mai car plismon oedd o. A fynta bron â marw isio piso, ond yn gyndyn i stopio gan yr ofnai gael copsan, toedd dim amdani ond pydru yn ei flaen – a phiso lond ei drowsus yn y fargan. Fel oedd o'n troi am Lwyn Dwyfog, a'r car arall yn gyrru heibio iddo i lawr y lôn, sylweddolodd nad car plismon oedd o wedi'r cyfan.

1990

Dydd Iau, 4ydd Ionawr, am 7.30 fin nos, roeddwn yn Llwyn Iorwg. Lle mae o? Pwy sy'n byw yno? Be' oeddwn i'n dda yno? Mae cloch yn canu, ond daw ei sŵn o bellafoedd byd.

Dydd Gwener, 2il Mawrth, mae'r dyddiadur yn nodi fy mod yn eglwys St Paul's, Covent Garden, ar gyfer gwasanaeth coffa yr actor Peter Childs. Peter oedd yn chwarae rhan y plismon, Rycott, yn *Minder*, a bu farw o lewcemia yn hanner cant oed. Dros gyfnod o chwe blynedd daethom yn gryn ffrindiau. Llwyddais i berswadio Dic Lewis i'w gastio fel y tafarnwr, Vic Phelps, yn *Sul y Blodau*. Toedd Cymru a'r Gymraeg ddim yn gwbl ddieithr iddo; medrai ganu pennill cynta 'Myfanwy' – ar ôl peint neu dri – yn ddigon del. Un o'i hoff ddywediadau oedd, 'Never trust a fart, Michael.' Brodor o Essex oedd Peter, ac os digwyddwn i holi ynglŷn â hanes rhywun a hanai o ogledd Lloegr, neu'n waeth, o Lerpwl, byddai'n ateb rhywbeth yn debyg i hyn, yn aml iawn o fewn clyw i'r sawl oeddwn i'n holi amdano: 'He's some sort of cunt, isn't he?'

Rhwng 25ain a'r 27ain Mawrth, ffilmio pennod o *C'mon Midffîld* yn ardal Llanrug. Chwarae plismon – be' arall? Nodedig, gan fod y diweddar, annwyl Gari Williams yn ymddangos yn yr un bennod, ei berfformiad olaf i deledu, mae'n debyg. Gwelais ef unwaith yn rhagor ar Ffordd y Gadeirlan yng Nghaerdydd, wythnos neu ddwy cyn ei farwolaeth annhymig. Comedïwr, digrifwr naturiol oedd Gari, ac roedd lle arbennig iddo yng nghalonnau cynulleidfaoedd ar hyd a lled y wlad. Roedd ei berfformiadau yn y gomedi sefyllfa *Hafod Henri* ac yn *Pobol y Cwm* yn feistrolgar. Ond disgleiriai Gari hefyd mewn rhannau mwy syber, fel y profodd ei bortread o un o'r brodyr yn 'Dau Frawd', ffilm fer Wil Sam ar gyfer y rhaglen *Almanac*. Roedd yr un mor gredadwy yn ei bortread o'r gwerthwr tai diegwyddor, di-asgwrn-cefn yn *Sul y Blodau*.

1991

Dydd Sul a Llun, 3ydd a'r 4ydd Ionawr, i Dalacharn i gymryd rhan mewn ffilm (Huw Tan Voel) am fywyd a gwaith Dylan Thomas, yn arbennig ei berthynas â'i wraig anystywallt, Caitlin. Gary Oldman ac Uma Thurman (o bawb) oedd yn chwarae'r prif rannau, gydag iors trwli yn portreadu Williams, yr ymgymerwr a yrrodd Caitlin i'r maes awyr yn Llundain i gludo corff ei gŵr yn ôl i Dalacharn. Rhyw sgrifflyn tenau o Sais oedd yn chwarae John Malcolm Brinnin, y bardd a'r beirniad llenyddol ddaru hudo Dylan i America am y tro cynta, ac a oedd, am wn i, yn anuniongyrchol gyfrifol am farwolaeth un o feirdd mwya grymus a gwreiddiol yr ugeinfed ganrif. Nid yn unig yr oedd Gary ac Uma yn chwarae'r prif rannau, roeddynt hefyd yn 'eitem' ar y pryd, gyda'r berthynas yn cael ei chynnal ag ambell i beth tipyn cryfach na gwin ysgaw (ddeudwn i). Dwy olygfa benodol oedd gan Williams, un ohonynt gyda Dylan, Caitlin a Brinnin yng nghefn ei gar, a gan fod ganddo ddwy linell i'w dweud golygai fy mod yn cael y 'fraint' o ymarfer gyda'r sêr. Wedi bora o din-droi dyma symans o'r diwedd i garafán hynod o foethus, lle ffendis y ddau mewn 'trafodaeth' â'r cyfarwyddwr druan – neu'n hytrach roedd Gary ac Uma yn paldaruo a'r cyfarwyddwr yn gwrando, yn nodio ac yn cytuno gyda phob awgrym, waeth pa mor wallgo ydoedd.

Cyn y cyfarfyddiad yma tocdd yr un o'r ddau wedi torri gair â mi, er i ni fod yn y giari goluro ar yr un pryd yn gynharach yn y dydd. Cywiriad – mi ddaru o edrych yn amwys arna i, a dweud, 'Hello, mate.' Feddylis i mi fy hun, 'Mêt? Mêt, y cont! W't ti'n sylweddoli pwy ydw i!?' Ddaru hi ddim hyd yn oed sbio arna i. Fel'na oedd hi yn yr ymarfer – iors trwli ar gyrion y drafodaeth, yn teimlo'n is na'r cachu ar eich esgid. Wrth reswm pawb, toeddwn i ddim digon pwysig iddyn nhw oedi, fel y medrwn i ddweud fy nwy lein bitw i; roedd yn rhaid i mi eu stwffio i mewn reit sydyn, gora medrwn i. Yn hwyrach yr un diwrnod, dyma ymarfer yr un olygfa yn y car ei hun. Eto, go brin ddaru nhw sylwi mod i yno o gwbl.

Gyda thrwyn ffals a'i ddawn actio ddiamheuol, mae'n debyg fod yr ychydig olygfeydd lwyddodd Gary i'w cwblhau (cyn i betha fynd yn gachu hwch) yn wych. Ysywaeth, roedd ganddo ormod o broblemau personol a rhoddwyd y ffidl yn y to ar ôl wythnos. Gan fy mod i wedi ffilmio un olygfa – yn gyrru Uma yn yr hers – mi ges fy nhalu, sydd yn fwy na chafodd gweddill yr actorion Cymraeg oedd â mân rannau; y cyfan gawson nhw oedd eu bwydo (oedd yn fwy na haeddiant ambell un, heb enwi neb). Wrth ddychwelyd o ffilmio golygfa'r hers, a hithau ond tua hanner awr wedi naw y bora, a minna'n eistedd yng nghefn Merc wrth ymyl Uma, dyma basio mwynglawdd agored. Mynegodd miledi'r sylw canlynol: 'Oh, what are we doing to this earth?' Mi oeddwn i isio dweud – isio, rŵan – 'Probably as much damage as you've done to your lungs with the ten cigarettes I've seen you smoke this morning.' 'Nes i ddim.

Roeddwn yno – yn y Stadiwm Cenedlaethol nos Fercher, 5ed Mehefin, pan sgoriodd Rush yn erbyn y Jyrmans.

Dydd Mercher, 19eg Mehefin: pwy, tybed, oedd Diana Weinzweig, oeddwn yn ei gweld yn South Cornelly am 7 o'r gloch y noson honno?

Dydd Gwener, 11eg Hydref: ymweld â Gwenlyn Parry yn Holme Towers, clafdy Marie Curie ym Mhenarth. Dyma fyddai'r tro olaf i mi fod yn ei gwmni, ond dydw i ddim rhy siŵr a nabododd o fi chwaith. Roedd Ann ei wraig yno, ynghyd â John Hefin, ei hen ffrind. Ychydig wyddwn i ar y pryd, yn eironig ddigon, mai hon fyddai'r union stafell lle treuliodd Gwen wythnosau olaf ei hoes, rhyw un flynedd ar bymtheg yn ddiweddarach. Nid yr union stafell lle bu hi farw; tua'r diwedd, mae'r claf yn cael ei symud i stafell fwy o faint gyda gwely ychwanegol ynddi, fel bod anwyliaid yn medru treulio'r nos yno. O ffenast y stafell, roedd Gwenlyn – a Gwen – yn medru gweld ynys Flat Holm yn y pellter, ac roedd y golau arni yn y nos, yn ôl y sôn, yn bur arwyddocaol i Gwenlyn; rhoddai ryw nerth a chysur iddo, gan wneud iddo deimlo 'wrach fod rhywun yn ei 'alw'. Defnyddiais rhyw lun ar y ddelwedd yn y ddrama *Hen Bobl mewn Ceir* a sgwennais (yn bennaf) yn 2006, yn ystod cystudd terfynol Gwen. Mae'r cymeriad Roy, sy'n ofalwr mewn cartref henoed, yn trafod y Parchedig Gamaliel Hughes, sydd yn hen ac yn fusgrell iawn bellach:

ROY: Mae e'n twyllo'i hunan, Ceri! ... Ti'n byw; ti'n marw – *that's it. Fucking sham* gwag yw'r *rest,* wy'i wedi gweud tho ti. Mae e, reit, y Parch, Gamaliel, yn y nos, reit – mae e'n dishgwl mas drw'r ffenest ac mae e'n gweld gole. Nawr, mae e'n meddwl taw *El Dorado* mae e'n weld, ond – fel y bregeth – mae e jyst mas o'i gyrredd e. Gole'r *gasworks* ar Candice Road, 'na beth y'n nhw rili; 'na beth ma'r pwr, *deluded fucker* yn 'i weld!

Fy siniciaeth i, gyda llaw, nid Gwenlyn.

Sadwrn, 9fed Tachwedd: Pen-y-groes, Gwynedd. Cnebrwn Gwenlyn; yn un o bedwar 'prentis' gafodd y fraint a'r anrhydedd o gario. Dewi 'Tsips' Williams, Wil Shir Fôn a Siôn Eirian oedd y tri arall.

1992

Yn ystod y flwyddyn hon, yn dilyn comisiwn gan Huw Tan Voel (Alan Clayton) mi luniais gyfres, o bedair pennod awr, o'r enw *The Dragon and the Rose*. Er i mi dderbyn tâl llawn (ac anrhydeddus) – sydd yn rhywbeth prin achos fod peth o'r tâl, fel rheol, yn cael ei ddal yn ôl nes gwneir y penderfyniad i gynhyrchu – welodd y gwaith erioed olau dydd.

Lleolwyd y gyfres mewn tref lan môr yng ngogledd-orllewin Cymru (dychmygwch Borthmadog neu Bwllheli) ac roedd yn ymwneud ag effaith y mewnlifiad i'r ardaloedd hynny. Cyfuniad oedd y cymeriadau, o bobl leol, pobl ddŵad a phobl ddŵad oedd heb fynd adra ac wedi ymgartrefu, i ymddeol neu i redeg busnesau. Trwy gydol fy ngyrfa dwi wedi ymdrechu (yn gwbl aflwyddiannus, ar y sgrin o leia) i gyflwyno'r gwirionedd (fel dwi'n ei weld o) ynglŷn â'r Gymru Gymraeg i gynulleidfa ehangach – h.y. i Loegrshire. Methais bob tro, nid oherwydd safon y gwaith, os ca' i fod mor hy â dweud, ond oherwydd nad oes gan y Sais cyffredin (a Sais fyddai'n penderfynu derbyn neu wrthod cyfres fel *The Dragon and the Rose*), *I'm sorry to say* – fel byddai mam Gwen yn hoff o ddweud – bwt o ddiddordeb yng Nghymru (heblaw am y golygfeydd, hwyrach), a llai fyth yn yr iaith Gymraeg. Oes gan y Sais ddiddordeb o gwbl mewn unrhyw iaith nad ydi o/hi yn ei dallt? Ydan ni, fel Cymry, yn rhy groendenau prun bynnag, ac onid oes gan Jeremy Clarkson, A. A. Gill ac Anne Robinson bwynt? Roedd Gwen wastad yn dweud ein bod yn 'genedl blaen', sydd ddim yn lle da i ddechra, dwi'n siŵr y cytunwch chi. Mae'r Gwyddel, ac yn gynyddol y Sgotyn, yn llawer mwy secsi a derbyniol. Hawdd medran nhw fod; mae ganddynt amsar i bincio ac i baredio gan na feddant iaith werth sôn amdani i boeni yn ei chylch. Mae'r Saeson wedyn, anwaraidd ac anniwylliedig ag ydyn nhw, yn mynd yn oer y

Megan Sioned, fy mam-yng-nghyfraith

munud mae'r iaith Gymraeg yn cael ei chrybwyll; mi fedrwch weld y cen yn casglu o gwmpas eu llygaid nhw.

Dydd Iau, 20fed Chwefror: cwch o Abertawe i Gorc. Hwn fyddai'r ail 'sgyrsion blynyddol – ddi-dor o 1991 i 2003 – i gael ei drefnu gan Taflen Tours er difyrrwch criw dethol. Tipyn o hwyl ddiniwed, gan nad oedd Taflen Tours ond yn bodoli yn nychymyg y cyd-deithwyr trist. Yn addas iawn, o ystyried yr aelodau, mwnci oedd mascot y cwmni, a'r criw gwreiddiol oedd Lyn Ebenezer, neu'r Eben Lyn Ezer 'na, fel deudodd rhywun; Wali Tomos, dwi'n meddwl; Emyr 'Ems' Hughes Jones; Glyn 'Llety Cymro' Jones; Alun 'Steddfod' Gwynant; Huw 'Boomerang' Eirug ac iors trwli. Gyda'r blynyddoedd, newidiodd yr wynebau. Ciliodd rhai,

Fel Adolf Hitler

ychwanegwyd eraill. Daeth Dafydd 'Cardinal' Parry ac Iolo fy mrawd yn aelodau brwd a selog. Er bod ymdrech i gynnwys elfennau diwylliannol ym mhob taith, dwi'n ofni mai syrthio'n ôl ar athroniaeth waelodol Taflen Tours fu'r hanes bob tro. Dyma fyddai'r drefn: codi i frecwasta; loetran; crwydro'r strydoedd yn ddigyfeiriad; 'nelu am y dafarn 'gosa am un ar ddeg (deuddeg ar y Sul). Dyna ni wedyn fwy neu lai tan un ar ddeg y nos, heblaw am damaid i'w fwyta rŵan ac yn y man – a hynny am dridiau. Athroniaeth shimpil ond effeithiol (tasa rhywun ond yn cofio'i hanner hi). Adra wedyn, yn isel a pharanoiaidd, gan gymryd diwrnodiau i ddod atom ein hunain. Dim rhyfedd fod ein gwragedd a'n hanwyliaid yn ein casáu ni, ddynion, weithiau.

Dydd Mercher, 22ain Ebrill: digwyddodd dau beth sydd yn werth eu cofnodi. Dirgelwch (arall) ydi'r cynta – rhywun o'r enw Jackie Perceval yn ffonio. Pwy, a pham, ni wn ond betia i sofran mai meistres y gwisgoedd i ryw gwmni ffilm neu deledu oedd hi. Nhw fydda'n ffonio – gan frolio enwau fel 'Jackie' yn aml iawn – i holi ynglŷn â mesuriadau ar gyfer gwisg i ryw gymeriad neu'i gilydd. Lwyddis i rioed i roi gwybodaeth gyflawn i na 'Jackie' na 'Jane'; mewn difri, pwy ffwc sy'n gwybod – o dop ei ben – pa seis het ydi o?

Awst 14eg: hedfan i Bafaria a thref hanesyddol Oberammergau i ffilmio golygfeydd ar gyfer *Teulu'r Mans – Y Mwfi*. 'Sgyrsion ddifyr dros ben, peth wmbrath o sbort, bla bla bla, ond O! gwastraff arian, hogia bach. Huw Tan Voel oedd yn gyfrifol am ein gyrru ni yno, gyda Huw Chiswell annwyl yn ein bugeilio ar hyd y daith ddiangen. Chwi gofiwch y tair cyfres o *Teulu'r Mans*, dwi'n siŵr; ymunais i â'r ail gyfres fel Huwi Swallow Davies, twrna diffygiol o Fetws-y-coed oedd wedi'i daro oddi ar y Rhol oherwydd mistimanas. Ffars ddychanol, oedd yn gweithio'n *champion* yn y stiwdio, ond nid cystal o'i symud o'i chynefin, hwyrach. Bu pob ymdrech ar hyd y blynyddoedd, ym mhob iaith, i drosglwyddo llwyddiant sgrin fach i sgrin fwy, neu'n benodol i symud lleoliad, yn fethiant. Ddaru 'run gomedi rioed elwa o'i gosod tu allan i'w milltir sgwâr. Fel sgwenwyr, rydan ni i gyd yn cael 'diwrnod gwael yn yr offis' o bryd i'w gilydd; fi fasa'r cynta i godi'i law, a dwi'n siŵr na fydda John Bŵts a Wil Garn yn anghytuno'n llwyr os meiddiaf awgrymu nad y sgript hon oedd un o'u goreuon. Beth oedd yn waeth, yn fy marn fach i, oedd tuthio'r holl ffordd i Oberammergau i ffilmio, lle basa caeau Llandaf, Castell Coch a maes awyr y Rhws wedi gwneud y tro'n iawn. Mae'n wir fod rhan o'r stori (dila) yn ymwneud ag Oberammergau, ond mi fyddai gyrru un boi camra i dreulio diwrnod neu ddau yno, i saethu ychydig o ddelweddau sefydlu, wedi bod yn hen ddigon da – heb sôn am arbed peth hylltod o bres. Yn y ffilm orffenedig mae'n dipyn o gamp adnabod un fodfedd o'r dref, a 'toes dim yn y stori sy'n cysylltu'n uniongyrchol â'r pasiant enwog a gynhelir yno bob deng mlynedd.

Yn y maes awyr ar y ffordd yno, sylwais fod Emyr Wyn (J.S. y gyfres) yn prynu'r botel fwya welsoch chi rioed o

Baileys Cream. O gofio fod Bafaria yn enwog am ei lagyr, a gan wybod fod Emyr yn hoff o ddrachtio'r hylif hwnnw fel tasa'r byd ar ben a'r cwbl ar ddarfod, fedrwn i ddim llai na nodi ei fod yn ddewis od, sidêt hyd yn oed. Buan iawn y des i at fy nghoed, wrth gyd-lymeitian y rhagddywededig ddiod yng nghwmni Emyr yng ngolau'r lloer un noson, bobo wydr peint llawn rhew – a'r Baileys – yn ein dwylo. Bron nad oedd yn brofiad ysbrydol, gyda'r groes oleuedig ar ben y mynydd o'n blaenau yn ail da i borth y nefoedd (tasa'r ffasiwn le yn bod). Yn llyfr Douglas Adams, *The Hitchhiker's Guide to the Galaxy,* ar ddiwedd ei holl anturiaethau amrywiol daw'r arwr, Arthur Dent, i'r casgliad mai'r ateb i bopeth ydi'r rhif 42. Y noson honno, yr ateb i bopeth oedd Baileys Cream.

Dydd Gwener, 29ain Mai, hanner awr 'di deg y bora: cwarfod ag aelodau o gwmni Bara Caws yn ei hen bencadlys yng Ngholeg y Normal, Bangor Fawr yn Arfon. Rhaid i mi gyfaddef nad oeddwn i ddim llai nag ofn y cyfarfyddiad – neu, yn Gymraeg, roeddwn yn ei ddredio – gan fod 'character' Bara Caws yn sicr wedi cyrraedd o'i flaen, fel trwyn Pinocio. Dyma'r cwmni fu'n gyfrifol am chwyldroi'r theatr Gymraeg yn y saithdegau hwyr a'r wythdegau. Roedd ganddynt enw haeddiannol am ardderchogrwydd, yn osgystal ag athroniaeth a gweledigaeth bellgyrhaeddol. Ni wn am neb yn y maes sy'n gyndyn i gydnabod eu dyled enfawr iddynt fel torwyr cwysi newydd. Wrth reswm, ni ddaw ardderchogrwydd ar chwarae bach; rhaid wrth waith caled a dyfalbarhad. Chewch chi mo'no fo chwaith gan griw o bobl neis neis, *Rhodd Mam,* ond yn hytrach gan rai digyfaddawd, chwithig ac 'anodd' ar adegau. Nid nad ydi Mei Jones, Iola Gregory, Valmai Jones, Dyfan Roberts, Sharon Morgan, Catrin Edwards, Cefin Roberts a Gruffydd Jones yn bobl neis – dwi'n 'u caru nhw i gyd – ond yn aml, os am fynd â'r maen i'r wal, rhaid wrth fesur o ddiawlineb ac annhosturi. Rhowch chi griw mor dalentog gyda'i gilydd am gyfnod o amsar ac mi fydd yna wreichion. Dyna fel dylai hi fod.

Trwy lwc, erbyn i mi landio, roedd yr uchod wedi went (i ddychwelyd yn achlysurol fel unigolion, mae'n wir) a'r awenau artistig yn nwylo Maldwyn John, Merfyn Pierce Jones a Catherine Aran, gyda Linda Brown a'r brodyr Berwyn ac Emyr, a Mandy Parry yng ngofal gweinyddiaeth a'r ochr dechnegol. Y talcen caletaf i mi o bell fordd oedd gwneud argraff, ac argyhoeddi'r hen sinic ei hun – gadewch i ni ddweud 'arch-sinic' – Mal John, gŵr sy'n amheus o ddyn llefrith heb sôn am ddramodydd. Roedd cymaint mwy yn y fantol gan mai myfi fy hun ddaru bedlera'r syniad yn y lle cynta – sgwennu a chyfarwyddo – a hynny i Mal, yn fy niod a ngwendid yng nghlwb y Cameo, Caerdydd. Ew, toedd o'n chwip o syniad am un o'r gloch y bora. Rŵan, rhaid oedd rhoi rhywbeth gerbron. Dwi ddim yn siŵr a oedd yr eidîa yn cyniwair ynddo' i'n barod, mwy na thebyg ei fod o, ond mi setlis ar hanes pedwar o blant – dwy set o frawd a chwaer – yn treulio pnawn Sadwrn heulog, olaf gwyliau'r haf yn chwarae ar lethrau mynydd ym mherfeddion Eryri, cyn dechrau yn yr 'ysgol fawr' y dydd Llun canlynol. *Diwedd y Byd* oedd y teitl, ac fe'i gosodwyd yng ngwanwyn 1962, sef yr union gyfnod y bûm i'n ddigon anffodus i orfod dechrau ar fy addysg uwchradd – fyrhoedlog, drawmataidd – yn Ysgol Eifionydd, Porthmadog. Dyma'r ddrama fwyaf hunangofiannol i mi ei sgwennu, er bod *Indian Country* yn ail agos.

Un o'r manteision pennaf o gael fy nghomisiynu gan Bara Caws oedd fy mod yn sgwennu i ordor, yn creu cymeriadau a fyddai'n cael eu portreadu gan actorion penodol (Siân James, hyfryd, ddaru gwblhau'r pedwarawd), sgwennu i'w cryfderau nhw, gobeithio – ac osgoi eu gwendidau. Roedd yn bwysig darganfod arddull, gan ein bod yn gofyn i'r gynulleidfa dderbyn y confensiwn o oedolion yn chwarae plant un ar ddeg oed – syniad a fachais, yn gyrn a charnau, ac yn gwbl wynebgaled, o ffilm deledu wych Dennis Potter, *Blue Remembered Hills*. Y gyfrinach, dwi'n meddwl, oedd chwarae popeth o ddifri, heb ymdrechu i gyfleu llais ac osgo plentynnaidd yn llythrennol. Y gobaith oedd fod y geiriau'n gwneud y rhan fwyaf o'r gwaith.

Hwyrach na ddylai awdur gyfarwyddo'i waith ei hun. Nid pob awdur sydd isio gwneud hynny; nid pob awdur sy'n medru. Gweld cyfla ydw i, yn gam neu'n gymwys, i hebrwng syniad o'i ddechrau i'w ddiwedd, heb orfod ei ildio hanner ffordd. Waeth pa mor hynaws ydi perthynas awdur a chyfarwyddwr, pan aiff hi'n daro mae'n gas gan gyfarwyddwr weld awdur yn yr ymarferion; ydi, mae'n cael ei oddef yn ystod y darlleniad, hwyrach, ond wedyn mae'r adwaith anymwybodol yn tueddu i fod yn 'O, ma'r ffycin awdur yma'. Os ydi awdur a chyfarwyddwr yn bresennol, bydd yr actor yn reddfol yn troi at yr awdur gynta am eglurhad ynglŷn â rhywbeth, ac wrth wneud hynny yn tanseilio awdurdod y cyfarwyddwr. Fel awdur/gyfarwyddwr, mae ganddoch fwy o wybodaeth na phawb arall yn y stafell – man da i fod ynddo fo. Mi wyddoch, neu mi ddylach wybod mwy am y ddrama a'i chymeriadau na'r un actor sy'n bresennol. Os na fedrwch ateb pob cwestiwn – neu roi cynnig arni o leia – yna mae'r darn ei hun yn ddiffygiol, a tydach chi ddim wedi gwneud eich gwaith cyn cyrraedd y stafell ymarfer.

Yn ôl y dyddiadur, mi es ati i ddechrau sgwennu *Diwedd y Byd* ar 14eg Hydref. Letyr on, mae'r dyddiadur yn nodi, ar ddydd Llun, 23ain Tachwedd: 'Dros hanner *Diwedd y Byd* wythnos yma – sef 40 munud.' Hynny yw, fy mwriad oedd cyrraedd y deugian munud erbyn diwedd yr wythnos honno. Hanner drama, mewn pum wythnos? Sgersli. Yn ystod y pum mis rhwng cwarfod Bara Caws a dechrau ar yr orchwyl bûm yn brysur iawn, yn achlysurol, yn pendroni a llenwi notbwc cyfa' â nodiadau. Y gwaith paratoi ydi'r gwaith anodda – a'r pwysica. Ar 14eg Hydref, mynd ati i roi trefn ar ffrwyth y llafur hwnnw oeddwn i – deialogi, mewn geiria eraill – yn hytrach na syllu ar dudalen wag.

1993

Mae'r dyddiadur yn fy ngorchymyn, ddydd Mawrth, 5ed Ionawr, i dalu fy nhanysgrifiad blynyddol ar ran fy hun a Cet (Catrin, fy merch) i Equity, undeb yr actorion. A hithau newydd gwblhau tair blynedd o hyfforddiant yng ngholeg drama Rose Bruford yn Llundain, roedd hi bellach yn actores arall allan o waith yng Nghymru. Chwara teg, toedd hi ddim yn segur yn hir, ac un o'r jobsys cynta gafodd hi oedd rhan yn ffilm gaboledig Endaf Emlyn, *Y Mapiwr*.

Pan oedd Cet yn Ysgol Gynradd Bryntaf yn chwech, saith oed, gofynnwyd i'w dosbarth ateb rhestr o gwestiynau ar bapur – prawf cynnar, am wn i. Roedd un cwestiwn yn gofyn: 'Rhowch enw arall ar y gog.' 'Y gwcw', wrth reswm pawb. Ysgrifennodd Cet: 'Andy'.

Pan ddechreuis i, yn niwedd y chwedegau, roedd perthyn i'r undeb a bod yn berchen cerdyn Equity, i actor, yn gyfystyr ag ennill y lotyri heddiw. Cam gweddol hawdd oedd cael gafael ar gerdyn dros dro (provisional) ond wedyn byddai'n rhaid bod yn gyflogedig am ddeugian wythnos o leia mewn unrhyw flwyddyn i fod yn gymwys i hawlio cerdyn llawn. Os nad oeddech yn gweithio'n gyson medrach fod yn styc gyda cherdyn dros dro am flynyddoedd. Roedd Equity ar y pryd yn siop gaeedig, a thu allan i Gymru toedd dim modd yn y byd i chi weithredu os nad oeddech yn aelod. Y gwahaniaeth yng Ngwalia Fach oedd fod y diwydiant wedi dibynnu bron yn llwyr ar amaturiaid i'w gynnal yn y dyddiau cynnar – hebddynt, fyddai unrhyw ddatblygiad ddim wedi bod yn bosib. O'r saithdegau ymlaen, dewisodd mwy a mwy fynd yn broffesiynol – neu'n 'broffeswrol', fel byddai'r actor Meredith Edwards yn hoff o ddweud. Yn ddigon naturiol dechreuodd rhai filwra yn erbyn gwaddod yr hen drefn, a ganiatâi i amaturiaid wneud gwaith a ddylai fynd i'r rhai hynny oedd yn dibynnu arno am eu bara menyn. Pan gafodd Tebbit a Thatcher eu bachau ar yr undebau newidiodd pethau'n llwyr. Pan fydd cynhyrchydd neu gyfarwyddwr yn castio heddiw, mae aelodaeth Equity reit ar waelod ei restr o flaenoriaethau – sydd yn biti, achos mi ddylai pawb fod yn aelod o undeb, gan fod pawb angen rhywun i'w warchod pan aiff hi'n gachu hwch.

Un o gyfweliadau cynnar Cet oedd un gydag Alun Ffred, Ffilmiau'r Nant (Alun Ffred Jones, Gweinidog Treftadaeth y Cynulliad erbyn hyn). Ar y pryd, Ffred oedd cynhyrchydd drama annibynnol pwysica, a mwya dylanwadol, gogledd Cymru o ddigon. Fi gyrrodd hi i fyny yn y moto, ac mi arhoson ein dau yn nhafarn y Black Boy yn G'narfon. Cyrhaeddodd Cet bencadlys Nant yn ddyletswyddol brydlon, ond toedd dim golwg o Ffred. Yn ogystal â bod yn gynhyrchydd amser llawn, roedd o hefyd yn hynod o brysur yn siambrau Cyngor Gwynedd. Wedi aros am dros awr a neb yn y swyddfa yn medru cynnig eglurhad mi fedrwch ddychmygu, dwi'n siŵr, yr ansoddeiriau lliwgar oedd yn tasgu o'i cheg. Letyr on, gyda'r nos yn y Black dyma daro ar yr hen wariar annwyl, yr actor Rhys Richards, oedd yn amlwg wedi cael peint neu bump. Gesiwch pwy oedd ei gydymaith yfed am rai oriau yn ystod y pnawn – ia, neb llai na'r Bonwr Alun Ffred Jones ei hun. Yn amlwg, roedd ei gyfweliad gyda Cet wedi mynd yn angof.

Ôl-nodyn bach diddorol, os nad dryslyd, i'r hanesyn bach hwnnw. Dydd Gwener, 7fed Gorffennaf 1995, mae'r dyddiadur yn nodi, mewn beiro las: 'Ffred 3.00', a hefyd, 'Ha ffycin ha!!' Dest fel'na, a'r ail gymal mewn beiro goch. Tybed oeddwn innau wedi dioddef yr un cam ar ei law? Ar yr un diwrnod, 7fed Gorffennaf, roeddwn yn gweld Sion Humphreys am 4.30, a 'toes dim pwt o feiro goch – nac unrhyw liw arall – ar gyfyl ei enw fo.

Ôl-ôl-nodyn. Pan farwodd Gwen, derbyniais lythyr hyfryd iawn gan Ffred. Roedd ynta wedi colli ei wraig,

Alwen, ryw flwyddyn ynghynt. Dyma rai o'i sylwadau caredig: 'Pethau gwael ydi geiriau ar y gora ac ar adegau fel hyn yn gwbl annigonol. Bydd ei lle yn wag – dyna ddaru nharo i fwyaf am wn i, a hyrddiau o hiraeth fel y disgwyl. "Ddoi di ddim drosto fo, ond mi wnei ddygymod," dyna ddwedodd rhywun wrtha i. Diawl o beth ydi colli rhywun annwyl – "the rest is silence".' Mae ei eiriau, fel y dyn ei hun, yn o agos ati.

1994

Be' ydi arwr? Pwy sydd yn arwr a phwy sydd ddim? John Wayne, yn sicr, ond y person seliwloid nid Marion Mitchell Morrison (ei enw iawn), oedd yn fymryn o ffasgydd yn ôl pob sôn; Jack Ruby, er iddo lofruddio Lee Harvey Oswald mewn gwaed oer; Lee ei hun, i'r gymuned Giwbaidd alltud yn Miami a'r gwrth-gomiwnyddion asgell dde yng ngweddill America. Gymrwch chi Churchill, Lawrence of Arabia (a Thremadog, lle ganwyd ni'n dau) neu John Williams, Brynsiencyn, yrrodd sawl cangen Awst i'w marwolaeth? Gerry Adams, Bobbie Sands, y Dalai Lama, William Wallace – mae'r rhestr yn ddi-ben-draw, gan ddibynnu ar eich safbwynt a lliw eich trôns. Mae ganddom ein harwyr yng Nghymru – ond mae gwahaniaeth sylfaenol rhwng bod yn arwr a bod yn adnabyddus, neu'n seléb. Roedd Gwynfor yn arwr; 'tydi Siân Lloyd ddim (yn arwres). Hen hogan iawn, Siân, ac mi rydan ni, Gymry Cymraeg chwara teg, yn llawn haeddu ein dogn o lestri gweigion fel pawb arall. Mae Dafydd Iwan yn arwr ond 'tydi'r Brodyr Gregory ddim, er bod y tri yn adnabyddus ac yn canu. Mi gewch rai wedyn sydd ddim yn neilltuol o adnabyddus tu allan i'w milltir sgwâr, ond sy'n arwyr serch hynny, yn ddi-glod yn aml iawn. Un felly ydi Owain Williams, Now Gwynus, ddaru aberthu llawer yn bersonol pan benderfynodd weithredu'n uniongyrchol yn erbyn codi'r argae yng Nghwm Tryweryn yn y chwedegau. Now oedd y ceffyl blaen, ond Emyr Llew, hogyn coleg o deulu enwog, gafodd y sylw. Oni bai am ddycnwch Now wedyn, fyddai'r ffrwydriad ddim wedi digwydd.

Dydd Iau, 27ain Ionawr, ymwelais â chartra Now, fferm Erw Wen, Bwlch Derwin, i sgwrsio ag o, ac i ymchwilio i gefndir yr ymgyrch fomio. Bu'n hynod o agored a gonest efo mi. Pan ddarlledwyd *Y Weithred,* sef ffilm Richard Lewis am y digwyddiad, mae'n wir dweud nad oedd Now (ynghyd â thrydydd aelod y tîm, John Albert Jones) yn gwbl hapus â'r gwaith gorffenedig. Nid fy mod yn ymddiheuro am funud: 'Nes na'r hanesydd at y gwir di-goll ydyw'r dramodydd, sy'n gelwydd oll.' Dramodydd ydw i, nid hanesydd, neu wneuthurwr dogfennau. Fy mhrif swyddogaeth – a'm dyletswydd – ydi diddanu, heb wyrdroi'r gwirionedd yn ormodol, fel ddaru Oliver Stone, er enghraifft, yn y ffilm *JFK*. Mae'n un o'r ffilmiau gorau i mi erioed ei gweld, er bod y rhan fwyaf ohoni'n rwtsh, yn ffrwyth dychymyg llachar Oliver a neb arall. O ganlyniad i'r ffilm, mae canran uchel iawn o bobl hygoelus America yn gwbl grediniol mai ei ddehongliad ef o'r digwyddiad sy'n hanesyddol gywir. Nid mod i wedi mynd mor bell â hynny, gobeithio, gyda hanes bomio Tryweryn. Dyna fo, am bob deg sy'n cymeradwyo eich gwaith mi ydach yn saff Dduw o gael deg arall sy'n feirniadol. Gan na fedrwch chi byth blesio pawb, y ffordd orau ymlaen ydi plesio chi eich hun.

Dydd Llun, 11eg Ebrill, es i i Dŷ'r Ardd, Ffostrasol, i gwarfod a sgwrsio ag arwr arall, Emyr Llew. Prin ydi'r sawl sy ddim yn parchuso wrth iddo fynd yn hŷn, yn ildio a phlygu i'r drefn ac ymsuddo i gôl ddiogel y sefydliad. Hwyrach ein bod yn hoffi credu ein bod yn dal yn chwyldroadol, ond tydan ni ddim. Rebal wic-end, hwnna ydi o. Oes yna rywbeth gwaeth na gwrando ar borchall canol oed – a dwi'r cynta i godi fy llaw – yn paldaruo am gefndir difreintiedig, gwerinol ac yntau'n byw bywyd dosbarth canol rhonc ar yr un pryd. Mentraf ddweud na ddaru Emyr Llew (mwy na ddaru Now Gwynus) gyfaddawdu rhyw lawer erioed (mae Ffred Ffransis yn un arall). Wrth reswm, cenfigen ac euogrwydd sy'n fy ngyrru'n bennaf yn fy edmygedd ohonynt, gan fy mod, yn gyson ar hyd fy oes, wedi bod yn ormod o lwfrgi i weithredu ar gownt dim.

1995

Dydd Llun, 9fed Ionawr, mae'r dyddiadur yn nodi: 'Swyddfa Karl 9.45. Clive 10.00–11.00.' Cyfeiria hyn at ymdrech Karl Francis, y cyfarwyddwr ffilm, i geisio cael Clive Roberts yr actor i sgwennu rhywbeth ar ffurf drama ynglŷn â'i brofiadau yn y carchar. 'Leiffar' oedd Clive, h.y. rhywun oedd wedi'i ddedfrydu i garchar am oes, ond a fyddai'n annhebygol (fel yn achos Clive) o dreulio mwy na deuddeng mlynedd fel un o westeion ei Mawrhydi. Roedd yr amser, uchod, sef 10.00–11.00, yn gyfeiriad at y ffaith y byddai Clive yn fy ffonio i yn swyddfa Karl yn y BBC yn Llandaf rywdro yn ystod yr awr honno. Gan ei fod erbyn hynny oddeutu chwe blynedd i mewn i'w ddedfryd roedd mewn carchar 'Categori C' (Nottingham) ac yn rhydd i wneud galwadau ffôn allan, ond nid i'w derbyn. Dewisais ddefnyddio swyddfa Karl am nad oedd Gwen yn fodlon – yn rhesymol ddigon – i alwadau Clive ddŵad i'r tŷ.

Llwyddodd Karl i'm perswadio i, fel rhywun oedd yn adnabod Clive yn dda, i weithredu fel cyswllt ac i'w fugeilio ar ei daith, ac yn fwy ymarferol, tasa'r antur yn dwyn ffrwyth, i olygu unrhyw sgript a ddôi i'r fei. Ar 12fed Ionawr, roeddwn ar drên ar y daith i Nottingham, lle byddwn yn ymweld â Clive yn y carchar y diwrnod canlynol. Bûm ar y daith ryw hanner dwsin o weithiau i gyd, mae'n siŵr, ond ar y daith gynta, a finna heb ei weld ers chwe blynedd – mwy 'wrach, gan nad oeddwn yn gwneud fawr â fo yn y blynyddoedd cyn iddo ladd Elinor – roeddwn yn hynod o nerfus. Ofn mynd i mewn i garchar yn llythrennol, gan na fûm erioed mewn carchar o'r blaen; gwaeth, cwarfod Clive am y tro cynta ers cantoedd, ac o dan amgylchiadau anodd. Sut fydda hi rhyngom ni; be' fydda gynnon ni i'w ddweud wrth ein gilydd?

Gan mai 'Categori C' oedd Nottingham, roedd y gyfundrefn yno yn hynod o gartrefol; yn wir, ymdebygai'r man ymgynnull i hen gantîn Huw Tan Foel ym Mhontcanna yn y chwedegau a'r saithdegau. Dôi'r ymwelwyr i mewn gynta a setlo wrth fwrdd; wedyn byddai'r carcharorion yn dod i'r golwg. Sylweddolais o dipyn i beth fod bron pob carcharor ar ddôp a bod y sgriws yn fwy na bodlon anwybyddu hynny. Pan ddaeth Clive i'r golwg diflannodd fy ofnau i raddau helaeth iawn. O fewn munudau roeddem yn sgwrsio ac yn malu cachu fel tasa dim wedi digwydd, fel tasan ni wedi aros am beint ar un o'n teithiau dirifedi rhwng de a gogledd Cymru. O'n cwmpas, roedd y stafell yn fwrlwm, gyda sawl cyfarfyddiad rhwng carcharor a'i wraig/cariad/cymar. Nid am ddal dwylo ydan ni'n sôn yn fa'ma ond am weithredoedd corfforol, rhywiol – ond i chi eu hadnabod. Yr enghraifft orau oedd gwraig yn gwisgo côt ffwr anferth 'dat ei thraed. Wrth gyfarch ei gilydd diflannodd y carcharor (toedd o fawr o beth i gyd) i grombil y gôt, a dyna lle buodd o am ychydig eiliadau (a fedra i ddim dychmygu y cymerodd o fwy nag ychydig eiliadau) yn cael gwared â'i ddŵr budur.

Tua fy nhrydydd ymweliad daeth carcharor i eistedd wrth y bwrdd 'gosa aton ni. 'Ddylis yn siŵr mod i'n nabod yr wyneb, a phan ddaru Clive ei gyfarch gyda'r geiriau 'Hello, Harry' mi wyddwn yn syth pwy oedd o – neb llai na'r lladdwr plismyn drwgenwog, Harry Roberts. Y flwyddyn hon, roedd eisioes wedi treulio naw mlynedd ar hugian dan glo; mae'n dal yno heddiw, 2010, wedi deugian a thair o flynyddoedd. Go brin y ceith o byth ei ryddhau, gan y byddai hynny – yn boliticaidd – yn rhy ddadleuol. Y diwrnod hwnnw roedd yn edrych yn dda, yn wahanol iawn i'r lluniau ohono yn y papurau newydd ac ar y teledu yn Awst 1966, a fynta ar ffo wedi iddo gyflawni gweithred ddaru frawychu'r wlad; gyda dau ddihiryn arall, Jack Whitney a John Duddy, llofruddiodd dri phlismon mewn gwaed oer yng nghyffiniau Shepherd's Bush yn Llundain. Ar ei lin, o fewn tair troedfedd i mi y diwrnod hwnnw 'eisteddai glân forwynig' – llafnas, ddim mwy na dwy ar hugian. Roeddynt wedi'u glynu i'w gilydd, ac mae'n gwbl amlwg na ddaeth yno i ofyn am fenthyg hanner owns o fenyn.

Mae'n debyg fod Harry yn gwbl anedifeiriol; mae o hefyd, yn anffodus, yn dipyn o arwr ymysg rhai grwpiau anarchaidd a dilynwyr pêl-droed. Cenir cerdd arbennig amdano i godi gwrychyn aelodau o'r heddlu, ar y dôn 'London Bridge is Falling Down':

> Harry Roberts is our friend,
> Is our friend, is our friend;
> Harry Roberts is our friend,
> He kills coppers.

A'r ail bennill:

> Let him out to kill some more,
> Kill some more, kill some more;
> Let him out to kill some more –
> Harry Roberts.

'Toes 'na bobl neis yn y byd 'ma?

Welodd y sgript sgwennodd Clive yn y diwedd – 'Skip', cyfeiriad amlwg at y ffaith ei fod yn hwyliwr penigamp – byth olau dydd. Teimlwn na fedrwn i ddal i weithio ar y prosiect oherwydd yr amgylchiadau cwbl anffafriol – h.y. cyfarfod am ddwyawr ar y tro, ac wythosau maith yn mynd heibio rhwng y cyfarfodydd. Ar ôl iddo hyrwyddo'r cysylltiad rhyngom, yn anffodus, ni chefais y gefnogaeth a'r arweiniad (sydd yn arferol gan gynhyrchydd) roeddwn yn eu disgwyl gan Karl ei hun; roedd y cyfrifoldeb o gyflwyno sgript fyddai'n ddigon da i'w chynhyrchu ar fy sgwyddau i yn unig. Gwnaeth hynny'r job yn un anodd ac unig, yn job na fedrwn i ymdopi â hi yn y diwedd. Heddiw, a fynta allan o garchar mae fy nghysylltiad â Clive wedi'i gyfyngu i gyfnewid cardiau Nadolig.

Ar ddyddiad tyngedfennol yn ein hanes fel cenedl – 11eg Rhagfyr – mae'r dyddiadur yn nodi 'Cleif Waldran Twat!!' Clive Waldron oedd y gŵr, hen hogyn iawn a oedd, yn anffodus (iddo fo), yn 'fraich dde' i'r cynhyrchydd drama Peter Edwards. Yn anorfod, roedd pob Twm, Dic ac Hati yn ei ben o o fora gwyn tan nos, a phopeth a wnâi yn bownd o gythruddo rhywun. Ymysg ei ddyletswyddau niferus oedd gwneud yn siŵr fod actorion yn derbyn eu tâl mewn da bryd. Fedar 'Twat!!' ond golygu un peth: toedd y siec ddim wedi cyrraedd gyda'r post.

1996

Yn ystod y flwyddyn hon bûm yn cydweithio'n achlysurol ar sgript ffilm, gyda'r cyfarwyddwr Paul 'Hedd Wyn' Turner, i gwmni'r chwyldroadwr a'r sosialydd siampaen Tariq Ali, ac i BBC Cymru. Roeddwn wedi bod yn edmygydd o Paul erioed, nid yn gymaint fel artist – er ei fod wedi gwneud diwrnod da o waith yn y maes – ond fel dyn aeth ati i ddysgu Cymraeg yn y saithdegau pan landiodd yng Nghymru o Gernyw i weithio fel golygydd ffilm i'r Bib yng Nghaerdydd. 'Radag honno, roedd yn beth cwbl anffasiynol i'w wneud, gan fod mwyafrif staff Saesneg y Bib – ac roedd toman ohonynt – yn elynion naturiol i'r iaith, er mai'r iaith oedd yn gyfrifol am dalu eu morgeisi. Nid felly Paul; aeth ati ag arddeliad, nid yn unig i'w dysgu ond i'w siarad bob cyfla gâi o, a hynny'n chwithig ddiawledig weithiau. Pa ots? Hyd yn oed pan adawodd y Bib a thorri cwys fel cyfarwyddwr annibynnol, mynnai siarad Cymraeg yn y gweithle, er bod hwnnw'n faes anodd a thechnegol yn aml iawn. Mor rhwydd fyddai iddo fod wedi troi i'r Saesneg, fel rydan ni i gyd yn euog o'i wneud; sawl gwaith deimlis i rwystredigaeth wrth gydweithio ag o, a chael fy nhemtio i ddweud: 'For fuck's sake, Paul, speak English or we'll be here all fucking day!'

Owain Glyndŵr, un o arwyr bore oes Tariq Ali, oedd testun y sgript arfaethedig. Wrth gwrs, i ni, wylwyr cyson S4C, roedd gan Owain, yn nhermau ffilm, 'previous'. Pwy o'r rhai a'i gwelodd (y ffilm) fedra fyth anghofio'r ymdrech ogoneddus wachul i adrodd hanes ei fywyd yn ystod dyddiau cynnar y sianel? Mae'n un o'r uchafbwyntiau, yn cadw cwmni i *Madam Wen, Mae Hi'n (Goc)Wyllt, Mr Burrow* a *Cysgodion Gdansk*. Llanast, mewn dwy iaith, pan oedd 'back-to-back' yn bwysicach gair (neu dri) na 'hunan-barch'. Mae'n wir dweud fod J.O. (J. O. Roberts) wedi portreadu'r prif gymeriad gyda'i urddas arferol; medrwn yn hawdd ddychmygu J.O. yn dywysog neu'n frenin ar y Gymru Rydd. Ond beth am weddill y cast? Os oedd Paul Turner yn anodd i'w ddallt yn yr iaith Gymraeg ar adegau, yn Dafydd Harvard, a chwaraeodd Crach Ffinant, daeth James Hill y cyfarwyddwr o hyd i actor oedd yn annealladwy ym mhob iaith. Hugh Thomas wedyn, bortreadodd Reginald Grey, arch-elyn Owain: perfformiad penigamp, yn taro pob nodyn, yn ticio pob bocs, dihiryn o'i goryn i'w sawdl, ac Elen Roger Jones, hithau – yr 'hen frwsh bras' – yn chwarae ei fam, Mrs Grey (am wn i). Perfformiad graenus eto, ond y ddau efo'i gilydd? Hugh o Ystalyfera (neu Ystradgynlais, dwi'm yn siŵr) ac Elen o berfeddion Môn, yn chwarae mam a mab, heb fath o ymdrech i gysoni eu hacenion. Helô? Rhaid bod Reg wedi mynd i ysgol fonedd yn y Deheubarth, a'i fam wedi aros adra i godi maip. Fodd bynnag, marciau llawn i S4C am drio, am gydnabod y dylai ein harwyr cenedlaethol fod yn destun ffuglen. Hen dro nad oedd, ac nad yw, yr un argyhoeddiad gan BBC Cymru.

Aflwyddiannus fu ymdrech Paul a fi, er i sawl fersiwn o'r stori gael ei sgwennu. Karl Francis ('previous' eto) oedd pennaeth adran ddrama'r Bib ar y pryd, ac 'wrach fod ei agwedd negyddol tuag ata' i – yn dilyn fy ymdrech i gydweithio â Clive Roberts – wedi bod yn ffactor bwysig yn y penderfyniad i beidio datblygu'r prosiect ymhellach. Neu 'wrach nad oes gan BBC Cymru'r diddordeb, y galon, yr ewyllys – na'r arian – i gynhyrchu gweithiau safonol yn yr iaith Saesneg am wir arwyr Cymru – yn sicr, nid arwyr Cymraeg eu hiaith. Yr hyn sy'n bwysig i'r Gorfforaeth yn anad dim ydi dawnsio tendans i Lundain, a gwneud yn siŵr fod gan bob menter 'enw' ynghlwm â hi (Anthony Hopkins, Ioan Gruffydd, Rhys Ifans: yr 'usual suspects'). Gora oll os ydi'ch enw chi'n digwydd bod yn 'Dr Who'.

Awst 6ed, hedfan i Florida, i Clearwater, ein pedwar: Gwen, Cet, Llion, iors trwli. Hwn fyddai'r gwyliau tramor

Ar wyliau yn Zakynthos (Zante) – gyda ffrind o Athens (Yorgos)

olaf i ni ei dreulio efo'n gilydd fel teulu. Rhywle yn yr ardal, rhywdro, trigai'r drymiwr a'r ynfytyn Keith Moon (The Who). Ymdebygai'r gwesty i'r Overlook Hotel yn ffilm Stanley Kubrick o *The Shining,* Stephen King. Ofnwn weithiau y byddwn yn ddigon anffodus i ddŵad wyneb yn wyneb â chymeriad gorffwyll Jack Nicholson, Jack Torrence, yn chwifio'i gyllell filain ar hyd un o'i goridorau meithion. Roedd hi'n boeth a myglyd iawn tu allan, a pheiriant tymheru'r car Chrysler, oedd yr un faint ag ambell i lolfa, yn fendith. Mawr fu'r manteisio arno, a hynny am y peth lleia, hyd yn oed ar siwrneioedd fedrid fod wedi'u gwneud ar droed yn rhwydd. Roedd y profiad cynta o yrru car yn America yn codi gwallt eich pen, braidd, nid yn gymaint y gyrru ar y dde anghyfarwydd ond y ffaith fod cerbydau eraill yn goddiweddyd ar y ddwy ochr. Toedd fiw i chi fethu troad ar y traffyrdd prysur gan y medrach fod yn trafaelio milltiroedd i unioni'r camgymeriad. Trawodd Llion ar syniad dyfeisgar: gallai ddefnyddio'i sbeinglas i adnabod ac enwi'r arwyddion ffyrdd ymhell cyn i ni eu cyrraedd.

Dydd Iau, 13eg Chwefror, am 7.30 yr hwyr, ymweld â'm ceiropodydd – hogan ddigon hwyliog, ond un a siaradai'n ddi-baid wrth ei gorchwyl am ddim neilltuol, dest hen falu cachu arwynebol. O ddewis, mae'n well gin i i'r ceiropodyddion yn fy mywyd, ynghyd â gyrwyr tacsi a thorwyr gwallt, fod yn bobl o ychydig eiriau; gwell fyth os ydynt yn gwbl fud. Wedi dweud hynny, roeddwn yn teimlo'n gwbl gyffyrddus – a diogel – yn ei chwmni, yn ymddiried yn llwyr yn ei gallu gan ei bod yn berson proffesiynol. Fel deudodd yr actores Beryl Williams rywdro, pan gafodd ddamwain ar fws tu allan i garej Wil Povey (cefndar dad) ym Mhen-y-groes: ''Dwyt ti ddim yn disgwyl i fws gael damwain, wyt ti?' Toeddwn inna chwaith ddim yn disgwyl i unrhyw anffawd ddŵad i'm rhan. Och. Canlyniad y parablu a'r diffyg canolbwyntio oedd iddi ddal bawd fy nhroed 'dat waed gyda'i thwca miniog. Ddeudis i ddim ar y pryd ond O! mi frifodd y gotsan fi. 'Des i byth ati wedyn.

Tracy (Traed, yn naturiol), ceiropodydd a ddefnyddiai Gwen, ddaeth i'r adwy – un o'r cymeriadau hynotaf i mi erioed roi fy nhraed yn ei gofal. Kairdiffian go iawn a oedd, rywsut, wedi darganfod Cymreictod a chenedlaetholdeb ac wedi'u cofleidio ag eithafiaeth a fyddai'n codi cywilydd ar Joseph Goebbels ei hun. Eto, roedd hi'n un lobsgows o anghysonderau: Dafydd Iwan yn arwr mawr; roedd yn gyrru ei phlant i ysgol Gymraeg, yn ffiaidd ei thafod gyda Theatr y Sherman am ei ddiffyg arlwy yn yr iaith – ond wedyn, yn gwbl wrthwynebus i'r Cynulliad. Enghraifft o'i chymeriad mympwyol, egsentrig oedd ei gweithred derfynol cyn gadael cyflogwr oedd wedi'i phechu, sef cymryd siswrn a thorri blew ei chedor i fasn ymolchi'r troseddwr. Roedd ei hieithwedd yn beth arall. Ddaru hi rioed regi yn fy ngŵydd i; 'ffrigin' oedd y gair cryfa ddefnyddiodd hi, ond mi wyddwn o'r gora, drw' Gwen, ei bod yn 'ffwcio' ac yn 'contio' bob yn ail air yn arferol.

Yn ystod Chwefror, agorodd y ddrama *Bonansa!* yn y Chapter, Caerdydd. Hon oedd y drydedd ddrama o'm heiddo i mi ei chyfarwyddo, ac roedd ynddi gast o lewion dibynadwy, yn eu plith Mal John, Merfyn 'Stiwpid Boi' Pierce Jones a Gwenno Hodgkins. Ffars dywyll ydoedd, yn ymwneud ag effaith ddinistriol ennill y lotyri cenedlaethol ar deulu cyffredin yn nhref Caernarfon – drama y gwnes i wirioneddol fwynhau ei sgwennu. Nid ei bod hi at ddant pawb; bu ambell un yn feirniadol oherwydd i mi feiddio cyfeiliorni, a mentro i borfeydd diarth, fel yn achos *Hen Bobl Mewn Ceir* bron i ddeng mlynedd yn ddiweddarach, am nad oedd honno chwaith yn llinach *Perthyn, Diwedd y Byd* ac *Fel Anifail.* Mae cynulleidfa, ar y cyfan, yn hoff o'r 'cyfarwydd' yn eu hawduron, fel ag ym mhopeth arall. Dychmygwch weld Cliff Richard mewn consart (nid y baswn i'n piso ar y cwd tasa fo ar dân) a fynta ddim, ar ryw adeg yn y noson, yn canu 'Batchelor Boy'. Siom fydda dŵad o gonsart Mary Hopkins heb glywed 'Those Were the Days' o leia ddwywaith, ac oni chaech sioc ar eich tin tasa drama gan Saunders Lewis yn ymwneud ag ymdrechion gŵr trawsrywiol i gael llawdriniaeth i newid ei gyflwr, yn hytrach na'r dogn arferol o dranc y genedl a gwacter ystyr.

1997

I Theatr Gwynedd, a chynhyrchiad Morfydd Huws o *Siwan*, yn ôl athroniaeth Sam Cogan a fu'n athro ar Morfydd, ynghyd â'r actores Siw Huws. Ryland Teifi oedd Gwilym Brewys. Dyma'r unig ran llwyfan y byddwn i wirioneddol wedi hoffi ei chwarae yn ystod fy ngyrfa actio honedig. Am gyfnod, yn ifanc, hoffwn freuddwydio y medrwn uniaethu ag o; teimlwn fod ei ddyheadau yn gwbl ddealladwy. Ffwciwr, dyna oedd o. Pan ddaw i bresenoldeb Siwan yn yr act gynta, dylai gyrraedd yn bwrpasol; dim ond un peth sydd ar ei feddwl, sef rhoi'r 'length' i Arglwyddes Eryri. Fedrith hithau ddim aros i lapio'i choesau brenhinol amdano fo. Fel cymeriad lliwgar Rik Mayall – Flashheart – yn *Blackadder*, dychmygwn Brewys yn sodro tair morwyn a dafad ar ei ffordd o'r cowt i'r siambr. Rŵan, hen hogyn iawn ydi Ryland, siort ora, ond yn anffodus, i mi, cyrhaeddodd ei Frewys o, nid â'i goc yn ei law ond fel pregethwr cynorthwyol wedi rhedeg allan o betrol; aeth ymlaen i ymddwyn fel yr un pregethwr, wedi cynhyrfu rhyw ychydig gan iddo sylwi fod modfedd o bais y foneddiges deg yn y golwg. Y pwynt ydi hyn: yn ei gyfnod o, 'does bosib fod bywyd, hyd yn oed i'r crach, yn dreisgar a byr.

Ebrill 3ydd: hedfan i Efrog Newydd am bum niwrnod, i ddathlu pen-blwydd Gwen yn hanner cant. Profiad bythgofiadwy. Dros y blynyddoedd, mae sawl un wedi dweud nad oedd y ddinas ar ynys Manhattan yn debyg i unman arall ar y blaned, ac er mai ychydig o ddinasoedd y byd y bûm i ynddyn nhw rioed, roedd yr honiad, ar y cyfan, yn wir. Mae'n rhywbeth sy'n anodd ei ddisgrifio; mae'n rhaid bod yno, am wn i. Chwedlonol ydi'r stori i Peter Minuit, masnachwr o'r Iseldiroedd, dalu llond llaw o fwclis i lwyth brodorol y Lenape amdani yn 1626; talodd chwe deg *guilder*, gwerth oddeutu mil o ddoleri heddiw. Roeddem ein dau'n cytuno, tasan ni fymryn yn fengach, y byddai treulio blwyddyn neu ddwy yn byw – a gweithio – yno yn siwtio'n iawn. Unwaith eto, fel ag yn Florida y flwyddyn flaenorol, daeth ein hen ffrind Sean Donaldson o Gaerdydd (Glasgow yn wreiddiol) i ymweld â ni am ddiwrnod neu ddau. Boi arferai drin gwallt Gwen oedd Sean, yn Vidal Sassoon, neu Fandal Siswn fel galwodd Wil Sam o rywdro. Erbyn hyn, gwasanaethai'r Fandal yn ninas Atlanta. Mi aethon yn dalog, ein tri, i ben ucha un o ddau dŵr Canolfan Masnach y Byd; brawychu heddiw wrth edrych ar y lluniau, a chofio'r digwyddiadau gwirioneddol erchyll ddigwyddodd yno ar 11eg Medi 2001. Be' ydi pedair blynedd a hanner rhwng ffrindiau?

'Dwi'n sgwennu ffilm.' Sawl gwaith glywis i'r celwydd hwnnw o enau fy nghyd-awduron; sawl gwaith ynganais y celwydd fy hun? Gwir ystyr 'dwi'n sgwennu ffilm' – yng nghyswllt y Gymraeg – ydi fod rhywun yn sgwennu drama, neu ffilm deledu – estyniad, esblygiad o'r hen ddrama stiwdio, ond sydd ddim wedi cael ei saethu'n benodol ar gyfer y sinema. Ychydig iawn iawn o ffilmiau Cymraeg eu hiaith sy'n cael eu cynhyrchu ar gyfer y sinema (mae *Hedd Wyn* yn enghraifft gymharol ddiweddar). Nid nad oes cynulleidfa iddynt, ond maent mor gostus i'w gwneud. Maent hefyd yn ddiarhebol o anodd i'w cael yn iawn, o ran stori a strwythur, gan fod gramadeg ffilm sinema yn gwbl, gwbl wahanol i ramadeg ffilm deledu, a 'toes gan y mwyafrif llethol – bron na ddeudwn i, bob un – o awduron Cymru (ac ydi, mae fy llaw i fyny) yr un obadeia sut i fynd o'i chwmpas hi, mwy nag sydd gan y mwyafrif llethol o awduron Prydeinig. Dyna pam, 'wrach, fod cymaint o ffilmiau 'Brit' mor gachu. Mae gan Ewrop, wrth reswm, draddodiad gwych o ffilmiau 'celfyddydol', ond mae'n rhaid troi at America i weld y meistri wrth eu gwaith. Dim ond y nhw fedar wneud be' faswn i'n ei alw'n ffilm 'pictiws' go iawn. Mae'r rhestr o glasuron, dros y degawdau, yn rhedeg i'r cannoedd. Fodd bynnag, rydan ni yng Ngwalia Fach yn dal i drio, yn dal i smalio ein bod yn medru. Mae rhywrai wedi'i gweld hi, a chynhelir pob math o gyrsiau a seminarau drud sy'n cynnig 'atebion', sy'n addo datgelu'r cyfrinachau. Mae gan William Goldman, sgriptiwr sgrin uchel iawn ei barch yn Hollywood (*Butch Cassidy and the Sundance Kid, All the President's Men, A Bridge Too Far*), ddywediad: 'Nobody knows anything'. Er ei lwyddiant diamheuol, mae'n cyfaddef nad oes ganddo, hanner yr amser, fwy na neb arall, ddim clem beth sy'n mynd i weithio a beth sydd ddim. Mae cymaint o'r broses yn fympwyol a hapddamweiniol. Fydda Casablanca wedi bod mor llwyddiannus tasa Ronald Reagan (fel y bwriadwyd yn wreiddiol, mae'n debyg) yn hytrach na Humphrey Bogart wedi'i gastio yn rhan Rick Blaine?

Ta waeth, dyfal donc, hwnna ydi o. Pobl yn dal i gredu medran nhw; eraill yn rhwbio'u dwylo wrth weld y coffrau'n llenwi. Felly roedd hi rhwng y 10fed a'r 17eg Hydref, pan duthiais gyda Peter Edwards yr holl ffordd i dref Ronda yn Sbaen i ddilyn cwrs o hyfforddiant oedd yn cael ei redeg gan gwmni o'r enw Arista. Y syniad oedd i gynhyrchydd/ cyfarwyddwr ac awdur – Pete a fi yn yr achos hwn – gymryd syniad oedd yn cael ei 'ddatblygu' – yr hoff ddisgrifiad o brosiect sydd byth yn mynd i weld gola dydd – a'i roi yn nwylo arbenigwyr Arista er mwyn iddyn nhw ei dynnu'n ddarnau a'i ailstrwythuro o'i gorun i'w sawdl dros gyfnod o wythnos. Hen dref yn nhalaith Malaga ydi Ronda, a lleoliad Plaza de Toros, y talwrn teirw hynaf yn y wlad, enw parchus ac eisteddfodol (yn ôl y Briws) ar fangre lle mae teirw'n cael eu bwtsiera'n ddefodol gan gachgwn llwfr sy'n ffugrithio dan gochl rhamant a dewrder. Roedd y 'bobl sy'n gwybod' ar y cwrs yn ein tywys yn amyneddgar drwy *Poetics*, Aristotle, rhyfeddol o fodern ei syniadaeth, yr holl ffordd i glasuron ffilm megis *Star Wars* a *Witness*. Mae cymaint o egwyddorion sylfaenol Ari ynglŷn â'r natur ddynol a'r dull o ddweud stori yn dal dŵr hyd y dydd hwn, ac mae sawl ffilm fodern wedi glynu wrthynt yn slafaidd (a llwyddiannus): plot, cymeriadu ac ysblander yn cyfuno i greu ymdeimlad o dosturi a braw, gan gyflwyno'r cysyniadau tyngedfennol o 'mimesis' (dynwarediad), 'hamartia' (amryfusedd) a 'catharsis'. Mae'r elfennau uchod wedi bwydo barn ddeallus ynglŷn â drama ers canrifoedd: yn ddamcaniaethol – grêt, yn ymarferol – yn hynod o anodd i'w cael yn iawn. Y ffaith amdani ydi hyn: tasa Aristotle yn fyw heddiw, go brin y bydda fo'n sgwennu *Pobol y Cwm*.

Syniad o'r enw 'Beowulf' oedd gan Pete a fi – syniad oedd yn cael ei alw'n 'Blind' erbyn i ni gyrraedd Ronda – yn seiliedig ar Robert Boynton yn saethu'r Cwnstabl Arthur Rowlands a'i ddallu yn nechrau'r chwedegau. Roedd y gerdd epig *Beowulf* o'r 8fed ganrif yn obsesiwn ganddo, ac yn llys ynadon Machynlleth, cwta fis wedi'r weithred ysgeler, lle cafodd Boynton yr hawl i groesholi'r plismon (achos ei fod yn ei amddiffyn ei hun), ceisiodd gyflwyno'i fersiwn bersonol o'r gerdd; honnodd, pe caniateid iddo'i darllen i'r llys, y byddai hynny'n egluro pam ddaru o weithredu fel gwnaeth o. Gwrthodwyd y cais. Er mwyn gwneud y syniad yn dderbyniol i arbenigwyr Arista bu cryn newid arno – ond tybed, wrth ymbellhau oddi wrth y stori wreiddiol a'r ffeithiau, a gollwyd rhywbeth? Onid oedd peryg fod y babi wedi diflannu gyda'r dŵr golch? Afraid dweud, chafodd y ffilm erioed ei gwneud ac eto, mae syniad ynfyd, nawddoglyd a gwael – fel *The Englishman Who Went Up a Hill and Came Down a Mountain* – rywsut, rywfodd yn llwyddo i sicrhau cyllid a chefnogaeth; yn ddiau, mae 'enw' fel Hugh Grant yn gymorth ond yn bersonol mi hoffwn saethu pob 'Cymro' oedd yn ddigon barus a gwirion i ymhél â'r rwtsh, gan gyfaddef y byddwn i, taswn i wedi cael fy nhroed yn y drws, wedi gwneud yn union yr un peth, ac wedi anfarwoli'r ystrydeb oesol ynglŷn â'r Cymry twp yn llawen. Dwi eto i gwarfod actor sydd â chydwybod.

'Heb flewyn neb ar fy nhafod.' Onid ydi awdur y geiriau'n haeddu cael ei ddyrchafu'n drysor cenedlaethol? Ronnie Williams ydi, neu oedd, y dyn – hanner, di-glod yn aml iawn, y bartneriaeth gomedi lwyddiannus a phoblogaidd dros ben, Ryan a Ronnie. Dydd Sul, 28ain Rhagfyr, fe'n hysbyswyd gan Megan, mam Gwen – a arferai ddŵad i lawr atom dros gyfnod y Nadolig – fod y radio newydd gyhoeddi'r newyddion trist fod corff Ronnie wedi'i ddarganfod ar draeth unig ger Llandudoch. Mae'n debyg iddo neidio o bont Aberteifi i ddyfroedd oer yr afon ar noswyl Nadolig. Darganfuwyd ei ffon ar y bont. Diwedd trist i un a oedd wedi brwydro yn erbyn y ffactorau ers sawl blwyddyn. Anghywir ydi'r honiad mai dim ond wedi marwolaeth Ryan yn 1977 y dechreuodd ei yrfa fynd â'i phen iddi; aeth ei yrfa – a'i fywyd – i'r cŵn y funud y cydiodd o yn ei bot peint cynta yn ddeunaw oed, neu fengach, beryg. Priodolir sawl rheswm dros ei dranc, ond 'does bosib mai ei berthynas ag alcohol a'i lloriodd yn anad dim, dro ar ôl tro. Nid beirniadaeth mo hon, ond ffaith noeth. Pam na fedrith pobl wynebu'r gwir, pan mae hwnnw mor amlwg â lwmp o gachu ar blât casgliad?

Roedd Ronnie wedi hen sefydlu'i hun fel actor, perfformiwr a chomedïwr ymhell cyn i Ryan adael ei swydd dysgu yn Croydon ac ymuno â'r Bib yng Nghaerdydd ar gytundeb radio ysgolion. Heblaw am Ifas y Tryc (Stiw), y fo oedd fy arwr pennaf ar y rhaglen ddychanol *Stiwdio B.* Actor dawnus, ac nid dest mewn rhannau digri. Mae'n weddol hysbys mai anfodlon oedd o i gychwyn i gael ei bartneru â Ryan ond mynnodd Meredydd Evans, pennaeth adran adloniant ysgafn y Bib ar y pryd, mai felly oedd hi i fod, a bu'n rhaid i Ronnie blygu i'r drefn. Teimlai drwy gydol ei oes fod y saith mlynedd dreuliodd o yn y bartneriaeth – er cymaint y bri a'r mwynhad – wedi'i lyffetheirio, wedi'i nadu rhag datblygu fel actor go iawn. Pan geisiodd ailafael ynddi, yn arbennig yn rhai o ddramâu'r bardd a'r dramodydd T. James Jones, 'wrach ei bod hi'n rhy hwyr. Roedd pwysau aruthrol ar y ddau – Ronnie a Ryan – trwy gydol eu hamser gyda'i gilydd, â'r amserlen waith yn ymylu ar wallgofrwydd ar brydiau. I hogyn cyffredin, hwyliog, parod ei gymwynas â phawb o Gefneithin, mae'n bosib i'r cwbl fod yn ormod. Tri deg pump, ond yn edrych o leia ddeng mlynedd yn hŷn, dyna'r oll oedd o pan benderfynodd ddod â'r bartneriaeth i ben yn 1974. Roedd wedi llosgi'r gannwyll yn y ddau ben – yn ogystal â'r canol.

Er fy mod yn nabod Ronnie yn lled dda, ac wedi cydweithio ag o yn achlysurol (fo oedd y gyrrwr tacsi, Twm Prys, yng nghyfresi *Glas y Dorlan*; yn eironig, gyrrwr tacsi chwaraeodd o hefyd yn y ffilm *Mae'n Talu Withe / Crime Pays*, gydag iors trwli yn chwarae ei fòs, yn un o'i rannau mawr olaf), Ryan a'm denodd at y posibilrwydd o sgwennu am y ddau yn y lle cynta, a hynny drwy gwmni teledu Ci Diog, a'r cynhyrchydd talentog Nia Ceidiog. Roedd S4C wedi comisiynu sgript, ac fe'm cyflogwyd i i'w llunio. Gadewais y prosiect ar ôl blwyddyn neu ddwy, a dau ddrafft o'r stori, oherwydd anghydfod ynglŷn â rhan Ronnie yn y bartneriaeth; teimlai rhai y dylai fod yn llai na beth roeddwn i'n ei ddymuno – braidd fel sgwennu ffuglen am *The Two Ronnics*, ond heb grybwyll fawr am Ronnie Barker.

Fel y dywedais eisioes, yr unig beth sy'n gyrru stori ydi gwrthdaro. Yn ddiau, roedd gwrthdaro rhwng Ryan a Ronnie; toedd petha ddim yn fêl i gyd. Penderfynais y byddai'n amhosib dweud y stori – ar ffurf drama – os nad oedd cymeriad Ronnie reit yn ei chanol hi. Dyfynnaf Mam: 'Fuo rioed ddrwg nad oedd dda i rywun.' Fi oedd y rhywun hwnnw'r tro yma, gan i fethiant y fenter deledu arwain at gomisiwn gan Sgript Cymru i sgwennu fersiwn lwyfan, yn

Saesneg, 'The Life of Ryan ... and Ronnie', gan wneud y ddau ddiddanwr, fel y dylent fod, yn gwbl gyfartal. Af ymhellach: er mor alluog oedd Ryan – yn sicr, ni welwn ei debyg eto yng Nghymru, a dyn a ŵyr beth fyddai ei gyfraniad wedi bod, tasa fo wedi byw, i ddatblygiad S4C – fel person, yn fy marn i, Ronnie oedd y mwyaf diddorol, a dyna pam mai trwy ei lygaid o, i raddau helaeth, y dewisais adrodd y stori (ar lwyfan, ac wedyn mewn ffilm yn Gymraeg i S4C). Er i Ryan farw yn sobor o ifanc credaf fod bywyd Ronnie yn fwy o drasiedi. Roedd Ryan yn athrylith pur, a Ronnie yn dalentog ond bregus – un yr oedd angen ei fugeilio ar hyd y daith, un oedd angen cariad, gofal a chydnabyddiaeth. 'Wrach na chafodd ddigon o hynny yn ei oes.

Priodas Buddug, fy chwaer, 1998, Celt, Caernarfon
Rhes ôl: Lilian, Mam, Buddug, Robin Eiddior, Magwen, Sian
Rhes flaen: Arthur, John, Iolo, Emyr, fi

1998

Teimlo, am tro cynta rioed, yn bedwar deg a saith am bron i un mis ar ddeg fod gennyf, fwy na thebyg, lai o fy mlaen na'r hyn oedd tu ôl – h.y. go brin y byddwn yn byw bedwar deg a saith o flynyddoedd eto. Naw deg pedwar? Ddim yn amhosib, ond yn annhebygol o gysidro fy 'previous'. A sôn am farwolaethau, ddaru'r flwyddyn ddim gwastraffu amser: mae'r dyddiadur yn nodi, ar nos Sul, 15fed Mawrth: 'Dad yn marw am tua 1.00 y bora – yn 76 oed'. Mi ffoniodd Arthur, fy mrawd, i'm hysbysu am tua dau y bora. Pam, dwn i ddim; pam ffonio am ddau y bora a finna mewn trwmgwsg, i'm hysbysu o rywbeth na fedrwn wneud bygyr ôl yn ei gylch o? Tasa Dad wedi cael ei daro'n ddifrifol wael mi fyddai'n wahanol; mi fyddwn wedi rhoi naid i'r car a gyrru i Gricieth yn y fan a'r lle ond, a fynta wedi'n gadael ni, fyddwn i wedi bod dim dicach o wybod hynny ar awr fwy gwaraidd.

Codi pais, hwnna ydi o. Am gyfnod hir wedi'i farwolaeth bûm yn cael pyliau o euogrwydd ac edifeirwch am fy mod yn teimlo na wnes ddigon â fo tra oedd yn fyw, yn enwedig wedi iddo ymddeol. Roedd y pellter rhyngom yn llyffethair, ond yn esgus rhy gyfleus, ac er mai 'adra' – yn Nhŷ Cerrig, ac wedyn y chwe mis yng Nghricieth cyn ei farwolaeth – y byddwn yn aros beth o'r amser ar fy nhrafals yn y gogledd, roedd Mam yn dueddol o gornelu fy sylw yn eiddigeddus diriogaethol. Euog ac edifeiriol hefyd ynglŷn â'r cof olaf amdano, yn sefyll gyda Mam o flaen Llanerch, y tŷ yng Nghricieth, yn fy ngwylio i'n llwytho'r car yn y lôn islaw. Tydw i ddim yn hoff o ffarwelio ar y gora; mae'n well gin i sleifio i ffwrdd yn llechwraidd. Dyma edrych i fyny tuag atynt, a dyma'r ddau yn codi llaw. 'Ewch i mewn rŵan,' gorchmynnais. Cario ymlaen i lwytho'r car. Edrych i fyny i'w cyfeiriad eto. Roeddynt wedi diflannu i'r tŷ, yn ôl fy nymuniad. Mae'n edifar gin i byth.

Yn fy 50au
'Henaint ni ddaw ei hunan'

Cymrawd er Anrhydedd
Prifysgol Bangor, 2008

Yn 2009

Dathliad teuluol, 1994
Rhes ôl: Y brodyr – John, finnau, Emyr, Arthur, Iolo
Rhes flaen: Dad a Mam

Cyrhaeddais y cnebrwn o Gaerdydd. Dynion yn smocio tu allan, merchaid yn y gegin. Ddim yn siŵr iawn beth i'w ddweud, bodloni ar ''Di pawb yma?' yn y diwedd. Arthur, fy mrawd, a hanner gwên eironig ar ei wyneb yn fy ateb â'r geiriau, ''Di Dad ddim yma.'

Ar y diwrnod y bu farw Dad, roedd brawd arall i mi, Emyr, yn dathlu ei ben-blwydd (dwi'n siŵr na ddaru o) yn hanner cant. Pan ddechreuais weithio yn swyddfa Wil George yn Port yn bymtheg oed roedd Emyr, yn ddeunaw oed, yn glarc yn y Felin Flawd yn y dre, heibio'r Legion's Hall ar y ffordd i'r traeth. Roedd yn dipyn o arwr, ac mi fyddwn yn gwneud cymaint â fedrwn i efo fo. Trueni na fyddai hynny wedi para. Wedi i mi ei heglu hi am Gaerdydd yn 1971, heblaw am achlysuron teuluol, chydig iawn wnaethon ni â'n gilydd. Person unigryw oedd Emyr, yn wahanol iawn i weddill yr hogia, yn tynnu ar ôl Dad, ddeudwn i, gan ei fod yn sensitif, yn ddeallus, yn ddarllenwr ac yn feddyliwr. Fel Dad, roedd ganddo 'ddigon yn ei ben' fel bydd pobl yn hoff o ddweud

Yn hanner cant

am rywun sydd ddim cweit wedi'i gwneud hi yn 'rysgol. Bu Emyr yn sawl peth yn ystod ei oes: clarc, sgaffaldiwr yn ardal Bryste, tafarnwr (Ring, Llanfrothen) ond yn bennaf yn adeiladwr a chrefftwr o fri. Cariad angerddol ei fywyd oedd moto-beics. Gwn iddo rasio ar Ynys Manaw – heb yn wybod i Mam a Dad. Mae dyddiadur Dad, ar 15fed Medi 1966, yn nodi: 'Cafodd Emyr ddamwain ar y tro yn Penmorfa hefo'i "poto pike".' Ymdrech i fod yn ddoniol 'wrach, dwn i ddim.

Cenhedlodd Emyr saith o blant – gan rannu'r baich, chwara teg iddo fo, rhwng tair o ferchaid: Marilyn, Rhian a Nia. Dydd Sadwrn, 28ain Tachwedd, diwrnod fy mhen-blwydd yn bedwar deg wyth, mewn gwesty ym Manceinion, dywedodd fy mam dros y ffôn nad oedd Emyr 'yn dda'. Unwaith gwelis i o wedyn, heblaw am rai diwrnodiau cyn ei farwolaeth yn ei gartra – Bronallt, Llanfrothen – pan nad oedd yn fy adnabod, a hynny mewn ysbyty yn Lerpwl. Dywedodd ei weddw, Nia, iddo ddatgan ar un adeg: 'Boring ydi'r marw 'ma.' Grêt.

Mae'r dyddiadur yn nodi, ar nos Iau, 31ain Rhagfyr, am 7.50 yr hwyr ei fod o wedi'n gadael ni. Yn ei gnebrwn, yn yr hen gapel bach yng Nghroesor, dywedodd Edgar Williams fel hyn amdano: 'Os ydych yn chwilio am gofadail iddo, edrychwch o'ch cwmpas.' Roedd ei hoel i'w weld ym mhobman yn yr ardal, boed hynny'n estyniad, to, wal gerrig, ffens neu gorlan – yn gofeb barhaol i'w allu. Eto yng ngeiriau Edgar: 'Yr hwn a allai droi'i law at rywbeth, y math o weithiwr sy'n diflannu y dyddiau hyn.'

Trefnodd Clwb Beic Modur Eryri i brynu ei feic Ducati er mwyn i Feredydd Owen o Fôn fedru ei reidio mewn rasys. Y clwb hefyd fu'n gyfrifol am osod llechfaen wrth fôn ei garreg fedd, gyda'r geiriau: 'Er cof am Emyr Povey, un o feicwyr Cymru'. Yn addas iawn, un arall o feicwyr Cymru (heb sôn am fod yn ddramodydd go lew), Wil Sam, oedd yn gyfrifol am y dadorchuddio.

Dechrau ymarfer y ddrama *Tair* ar 6ed Gorffennaf, ar gyfer wythnos o berfformiadau yn Steddfod Pen-y-bont. Byddai taith trwy Gymru yn dilyn yn yr hydref. Roedd hon yn un o'r dramâu rheini nad edrychai'n fawr o beth ar bapur, ond a ddaeth yn fyw o'i llwyfannu: Bethan Jones, y gyfarwyddwraig, ar ei gora, a thri pherfformiad caboledig gan Lis Miles, Betsan Llwyd a Catrin Powell. Ymddangosiad Catrin, rhaid cyfaddef, wnaeth y cynhyrchiad yn arbennig i mi – yn 'gorffan y cinio' fel bydda Megan Sioned, mam Gwen, yn hoff o ddweud am bwdin – yn enwedig gan ei fod yn rhoi cyfle i ni ei gweld, a'i chlywed yn ymarfer ei hacen ogleddol, naturiol. Chwaraewyd i dai llawn gydol yr wsnos, ac i dderbyniad gwresog. Yr unig eithriad oedd David Adams, 'beirniad' drama'r *Western Mail* ar y pryd, yn y dyddiau pan fyddai'r rhacsyn hwnnw yn adolygu dramâu Cymraeg eu hiaith. Rhoddwyd y gora i arferiad mor wastraffus ers sawl blwyddyn bellach; chwara teg, fel ein papur 'cenedlaethol' mae ganddynt reitiach pethau i'w gwneud. Roedd adolygiad Adams yn gwbl negyddol, ond wedyn be' arall fydda fo pan nad oedd y twrd yn medru yr un gair o'r iaith?

1999

Dydd Mawrth, 9fed Chwefror: i gnebrwn yr actor Dillwyn Owen. Yn enedigol o Lanfairfechan, gwasanaethodd gyda'r RAF yn y Dwyrain Pell cyn ymroi i yrfa faith o actio, ar radio a theledu. Treuliodd y rhan helaethaf o'r yrfa honno yng Nghaerdydd, yn gweithio bron yn gyfan gwbl i'r BBC. Roedd yn hynod o amryddawn yn y ddwy iaith, ac er mai fel Jacob Ellis, preswyliwr crintachlyd cartra henoed Bryn Awelon yn *Pobol y Cwm*, y daeth yn fwyaf cyfarwydd, bu ei gyfraniad yn llawer iawn mwy. Fo oedd y meddwyn hynaws Wil Posh yn y ffilm eiconig *Grand Slam*, a Wil arall – Chips – olynydd Ieuan Rhys Williams fel y barman yn y gyfres gomedi *Fo a Fe*. Medrai guddio'i hun yn llwyr mewn cymeriad. Roedd ganddo dechneg solat, a byddai wastad wedi paratoi yn drylwyr iawn. Uchafbwynt ei yrfa, i mi yn bersonol, oedd ei bortread gwych o Gapten Trefor yn addasiad BBC Cymru o nofel Daniel Owen, *Enoc Huws*, yn y saithdegau.

Yng nghnebrwn Dillwyn, clywais fod actor arall o fri wedi gadael y llwyfan. Bu Meredith Edwards yn wyneb cyfarwydd am hanner can mlynedd a mwy, ar lwyfan, sgrin a theledu. Yn enedigol o bentref mwyaf Cymru, Rhosllanerchrugog, bwriodd ei brentisiaeth gyda Chwmni Theatr Genedlaethol Cymru, neu'r Welsh National Theatre fel y'i gelwid, yn 1938. Gyda Chwmni Theatr Cymru (lled) fodern y des inna ar ei draws yn gynta, pan ddychwelodd i'w famwlad yn 1970, wedi sawl blwyddyn ar lwyfannau rhai o brif theatrau Lloegr, i chwarae rhan Davies, y tramp anwadal, mympwyol yn nrama Pinter, *Y Gofalwr* (*The Caretaker*), yng nghyfeithiad gwych Elis Gwyn Jones. Wilbert Lloyd Roberts, gyda chymorth Beryl Williams, gyfarwyddodd, ac iors trwli oedd y rheolwr llwyfan. Hon oedd awr fawr Meredith, 'does bosib, yn sicr mewn rhan yn y Gymraeg. Owen Garmon a Gwyn Parry oedd yn chwarae'r ddau frawd, Aston a Mick, yn y drefn honno. Pan chwaraeodd Donald Pleasance y rhan yn wreiddiol yn Llundain, dywedir bod ei berfformiad mor gredadwy fel bod y gynulleidfa yn medru ei 'ogleuo' bron. Mentraf ddweud fod yr un peth yn wir am berfformiad Meredith.

Eto fyth, prin fis wedi marwolaeth Dillwyn a Meredith ymadawodd un arall o hoelion wyth y byd actio Cymraeg – Gruffydd Ellis Roberts, Guto Robaits, Guto Rhos-lan, Uncle Git. Roedd o fewn wythnos i'w ben-blwydd yn saith deg a phump ac wedi dioddef cystudd go hir. Actor oedd yn bennaf, ar lwyfan a sgrin, yn lleol a chenedlaethol, ond roedd yn gymaint mwy hefyd: yn awdur a bardd, hanesydd, englynwr, arlunydd medrus, casglwr llyfrau, chwilotwr, cofnodwr digwyddiadau o bwys ar ffilm a fideo – yn ralïau a chyfarfodydd cyhoeddus, yn brotestiadau a darlithoedd. Yn anad dim, roedd yn wladgarwr tanbaid gyda phopeth Cymreig a Chymraeg yn hynod o agos at ei galon. Y fo oedd fy hyfforddwr adrodd, pan nad oedd gin i fawr o awydd; yn bwysicach, y fo roddodd y cyfla cynta i mi ar lwyfan y Gegin, ac am hynny byddaf yn fythol ddiolchgar.

Mawrth 17eg, rhwng 12.00 a 2.00, cael fy 'weinio a fy neinio' ym mwyty Fontana de Trevi gan y cynhyrchwyr teledu annibynnol Ynyr Williams ac Iestyn Garlick. Roeddwn wedi sôn wrth Iestyn, yn fy niod a ngwendid yn ystod seremoni wobrwyo BAFTA ar 7fed Mawrth, am syniad oedd gennyf ar gyfer comedi newydd ynglŷn â llyfrgellydd oedd yn byw gyda'i fam; addewais y cynnig cynta i'w gwmni fo, Dime Goch dwi'n meddwl. Dyna oedd pwrpas y ciniawa – malu awyr rhyw gymaint am y syniad, a chytuno ar amserlen a thelerau. Syniad yn fy mhen i oedd o ar y pryd, ac mi fyddwn angen rhyw gymaint o arian i'w ddatblygu ymhellach. Fel mae'n digwydd, roedd gennyf rai wythnosau o fy mlaen lle roeddwn yn gymharol dawel o ran gwaith sgwennu – rhywbeth eitha prin yn fy hanes, heb hyd yn oed ddrama lwyfan yn ffrwtian. Doedd dim dowt fod Ynyr ac Iestyn yn awyddus i gael eu bachau chwyslyd ar y syniad, ac o'm rhan fy hun roeddwn yn gwbl fodlon ymhél â'r gwaith dan eu hadain nhw a chymryd eu swllt – neu bum cant, a bod yn fanwl gywir, sef y swm roeddwn yn gofyn amdano i ddatblygu'r hen beth. Pan ystyrir y gost gyflawn o gynhyrchu rhaglenni, piso dryw yn y môr oedd pum cant – buddsoddiad bach iawn i beth fedra roi dwy neu dair, neu fwy, o gyfresi i gwmni teledu yn y pen draw. Cafwyd hwyl splendid, a'r tri ohonom yn cytuno y byddwn i'n cyflwyno'r syniad ar ffurf A4 (un dudalen), ac wedyn yn ei ddatblygu ymhellach.

Ar 13eg Ebrill, mae'r dyddiadur yn nodi: 'Siarad efo Ynyr – cynnig cachu!' Dest fel'na. Hen hogia iawn, Ynyr ac Iestyn, ond am ryw reswm toedd y pum cant – gan gwmni lled-lewyrchus ar y pryd – ddim ar gael. Mewn gair, roeddynt yn awyddus i mi ddatblygu'r syniad ymhellach – ond am ddim. Gwrthodais. Ffoniais Norman Williams yn Ffilmiau Eryri (fel roedd o 'radag honno), ac o fewn pum munud roedd y syniad wedi'i werthu a siec o bum cant ar ei ffordd i Gaerdydd. Iawn, dwylo i fyny, ar y cyfan toedd y ddwy gyfres o *Bob a'i Fam* ddim mor llwyddiannus â hynny – bron na ddeudwn i, o ran sgwennu, eu bod yn gachu – ond nid dyna'r pwynt. Be' tasan nhw wedi bod yn *C'mon Midffîld* arall, yn cadw'r blaidd o'r drws am flynyddoedd. Mae amharodrwydd darlledwyr a chwmnïau i fuddsoddi arian caled yn eu hawduron/sgriptwyr yn ddiarhebol wrth gwrs, ac yn factor tra phwysig yn y prinder o sgwenwyr ffuglen sy'n bodoli hyd y dydd hwn.

Uchafbwynt y flwyddyn: Gwen a finna'n hedfan i Efrog Newydd ddydd Mawrth, 24ain Awst, i barti priodas, neu arddwest John 'Bŵts' Pierce Jones ac Inga Rew – merch y Llyngesydd a Musus Thor Hanson. Roedden nhw wedi priodi ar 27ain Chwefror yng Nghapel Presbyteraidd Cymraeg Los Angeles. Cynhaliwyd yr arddwest yn hen dŷ'r canwr Billy Joel yn Orient, Talaith Efrog Newydd. Aros mewn gwesty yn yr Afal Mawr am dair noson, yna bws i dŷ ffrindiau i deulu Inga, Rhett ac Alison Millis. Ymysg y Cymry eraill yno roedd Bryn Fôn ac Anna, Alun 'Sbardun' Huws a Gwenno, Dyfed Thomas a Julie, Gareth F. Williams a Nia, a Karl Francis.

Un peth sy'n mynd ar fy nhits ynglŷn ag Efrog Newydd, ynghyd â gweddill America, ydi'r system wallgo o roi cildwrn am bopeth, bron. Prin fedrwch chi ollwng rhech heb estyn i'ch poced. Pam na wnân nhw dalu cyflog teg i bobl, a diwedd arni?

2000

Dydd Mawrth, 18fed Ebrill, a'r dyddiadur yn nodi: '10.30 NIA CEIDIOG'. Mae'r geiriau hynny wedi cael eu croesi allan, a'r geiriau canlynol, mewn inc du, difrifol wedi'u sgwennu oddi tanynt: 'Wedi ganslo achos bod Chiz heb ddarllan y ffycin sgript!' Cyfeiriad amlwg at yr hen gyfaill Huw Chiswell – canwr, cyfansoddwr, cynhyrchydd, cyfarwyddwr, joli boi – un o'r hogia anwyla fyw, a oedd ar y pryd yn gomisiynydd rhaglenni 'adloniant ysgafn' i S4C. Roedd Nia a fi wedi trefnu i'w gwarfod i drafod y ffilm arfaethedig *Ryan*. Digwyddodd y cwarfod yn y diwedd am 3.30 ar 11eg Mai, felly cymerodd yr hen Huwcyn dair wsnos arall i ddarllen y sgript.

Sadwrn, 4ydd Tachwedd: mynd gyda Gwen i gaff yn y bae i ddathlu pen-blwydd Mathew Aran – aelod o staff Amgueddfa Werin Sain Ffagan, actor o fath unwaith, gwallgofddyn annwyl, gŵr Branwen (y bòs) – yn ddeugian oed. Hwyl henffasiwn. Bryn (Fôn), oedd yn gweithio i gwmni Branwen ar y pryd, drefnodd y gerddoriaeth fyw: rhyw hogan, yn gudynnau coch i gyd ac yn oernadu'n aflafar i gyfeiliant piano, os cofia i'n iawn.

Mae'r darn nodiadau ar ddechrau wsnos 4ydd Rhagfyr yn adrodd fel hyn: 'Ffonio Arwel Ellis Owen i ddweud "Na"!' Dest fel'na. Roedd Arwel wedi cysylltu â mi ynglŷn â syniad oedd ganddo o addasu *Chwalfa*, T. Rowland Hughes, yn ffilm ar gyfer S4C. Tasa'r ffilm yn dŵad i fod, mi fyddai'n cael ei darlledu yn ystod canmlwyddiant Streic Fawr y Penrhyn, a gan fod honno wedi para tair blynedd (1900–03) mi fyddai modd symud pyst y gôl gryn dipyn. Ar yr olwg gynta, i lygaid anghyfarwydd, roedd y gorchymyn yn y darn nodiadau yn ddryswch, gan i mi fod yn awyddus iawn i ymhél â'r gwaith ar un adeg. Oddeutu mis ynghynt, ddiwedd Hydref, ar drip i Ddulyn mi es â'r nofel (a Gwen) i'm canlyn, gan ei darllen fesul tipyn, yn blygeiniol, yn ôl fy arfer. 'Wrach ei bod yn nofel dda yn ei dydd, ond ar gyfer y sgrin mi fyddai angen toman o waith addasu.

Yn ystod mis Tachwedd mi es i'r afael â'r orchwyl, gan sgwennu tudalennau ar dudalennau o awgrymiadau ynglŷn â sut y dylid mynd ati; mi ffendis deitl newydd, teledol, iddi hyd yn oed, un a fyddai, gobeithio, yn apelio fwy at gynulleidfa fodern, sef 'Nid Oes Bradwr yn y Tŷ Hwn'. Y cam nesa fydda cwarfod ag Arwel i drafod fy awgrymiadau, yn ogystal â thrafod telerau, gobeithio (roedd y gwaith hyd yma wedi bod yn ddi-dâl – sypréis, sypréis). Digwyddais ofyn, wrth basio bron iawn, beth tybed oedd Angharad Jones (Comisiynydd Drama S4C ar y pryd) yn ei feddwl o'r syniad. Sylweddolais nad oedd Arwel wedi crybwyll y peth wrthi eto. Helô? Awgrymais y dylai, rhag blaen, cyn i ni fynd gam ymhellach. Daeth yn ôl gyda'r newyddion (nid cwbl annisgwyl, gan fod y streic fawr yn ddigwyddiad mor eiconig yn hanes ein cenedl) nad oedd gan Angharad ddiddordeb oherwydd bod yr union syniad eisioes ar y gweill, a bod dau awdur ar waith – sef Mei Jones a Valmai Jones. O leia fedrwn i ddim dadlau ynglŷn â hynny; pwy gaech chi well, o gofio mai nhw oedd yn rhannol gyfrifol am lwyddiant ysgubol *Bargen* (Bara Caws) yn niwedd y saithdegau. Fy unig gŵyn i heddiw, 2010, ydi mod i'n dal heb weld y ffilm ar fy sgrin deledu.

2001

Dechrau Mehefin, i warws ar gyrion Casnewydd i ffilmio golygfeydd ar gyfer cyfres BBC Cymru, *The Bench,* opera sebon yn ymwneud â'r gweithgareddau mewn llys ynadon. Roeddwn yn chwarae erlynydd, rhan fach ond gweddol gyson (paradwys: gwaith, heb y cyfrifoldeb). Yno, mi ddes ar draws Brinley Jenkins – actor, darlithydd, bocsiwr amatur ac athletwr yn ei ddydd – gŵr hynaws, hynod o hoffus, cefnder Richard (Jenkins) Burton yn ôl rhai, er bod y gwirionedd ychydig yn fwy cymhleth.

Bu Brinley yn aelod o rep y BBC, yn drefnydd drama yn yr hen sir Frycheiniog, Coleg Addysg Cyncoed a Choleg Caerleon yn ei dro – heb sôn am ymddangos mewn cannoedd o ddramâu, ar lwyfan, radio a theledu. Pan oedd yn fyfyriwr, daeth yn ail ym Mhencampwriaeth Bocsio Colegau Cymru – er na ddaru o ymladd o gwbl tan y rownd derfynol. Cyrhaeddodd y rownd derfynol yn ddiwrthwynebiad o ganlyniad i sawl 'bei'. Yn y rownd derfynol, daeth wyneb yn wyneb â chynrychiolydd y Lluoedd Arfog. Ymladdodd yr ornest a cholli ar bwyntiau, ail anrhydeddus iawn. Bu hefyd yn chwarewr rygbi talentog, gan chwarae fel cefnwr i Glwb Rygbi Aberafan yn ystod ei flynyddoedd cynta o ddysgu yn Ysgol Abercregan, Cymer Afan.

Yn ôl Alun ap Brinley, ei fab, Burton fyddai'n arddel y 'berthynas'; mae'n debyg ei fod wedi creu coeden deuluol oedd yn profi eu bod yn perthyn. Mewn gwirionedd, magwyd Graham Jenkins, brawd fenga Burton, gan un o'i chwiorydd, oedd yn ffrind gora i 'Mam-gu' Alun ap, yn 'Y Rows', Cwmafan. Pan drawyd hi'n wael daeth Graham i fyw at Brinley, a'i fagu fel un o'r teulu am flynyddoedd. Beth bynnag ydi'r gwir am 'berthyn', mae'n amlwg fod y ddau deulu'n agos iawn.

Roedd Brinley a Burton yn ffrindiau bore oes, ac yn dal yn fêts mawr cyn i Burton fynd i America. Hilda, chwaer

Burton a mam yr actores Siân Owen (ydach chi'n cofio'r lwmp o ddôp?), oedd prif gyswllt Brinley wedyn, a thrwyddi hi daeth gwahoddiad i'w gwarfod yn ystod haf 1984. Ni ddigwyddodd yr aduniad: bu farw Burton ar nos Sadwrn Steddfod Llambed. Dywedodd Alun nad oedd yn cofio'i dad yn cael ei ysgwyd gan farwolaeth neb cyn hynny, ond fod marwolaeth Burton wedi bod yn ergyd drom iddo.

Trysorais yr ychydig oriau dreuliais yn ei gwmni, yn y warws yng Nghasnewydd – cyfle i roi'r byd yn ei le ac i hel atgofion. Dydd Sul, 17eg Mehefin, roedd yn dathlu ei benblwydd yn 75 oed. Y diwrnod canlynol, hedfanodd o a Mair, ei wraig, i Thailand, ac wedyn i Awstralia i ymweld â'i fab arall, Huw, a'i deulu. Bu farw yno, heb erioed ddioddef unrhyw salwch ar hyd ei fywyd.

Yn ystod y flwyddyn, ar fwrw Suliau yn bennaf (yn ôl fy arfer â drama lwyfan) roeddwn yn rhoi siâp ar *Indian Country*. Fel hanes Robert Boynton yn saethu a dallu'r plismon Arthur Rowlands, bu *Indian Country* – neu'r digwyddiadau a'i hysgogodd – yn rhan o'm hymwybyddiaeth ers i mi gofio. Ffilmio *The Inn of the Sixth Happiness* yn ardal Beddgelert ydi'r cefndir ffeithiol. Mae'r ffuglen yn olrhain hanes Gwyneth, gwraig weddw sy'n brwydro i gynnal ffarm fynyddig gyda'i mab, Mos, sy'n dair ar ddeg, ar lethrau un o fynyddoedd Eryri. Gan fod ganddi landrofyr, cyflogir hi gan y cwmni ffilm i gario'r cast a'r criw yn ôl a blaen i wahanol leoliadau. Mae'r stori yn rhannol seiliedig ar brofiad gwraig o'r enw Ruth Janette Ruck, oedd yn ffermio yn Carneddi, Nantmor. Yn ei llyfr, *Place of Stones*, mae'n adrodd yr hanes mewn pennod â'r teitl 'Chinese Interlude'. Sylfaen y tyndra yn y ddrama ydi'r cyferbyniad rhwng bywydau syml, caled Gwyneth a Mos a'r gwerthoedd sy'n eu cynnal, a bywydau afreal, arwynebol y gymuned ffilm. Mae'r cyferbyniad rhwng Gwyneth a seren y ffilm, Ingrid Bergman, yn drawiadol. Mae Mos, y mab, wedi mopio ar bopeth Americanaidd drwy ei ymweliadau cyson â'r 'pictiws', ond o dipyn i beth caiff ei ddadrithio; mae'n sylweddoli mai dyn gwellt ydi'r gwrth-arwr, Gregg, wedi'r cyfan a bod popeth o wir werth wrth ei draed.

Un o fy nghas bethau: drama, neu ffuglen Gymreig yn yr iaith Saesneg, lle mae dau gymeriad – sy'n gwbl amlwg i'r ynfytyn mwya ynfyd yn siarad Cymraeg fel iaith gynta – yn cyfarch ei gilydd fel hyn:

CYMERIAD 1:	Su'mai! Bora da, Gwynfor!
CYMERIAD 2:	S'mai, Tudur! Bora braf! Tell me, have you seen Gladys?
CYMERIAD 1:	No, I haven't! She must have gone to the shops!

Neu, fel'na oedd hi. Mae petha wedi gwella rhyw fymryn, gyda'r defnydd o isdeitlau yn gynyddol gyffredin a derbyniol; mae hyd yn oed ffilmiau prif-ffrwd Americanaidd yn eu defnyddio. Yn *Indian Country*, y broblem i mi oedd sut i bortreadu Gwyneth a Mos, mam a mab uniaith Gymraeg i bob pwrpas, yn sgwrsio â'i gilydd mewn drama yn yr iaith Saesneg. Yn syml, penderfynais beidio cael unrhyw gysylltiad ieithyddol rhyngddynt, heblaw am ychydig eiriau (yn Gymraeg). Roedd holl olygfeydd y ddrama un ai rhwng Gregg a Mos, Gregg a Gwyneth neu'r tri efo'i gilydd – dyfais ddramatig wrth reswm, un na fedra i ei defnyddio eto (nes i *Indian Country* fynd yn angof).

2002

Wedi pedair blynedd ar hugain yn 35, Plasturton Gardens, dyma benderfynu newid byd yn sylfaenol – neu fyw mewn tŷ cwbl wahanol o leia. Tŷ tri llawr oedd Plasturton, tŷ cyffyrddus, cartrefol yn llawn pren pinwydd moel a gratiau Fictoraidd, cwbl ymarferol i fagu teulu. Rŵan bod Cet wedi gadael y nyth, a Llion ar fin dilyn ôl ei throed (mi brynodd dŷ gyda'i gariad, Cath, yn Llanbradach yn y diwedd), roedd yn bryd i ni'n dau chwilio am rywle llai, nid llai yn unig chwaith, ond 'minimol'. Bu'n freuddwyd gan y 'comiti' (Gwen) ers rhai blynyddoedd ac o'r diwedd daeth y cyfle. Cyndyn oeddwn i i gychwyn, ofn unrhyw newid, ddim am weld y 'drefn' yn cael ei styrbio, ond yn gorfod cydnabod hefyd fod Plasturton yn wirion o fawr dest i'r ddau ohonom. Fe'i rhoddwyd ar y farchnad, fe'i gwerthwyd a phrynwyd tŷ yn Severn Grove, rownd y gornel fwy neu lai. Mi symudon i dŷ rhent yn Fields Park Road, dafliad carreg o hen stiwdios Huw Tan Foel ger Caeau Llandaf tra oedd y tŷ newydd yn cael mecofyr – na, ei dynnu i lawr bron yn gyfan gwbl fel y medra'r adeiladwyr ddechrau o'r dechrau eto. Russell Jones oedd y pensaer, ei dad yn Gymro o Benrhyndeudraeth yn wreiddiol. O'r munud gwelon nhw ei gilydd, roedd Russ a Gwen yn siarad yr un 'iaith', yn rhwyfo i'r un cyfeiriad, gydag iors trwli yn gwneud ei orau i lywio'r gwch, gan gadw'i facha'n dynn ar geg y pwrs ar yr un pryd.

Mor ddifeddwl ydi dyn pan mae pob dim yn mynd yn iawn, pan mae popeth yn hynci-dori. Cymryd petha'n ganiataol, hwnna ydi o. Yn Nhachwedd y flwyddyn hon, cyn y storom, mynd a mynd, o un diwrnod i'r nesa, heb aros ennyd i gyfri bendithion, heb glywed sŵn y cloc yn tic-tocian, heb hyd yn oed gysidro am foment beth fedsa fod rownd y gornel.

Dydd Llun:	Ymarfer Bloc 1, Cyfres V; Carys Aaron; Julie (Deeds) 344995 (amser cinio); a.m. Branwen. Saga Tŷ! 9.00; ffonio Dafydd 20810149.
Dydd Mawrth:	Dafydd 3.00; 10.00 Darllen Pennod 1.
Dydd Iau:	Piso! Dr Chaudri 10.35 Check Swiss role! 208030200; ffurflen! Peter Cook 4.00.
Dydd Sadwrn:	Seminar Drama, Coleg y Castell 01443 485106 (Gareth Miles) 10.30 (*'des i ddim*); Geraint Jarman, Clwb Ifor Bach, 7.30 (*'des i ddim*).
Dydd Sul:	Rain Dogs, Chapter – 8.00 (*'des i ddim*).

Ac yn yn blaen, ac yn y blaen. Ar 28ain Mehefin, gadawsom Plasturton am y tro ola, am hanner nos, wedi blino'n hoedal, ond heb simsanu na hiraethu o gwbl. Dim ond wedyn, ymhen rhyw ddwy flynedd ddaru ni hiraethu rhyw fymryn, nid am y tŷ mewn gwirionedd ond am y cyfnod a gynrychiolai, cyfnod pan oedd y plant yn blant, cyn i waeledd Gwen daenu cwmwl du dros ein bywydau. Yn *Wyneb yn Wyneb*, mae'r fam, Laura, yn agor a chloi'r ddrama gydag araith sy'n dechrau fel hyn: 'Biti na fysa nhw'n blant am byth – yn sugno bawd; yng nghysgod ffedog; yn ddiymadferth.'

Dywedodd Gwen rywbeth tebyg, rywdro. Iddi hi mae'r diolch.

Ganol yr haf, i Gasnewy Bach a gwyliau teulu, ffrindiau, cariadon: Gwen, Llion, Cath, Ems, Cet, Zeta, iors trwli. Roedd Seisnigrwydd y lle yn sioc i'r system, ond wedyn pam y syndod, a minna wedi lapio fy hun mewn wadin rhag realaeth y Gymru gyfoes cyhyd? Yn un o dafarndai'r dre yn cael swpar un noson, a nodi na fyddwn yn synnu petai rhywun yn dweud ein bod ym mherfeddion Surrey. Adnabod yr 'un dyn bach ar ôl', sydd i'w cael ym mhob cymuned a gafodd ei choloneiddio: y Cymro Cymraeg, y local boi (neu 'boyo'), sy'n cael ei drin yn nawddoglyd gan ei feistri, sydd yn fodlon hel gwydra budron am ei beint, sy'n barod i ddawnsio tendans os ceith o loc-in fel medar o gyd-chwerthin â dieithriaid ynglŷn â'i dranc ei hun – symbol byw o wareiddiad wedi'i ddarostwng bron yn llwyr.

2003

Gorffennaf 5ed: i Ddrwsdeugoed, Golan, lle roedd fy chwaer Magwen yn treulio bythefnos o wyliau (gyda'i gŵr, Ken, a'i phlant, Emma a Helen), ac yn cynnal barbaciw mawreddog i'r teulu cyfan. Welwyd rioed gymaint o Poveys yn yr un lle.

Hydref 26ain: i Ddulyn, aros am bedair noson yng ngwesty 'minimol' y Morrison, cost 190 ewro. John Rocha, y proffwyd ffasiwn o dras Tsieiniïaidd a Phortiwgeaidd, ond a oedd wedi ymsefydlu yn Werddon ers degawdau, fu'n gyfrifol am ei chynllunio.

Tachwedd 28ain: dwy noson yng ngwesty'r Harbourmaster, Aberaeron, i ddathlu fy mhen-blwydd yn bum deg tri. Yno gwelsom luniau Muriel Delahaye am y tro cynta; maes o law byddem yn comisiynu dau lun ganddi sydd heddiw'n hongian yn y tŷ yn Severn Grove. Mae'r cysylltiad ag Aberaeron, a'r Harbourmaster, yn eironig – a chaled – gan i mi ddychwelyd sawl tro oherwydd fy nghysylltiad â'r ffuglen *Teulu*; dychwelyd heb Gwen, wrth reswm.

Yn ystod y flwyddyn, smociais am y tro olaf. Ers rhai blynyddoedd, sigârs, yn achlysurol, fyddwn i'n ymhél â nhw, fel rheol i gadw cwmni i beint o Ginis. Mewn egwyddor, *champion*, ond nid ar egwyddor yn unig y bydd byw dyn. Pan fydda hi'n mynd yn sesh, mor rhwydd oedd dweud wrth y person 'gosa atoch chi, 'Domi ffag, gwael.' Toedd dim amdani ond rhoi'r gora iddi yn llwyr, neu drio o leia. Bu smocio yn rhan bwysig iawn o mywyd i ers dros ddeugian mlynedd; nid gorchwyl hawdd fyddai cau'r drws am byth. Roedd smocio fy nhad o'm blaen yn ymylu ar yr 'arwrol', ac onid oedd yn ddyletswydd arna i i gydnabod hynny a chadw'r traddodiad yn fyw – 'fel y cedwir i'r oesoedd a ddêl yr emffysema a fu'? Dyma ran o'r hunan-dwyll sy'n rhemp pan â dyn ati i'w berswadio'i hun pam na ddylai roi'r gora iddi. Yn fy nydd, cofleidiais sawl cynllun i osgoi'r plaendra, sef bod smocio yn ffiaidd ac yn lladd pobl wrth eu miloedd: sigârs, piball, rowlio, dim ond smocio efo peint, dim ond smocio ar ôl chwech o'r gloch (y nos), dim ond smocio ar fwrw Suliau, dim ond smocio pan oeddwn yn gwisgo trôns coch, a.y.y.b. Wrth gwrs, bu pob ymdrech yn fethiant truenus gan fod baco yn gyffur cwbl gaethiwus; wneith un ffag mo'r tro, rhaid wrth y paced. Mi wn fod y Taliban Lysh yn uchel iawn eu cloch ar hyd a lled y tir dyddia yma, ond 'does bosib nad ydi ffags – ac mi fedra i eu clywed nhw'n tagu ar eu sudd oren – yn gwneud llawer iawn mwy o ddrwg nag ydi'r ddiod gadarn.

'Diwedd y gân ...' Arian, nid egwyddor, neu gryfder ewyllys orchfygodd y gelyn yn y diwedd. Sylweddolais y byddai'r taliadau ar sawl polisi siwrans yn haneru taswn i ddim yn smocio. Digon o ysgogiad, a'r peth gora wnes i rioed; y peth hawsa wnes i rioed yn y pen draw. Heddiw, un o fy nghas betha ydi gweld pobol ifanc yn tynnu ar ffag, fel tasa'u bywydau nhw yn dibynnu arni hi. Maen nhw.

Rhwng 1af a'r 3ydd Rhagfyr: i dŷ'r dramodydd John Osborne ger pentref Clun, Craven Arms, Swydd Amwythig, yn fanwl gywir, i rai o'r beudái ar y stad gan iddynt gael eu haddasu'n ganolfan greadigol lle cynhelid cyrsiau preswyl, reit debyg i Dŷ Newydd, Llanystumdwy. Roedd Sgript Cymru yno am yr wythnos yn bugeilio criw ifanc o egin sgwenwyr ynghylch y grefft o lunio drama lwyfan; ffrwyth y llafur hwnnw fyddai cyfres o ddramâu byrion yn dwyn y teitl cyfunol *Drws Arall i'r Coed*. Fe'm gwahoddwyd i yno am ddau ddiwrnod i ddoethinebu ynglŷn â fy ffordd i o fynd ati. Er bod John Osborne ei hun wedi hen farw (1994) roedd ei bumed wraig, Helen, yn dal i fyw yn y prif dŷ (bu hi farw yn 2004). Roedd fy nghysylltiad anuniongyrchol â'r dramodydd yn ymestyn yn ôl i 1969, pan lwyfannodd

Cwmni Theatr Cymru gyfieithiad John Gwilym Jones o *Cilwg yn Ôl* (*Look Back in Anger*), ei ddrama enwocaf o ddigon, er nad yr orau, medd rhai; perthyn yr anrhydedd honno i *The Entertainer*, a sgwennwyd yn arbennig ar gyfer Laurence Olivier. Yr un flwyddyn, 1969, mi ges fy 'menthyg' i'r Welsh Theatre Company yng Nghaerdydd, fel llwyfannwr ar gyfer taith *Candida*, Shaw. Darganfyddais mai gwraig gynta Osborne, Pamela Lane, oedd yn chwarae'r brif ran.

Yn y ffreutur, yn y ganolfan yng Nghlun, roedd y waliau wedi'u haddurno â sawl poster o'r ddrama *Cilwg yn Ôl* – gwahanol gynyrchiadau, mewn gwahanol ieithoedd, o wledydd Ewrop yn bennaf. Cofiais fod poster o'r cynhyrchiad Cymraeg yn dal yn fy meddiant, ac fe'i cynigiais i'r ganolfan fel y medrai gymryd ei le yn ddel ymysg y gweddill. Roedd yn unigryw, gan ei fod yn wahanol i bob poster arall oedd yno: llun/delwedd o Jimmy Porter ei hun oedd ar y rheini. Ar y poster Cymraeg, os byth y byddwch yno, mi sylwch mai llun o Alison yn dal dau dedi bêr sydd yno; yr unig enghraifft arall y gwn i amdano o gymeriad llai yn hawlio mwy o sylw na'r prif gymeriad ydi cynhyrchiad diweddar Theatr Genedlaethol Cymru o *Siwan*, Saunders Lewis – a'r penderfyniad gwallgo i amlygu Alis y forwyn, yn hytrach na Siwan. Chwaraewyd rhan Jimmy Porter yn gwbl wych gan John Ogwen; Grey Evans oedd ei ffrind hynaws o Gymro, Cliff; Gaynor Morgan Rees, Alison – a Beryl Williams, Helena. Cyfarwyddwyd y cynhyrchiad gan Wilbert Lloyd Roberts.

2004

Dydd Nadolig, dechrau gofidiau, a chyfnod o newid ingol, dychrynllyd i ni fel teulu. Ers blynyddoedd maith, bu Ems (Emyr Hughes Jones, brawd Gwen) yn dŵad atom i giniawa tros yr ŵyl. Y Nadolig hwn, rhwng y twrc a'r grefi melys, penderfynodd y byddai'n dda o beth cael trawiad ar y galon, neu ddechrau'r broses o leia. Wedi iddo gael ei archwilio yn Ysbyty'r Brifysgol, aeth y sgwrs rhywbeth yn debyg i hyn:

MEDDYG:	You're having a heart attack.
GWEN:	He's had a heart attack?
MEDDYG:	No, he's having one.

Ionawr 5ed, dros y ffôn o ystafell ymarfer *Talcen Caled* ym Mhorthmadog, talais £1,278 am bedair coeden a fyddai, maes o law, yn sefyll yn un rhes yn ardd gefn y tŷ yn Severn Grove. Rhan o gynllun Russell i ymestyn 'llinellau syth' gweddill y tŷ, y syniad o ardd fel estyniad, o stafell arall/ ychwanegol. Peidiwch â gofyn, ond rhaid dweud fod y coed yn drawiadol iawn rŵan 'u bod nhw wedi aeddfedu, ac yn 'gwneud' yr ardd, am wn i.

Llun, 9fed Chwefror, ac mae'r dyddiadur yn nodi: 'bwcio sioe gont Sharon'. Nid beirniadaeth ar y sioe ei hun, achos sut oedd posib i mi wybod mai sioe gont fyddai hi a minnau heb ei gweld eto? Mae'n cyfeirio at berfformiad, yn Theatr y Chapter, Caerdydd, o *Shinani'n Siarad,* addasiad Sharon Morgan o *The Vagina Monologues,* Eve Ensler. Sgript gyhyrog a pherfformiadau caboledig iawn gan Delyth Wyn, Maria Pride a Sharon ei hun. Welis i rioed fersiwn o'r ddrama wreiddiol (yn Saesneg) ond mae'n gwestiwn gin i a fyddai yr un cynhyrchiad yn rhagori ar yr un yma.

Yng nghanol bwrlwm mis Chwefror: gwaith ac yn naturiol filoedd o fân ddyletswyddau yn sgil symud o'r tŷ rhent i'r tŷ newydd, mae dau ddyddiad yn arbennig o arwyddocaol, ac a wnaeth i bopeth arall ymddangos yn gwbl ddibwys mewn cymhariaeth. Mae'r cynta, ar ddydd Llun, 23ain Chwefror, yn nodi: 'Gwen. 4.45. Bupa.' Yr wythnos flaenorol roedd hi wedi darganfod 'mymryn o waed'; wna i byth anghofio hi'n dweud wrtha i, ar landing y tŷ rhent. Gwyddai'r ddau ohonom yn burion be' *fedrai* olygu; ddwedwyd dim, ond trefnwyd i weld arbenigwr, gan obeithio na fyddai'r canlyniad yn rhy sinistr. Plis, Duw, ddim ni. Pan gafodd ei gweld yn Bupa, ar y 23ain, darganfyddom fod 'rhywbeth yno'.

I Ysbyty'r Brifysgol, ar 5ed Mawrth. Mae'n rhaid nad oeddem yn orbryderus, gan fod gen i, o leia, fora eitha llawn (cyn mynd gyda Gwen i'r ysbyty am 2.40): 'Bwcio drama Gary' (sef y dramodydd Gary Owen); 'British Gas heddiw – arolwg diogelwch'; 'Boomerang – 10.00'. Roedd y newyddion yn waeth na'r disgwyl. Cadarnhawyd bod Gwen yn dioddef o gancr yng ngheg y groth, Gradd 2. Dechrau'r hunllef, i ni fel teulu ond i Gwen yn arbennig wrth gwrs – hunllef, a fyddai'n rhygnu ymlaen am dair blynedd, namyn saith niwrnod.

Yn ddealladwy, collodd y ddau ohonom bob diddordeb yn y tŷ newydd, gan i salwch Gwen gymryd drosodd; ond rhywsut rhaid oedd dal ati, a chysuro ein hunain fod y cancr wedi 'ei ddal' mewn pryd, a bod pob gobaith y deuai Gwen drwyddi.

30ain Mawrth:	symud o'r tŷ rhent i dŷ Catrin.
6ed Ebrill:	symud o dŷ Catrin i'r tŷ newydd.
7fed Ebrill:	(diwrnod ei phen-blwydd) Gwen i'r Heath.
8fed Ebrill:	Gwen yn cael llawdriniaeth (sef hysterectomi radical), gan obeithio y byddai modd difa'r drwg, unwaith ac am byth.

14eg Ebrill:	Gwen yn dŵad adra yn dilyn y llawdriniaeth.
18fed Ebrill:	Gwen i'r ysbyty. *Bladder drill,* er mwyn cael gwared o'r catheter roedd yn gorfod ei ddefnyddio. Methiant fu'r ymdrech gynta yma. Bu'n llwyddiannus yr wythnos ganlynol.
5ed Mai:	canlyniad profion post-op Gwen, oedd yn bositif.

Mai – yn gyffredinol, roedd Gwen yn gwella. Gorfod mynd am *check-up* bob tri mis. Roeddem yn gymharol obeithiol – na, yn grediniol ein bod wedi troi'r gornel.

Yn ystod Mai llwyfannwyd *Yn Debyg Iawn i Ti a Fi* gan y Theatr Genedlaethol, newydd sbon danlli, ei chynhyrchiad cynta. Cryn anrhydedd, o gofio'r dylanwad a gafodd y Cwmni Theatr Cymru gwreiddiol ar fy mywyd a ngyrfa, a'r ffaith mai Cefin Roberts oedd y cyfarwyddwr artistig – dwi'n siŵr y byddai Wilbert Lloyd Roberts yn fodlon iawn pe gwyddai mai y fo ddewiswyd i gadw'r fflam yn fyw. Wrth gwrs, mae unrhyw swydd o'r fath yn mynd i ddenu beirniaid, ac rydym yn hynod o lwcus yng Nghymru gan fod ganddom fwy na'n siâr o bigmïaid philistaidd sy'n barod i gamu i'r adwy. Fel gwlad, yn sicr fel Cymry Cymraeg, rydym wedi dyrchafu lladd ar ein gilydd i statws crefft; 'toes rhyfedd ein bod wedi ein concro. Cafodd y cynhyrchiad ei siâr o ganmoliaeth, ond toedd o ddim at ddant bawb o bell ffordd; mynnai rhai nad oedd cystal â'r gwreiddiol (Bara Caws, ganol y nawdegau), sydd yn colli'r pwynt yn llwyr yn fy marn i. Pa ddiben poitsio o gwbl â chynhyrchiad newydd o unrhyw ddrama, os na chynigir dehongliad newydd o'r ddrama honno? Yr unig beth yr anghytunais â fo – gan ddallt ar yr un pryd ei fod yn angenrheidiol oherwydd y rheidrwydd i chwarae yn y theatrau mawr – oedd yr egwyl.

Yn bersonol – oni bai eich bod yn ymhél â phantomein neu ffars – mae'n gas gin i weld drama yn cael ei rhannu'n ddwy, neu'n dair rhan. Mae'n torri ar yr awyrgylch, a rhaid adennill y gynulleidfa o'r newydd eto. Os na all dramodydd wneud ei bwynt mewn naw deg munud di-dor, 'wrach y dylai sgwennu nofel; ac os na all cynulleidfa eistedd yn llonydd am naw deg munud, heb yr ysfa i biso neu i gael peint neu i tsecio'r ffôn lôn, 'wrach y dylent aros adra i wylio *Big Brother*.

Mehefin 18fed: ar y ffôn gyda Norman Williams. Dywedodd fod yr actores Beryl Williams wedi marw, yn chwe deg a saith. Mewn amrantiad, o glywed y newydd trist, yn fy nychymyg roeddwn yn ddwy ar bymtheg oed unwaith yn rhagor, ac ar fin dechrau fy mhrentisiaeth gyda Chwmni Theatr Cymru yn 1968. Roedd Beryl tua pymtheg mlynedd yn hŷn na fi, ac i hogyn o'r Garn na fu fawr pellach na Phant-glas cyn hynny, roedd yn ymddangos fel duwies. O'r funud gwelis i hi, roeddwn dros fy mhen a'm clustiau mewn cariad â hi – ond wedyn, onid oedd pawb ddaeth ar ei thraws? Personoliaeth yn llawn tân a dirgelwch, yn swyno a chodi ofn; a tasa'r amhosib wedi digwydd, diau y byddwn wedi rhedeg y 'gan milltir' honno y soniodd Wilbert amdani unwaith.

Roedd ei dylanwad yn y cwmni – fel actores ac athrawes – yn aruthrol; y hi, yn anad neb, ddaru ailddiffinio actio llwyfan i genhedlaeth newydd o ymhonwyr amrwd, megis myfi fy hun, Dafydd Hywel, Gwyn Parry, Sharon Morgan a Marged Esli. Yn 1980 rhoddodd bortread gwych o Nansi'r Nant yng nghynhyrchiad BBC Cymru o *Gwen Tomos*; yn yr un gyfres roeddwn innau'n ymlafnio â Harri Tomos, brawd afradlon Gwen, ac yn prysur fynd i nunlla. Beryl a'm hachubodd, trwy dynnu sylw at y ffaith mai mab ffarm cyffredin wedi mynd ar gyfeiliorn oedd Harri (yn hytrach na'r 'barfly' oeddwn i'n geisio'i gyfleu). Y munud y dywedodd hi hynny disgynnodd y darnau i'w lle ac roeddwn ar y trywydd iawn o'r diwedd.

I'r sawl a gafodd y fraint o'i gweld ar lwyfan, erys y cof am byth. Y fraint ychwanegol i mi oedd i Beryl chwarae sawl rhan mewn dramâu o'm heiddo, ar lwyfan ac ar sgrin, yn arbennig felly *Sul y Blodau* a *Nel.* Er iddi gael y sylw haeddiannol am ei pherfformiad arbennig fel Nel (ac ennill gwobr BAFTA), roedd ei phortread o'r fam sy'n cael ei rhwygo rhwng ei dau fab yn *Sul y Blodau* yn fynydd o berfformiad hefyd. Wrth drafod *Nel,* dros gyfnod o flwyddyn yn achlysurol, a chyn i mi sgwennu gair cytunodd Richard Lewis, y cynhyrchydd, a minna os na fyddai Beryl yn awyddus i chwarae'r rhan, am ba reswm bynnag, yna ni fyddai'r cynhyrchiad yn digwydd.

Mehefin 25ain: i'w chnebrwn, yn amlosgfa Aberystwyth am 11.15. O gofio'i chyfraniad dihafal, ac yn enwedig ei dylanwad ar sawl to ifanc, synnais weld cyn lleied yno o'r proffesiwn – rhyw saith ohonom i gyd. 'Run cynhyrchydd ar y cyfyl, neb chwaith o'r cwmnïau teledu annibynnol na'r darlledwyr.

Gorffennaf 13eg: i Aber eto i gael fy nerbyn i radd Athro yn y Celfyddydau, er anrhydedd, diolch i ymdrechion yr hen fêt Dafydd Parry ar fy rhan. Pwy fasa'n meddwl – cael fy nghydnabod gan Brifysgol fy ngwlad er na ches i bwt o addysg ar ôl fy mhymtheg oed. Yn ystod y seremoni, yr unig beth a wnaeth i mi deimlo fymryn yn anghysurus oedd y cap y gofynnwyd i mi ei wisgo, yr un fflat hwnnw, efo'r blew cedor yn honglan dros ei ymyl. Gan fy mod yn gwisgo sbectol (er pan oeddwn yn un ar ddeg oed) mae pob cap neu het, yn anffodus, yn gwneud i mi edrych yn debyg i Eric Morecambe – h.y. yn stiwpid.

Mis Medi: ymarfer a ffilmio fy mhedair llinell yng nghyfres newydd *Dr Who,* a atgyfodwyd yn llwyddiannus iawn gan Russell T. Davies. Yn ôl fy arfer, yn enwedig yn yr iaith fain, roeddwn yn cachu brics wrth gerdded i'r stafell ymarfer, neu ddarlleniad o'r sgript, a bod yn fanwl gywir.

Gobeithio na fydda neb yn sylwi arna i (ddaru 'na neb). Llond y lle: rhai enwogion (Christopher Eccleston; Simon Callow; Mark Gatiss, rhan o dîm *League of Gentlemen*), ond ambell i wyneb cyfarwydd hefyd (Euros Lyn, cyfarwyddwr; Lloyd Ellis). Yn y bennod 'The Unquiet Dead' roeddwn i'n chwarae rhan gyrrwr ceffyl a thrap, gyda Dr Who a Charles Dickens (Callow) yn deithwyr.

Yn y darlleniad, pan ddaeth hi'n amser mynd i'r afael â'r bwffe a baratowyd ar ein cyfer – pam na fedrith actorion fynd i Tesco i brynu bwyd, fel pawb arall? – pwy landiodd wrth fy ymyl ond y 'doctor' ei hun, Christopher Eccleston. Mi deimlis y dylwn ddweud gair (er, taswn i heb agor fy ngheg, mae'n bur debygol na fyddai Chris wedi colli winc o gwsg): 'Hi, I'm Meic; I'm the driver.' Rhythodd arna i, a golwg bell yn ei lygaid. Gan ein bod tua thair milltir oddi wrth ein gilydd ar y bwrdd darllen anferth, roedd yn gwbl amlwg yn meddwl mai un o yrwyr y BBC oeddwn i. Grêt. Estynnais am fy nhrydedd goes iâr, i osgoi'r embaras. Ar ddiwrnod y ffilmio, roedd pob cyfarwyddyd (i mi) o eiddo Euros yn y Gymraeg, a'm setlodd a gwneud i mi deimlo'n gartrefol yn syth. Ddaru Simon Callow ddim torri gair â mi, y bwch iddo fo; roedd yn rhy brysur yn gwthio'i gorpws i fyny ei din ei hun. Wedi i mi ddarfod, fel roeddwn i'n cerdded oddi ar y set mi ddaru Christopher Eccleston, chwara teg, wneud pwynt o ddŵad ar fy ôl i ysgwyd llaw a dymuno'n dda i mi. Toedd dim rhaid iddo.

Ymhen sbel, yn dilyn darllediad 'The Unquiet Dead', dechreuais dderbyn llythyrau (trwy fy asiant) yn fy llongyfarch ar fy 'mherfformiad'. Pedair llinell, a dwy o'r rheini pan nad oedd y camra arna i, ffyc sêcs. Mae yna deip o berson sydd yn llythyru â phawb sy'n gysylltiedig â ffuglen fel *Dr Who*: pobl drist, heb fywydau. Dyma flas o'r llythyr, yn ei lawn liwiau:

Dear Michael,
I hope you are well. Please will you be so kind as to let me know when your date of birth is please and please will you be so kind as to let me know if you have any brothers or sisters? If you have, can I have their names and age please? I like to collect information on actor. This is my hobby. I still enjoy you in Minder as Jones and have you got any pictures of you as you are now please?

Be', iddo fo gael halio drostyn nhw?

2005

MA er Anrhydedd Prifysgol Aberystwyth 2005

Dydd Llun, 11eg Ebrill, mae'r dyddiadur yn nodi (er nad es i) fod yr actores Nesta Harris yn cael ei chladdu. Roedd mewn gwth o oedran ac wedi gwneud diwrnod da o waith. Yr unig dro i mi gydweithio'n agos â hi oedd pan chwaraeodd fy mam yn nrama deledu Rhydderch Jones, *Broc Môr,* yn Ebrill/Mai 1978. Yn ystod y cyfnod ymarfer trodd y sgwrs i sôn am y canwr Johnny Tudor a'r ffaith ei fod wedi teithio ledled y byd yn rhinwedd ei broffesiwn fel canwr cabaret, ac wedi cael cryn lwyddiant yn Awstralia yn arbennig. 'Oh yes,' ebe Nesta (roedd hi'n siarad lot o Susnag), 'Johnny's very big down under.' Heb sylweddoli beth oedd hi wedi'i ddweud, edrychodd yn syn ar aelodau eraill o'r cast yn deifio o dan y bwrdd a stwffio hancesi poced i'w cegau. 'Johnny, very big down under, Tudor' fuodd o byth ers hynny.

Mai 2il, mae'r dyddiadur yn nodi: 'Little Richard, St David's Hall, 80 ffycin punt!' (am ddau dicad). Mi ychwanegais, ar ôl ei weld, 'crap llwyr oedd o hefyd'. Sôn am ffars, hogia bach. Tu hwnt i barodi, a wìg Siarl yr Ail am ei ben, ac mor fusgrell fel bod yn rhaid cael rhywun i'w hebrwng at ei biano ar y llwyfan.

Dydd Gwener, 1af Gorffennaf: cymryd rhan yn seremoni raddio Coleg Cerdd a Drama, Caerdydd, yn Neuadd Dewi Sant, lle ces fy nerbyn yn Gymrawd. Yn y cinio wedyn, ac ymhell i'r gyda'r nos, yfed a malu gyda Pete Jones, prifathro Gwen, ei wraig, Cath, a'i ferch, Gemma.

Catrin, fy merch
Llun: Richard Mylan

Noson feddw, hwyliog iawn. Ymhen ychydig wythnosau byddai'r achlysur yn un arwyddocaol, gan i Gwen ei ddynodi fel y diwrnod y gwyddai yn ei chalon fod rhywbeth o'i le eto, wedi rhai misoedd o wella a meddwl ei bod wedi trechu'r basdyn. Er, mi fyddai'n sbelan cyn i'n hofnau ddŵad yn gwbl amlwg. Gyda Gwen yn ymddeol ddiwedd tymor yr haf, a Cet yn feichiog am y tro cynta roedd ganddom, fel pob taid a nain disgwylgar, gynlluniau ar gyfer y dyfodol.

Richard Mylan,
gŵr Catrin, y ferch

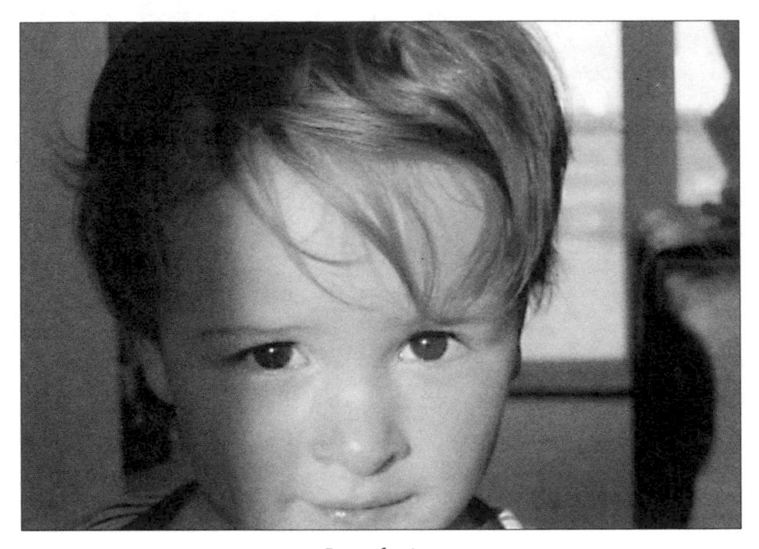

Jaco, fy ŵyr
Llun: Richard Mylan

Dydd Sul, 24ain Gorffennaf: hedfan i Ddulyn i gwarfod Proinsias Ni Ghrainne, comisiynydd gyda'r darlledwr teledu TG4, a dau sgwennwr ifanc: Daniel O'Hara a Paddy Courtney, awduron comedi chwe phennod yn yr iaith Wyddeleg o'r enw *Paddywackery*. Fe'm cyflogwyd i, ar argymhelliad Ynyr Williams, ffrind i Proinsias, i gymryd golwg newydd ar y sgriptiau. Roedd y syniad yn un da, gyda chymeriadau difyr a rhai sefyllfaoedd y medrid gwneud rhywbeth â nhw. Fy job i fyddai cydweithio efo'r hogia i ailstrwythuro pob pennod o'i thop i'w gwaelod, gan wneud yn siŵr fod gan y storïau ddechrau, canol a diwedd – rhywbeth ddylid fod wedi'i wneud cyn iddynt fynd ati i sgwennu. Gyrrais adroddiad manwl ar y sgriptiau cyn eu cwarfod, adroddiad beirniadol ond teg. Mae'n rhaid eu bod – fel awduron ar hyd yr oesoedd – yn fy nghasáu â chas perffaith cyn fy ngweld. Ond buan iawn daethom yn fêts; o fewn awran, ddwy roeddem yn dŵad ymlaen yn *champion*. Darlledwyd *Paddywackery* yn ystod Hydref 2007.

Hydref 14eg: Cet a Richard Mylan yn priodi.

Awst 29ain: Jaco bach yn cael ei eni.

Tachwedd 18fed: i Lundain gyda Gwen am ddwy noson. Ar y nos Wener, mynd i Theatr y Cochran, dafliad carreg o bencadlys Cymry Llundain yn Grays Inn Road, i berfformiad o'r ddrama *Life of Ryan ... and Ronnie*, oedd yn cael ei pherfformio yno am wythnos. Roedd y gwleidydd John 'there's an elephant at the door' Morris yn y gynulleidfa.

Cylch Cyri, nos Iau, 15fed Rhagfyr: i dafarn y Cottage, Heol y Santes Fair, yng nghwmni diddan Geraint Jones, Hywel Gwynfryn, Alwyn Humphreys a Rhisiart Arwel, ac wedyn i fwyty yn y Spice Quarter. Mae'r dyddiadur yn nodi, rywbryd y diwrnod wedyn: 'Roedd hon yn ffwc o noson feddw! Diolch i Dduw, y lle yn cau fel roedd Alwyn Humphreys ar fin ordro'r *bumed* botel o Chablis!'

2006

Ar 10fed Ionawr, daeth Gwen yn ôl o Langefni ar ôl bod yn danfon ei mam, Megan, adra wedi'r Nadolig. Gwyddai yn ei chalon ers cyn yr ŵyl nad oedd pethau'n iawn. Hwn fyddai'r tro olaf iddi ymweld â Llangefni, ei thref enedigol; yn wir, ni fyddai yng nghwmni ei mam ond ddwywaith eto – wythnos y Steddfod a rhyw dair wythnos cyn ei marwolaeth, pan ddaeth Megan i lawr gyda Tud, ei brawd, a'i wraig, Anna, i'w gweld yng nghlafdy Marie Curie, Holme Towers, Penarth.

Ar 31ain Ionawr cawsom wybod gan Mr Howells, yr arbenigwr, yn ysbyty Llandochau fod cancr Gwen wedi dychwelyd. Ergyd enbyd, ond nid annisgwyl.

Am y tro cyntaf, ar 9fed Chwefror, sleifiodd gair newydd, sinistr, rhwng plygion y dyddiadur: Felindre, gair sy'n cyfateb i'r 'Clatterbridge' gogleddol, gair i yrru ias i lawr eich cefn. Mae gan Owen Money, y comedïwr a'r darlledwr,

Anna Marie Robinson, gwraig Tudur, fy mrawd-yng-nghyfraith, eu plant Magi a Moi, a Jaco, fy ŵyr bach

Tudur Huws Jones, fy mrawd-yng-nghyfraith, yn edrych yn ddifrifol
Llun: Arwyn Roberts

jôc sy'n gorffen fel hyn: 'Well, anyway – I woke up in Prince Philip Hospital, Merthyr ... *SAIB* ... and not many people wake up in Prince Philip Hospital, Merthyr, believe you me!' Felly yn union roeddwn i'n teimlo am Felindre – unwaith yno, toedd dim dianc rywsut. Yn ystod yr wythnos ganlynol buom yn ôl ddwywaith, yn asesu a threfnu: cwrs saith wythnos o radiotherapi dyddiol, ynghyd â phum sesiwn o cemotherapi wythnosol. Roedd y radiotherapi yn weddol ddi-lol, i mewn ac allan, ond rhwng popeth cymerai'r cemo yn agosach at bum awr y tro.

Dydd Sul, 2il Ebrill, yn Ysbyty Gwynedd bu farw fy mam, bedwar diwrnod cyn ei phen-blwydd yn 83 oed. Bu'n wael am gyfnod cymharol fyr. Ches i ddim amser i alaru, a bod yn onest – tydw i ddim yn credu i mi fyth wneud; Gwen, a dim ond y hi, oedd fy mlaenoriaeth. Wedi'r cyfan, roedd Mam wedi pasio'r pedwar ugian: innings go lew, fel byddan nhw'n ddweud, ond Gwen ddim eto'n drigian. Fedrwn i ddim ei gadael, hyd yn oed am noson, felly toedd dim amdani ond gwneud 'ffleiar' – yr unig dro i mi erioed fentro (heblaw am gnebrwn Wil Sam). Cychwyn yn blygeiniol o Gaerdydd am Gricieth; gyrru 'nôl wedi'r gwasanaeth, a phanad sydyn yn nhŷ fy chwaer, Sian. Claddwyd Mam ym mynwent Dolbenmaen, gyda fy nhad a'm brawd David.

Daeth y driniaeth i ben ddechrau Mai, ac am ryw fis, chwe wythnos roedd Gwen yn teimlo'n lot gwell. Gobaith newydd – ond hen glefyd creulon iawn ydi o, yn llawn o ffug-orwelion. Yn ystod Mehefin a Gorffennaf, roedd hyn yn wir yn ein hachos ni. Dal eich gafael, hyd yn oed ar lygedyn o obaith, dyna oedd yr unig gynnig ar y bwrdd.

Erbyn 3ydd Awst, roedd pethau wedi dirywio eto gan fod Gwen yn cael sgan yn Felindre. Ar 21ain Awst, dechrau ar sesiwn wythnosol o cemo. Gan fod yna 'cemo i bob achlysur' doedd Gwen ddim wedi colli ei gwallt yn ystod y sesiynau cynta yn y gwanwyn; y tro hwn, fu hi ddim mor lwcus. Collodd y gwallt oedd yn gymaint rhan ohoni, ac a gymerai gymaint o ofal ohono. Ymhen sbel, byddai llond dwrn yn dŵad yn rhydd yn eitha rhwydd, ynghyd â thocyn ar ei chlustog bob bora, nes ei bod yn y diwedd – ei disgrifiad hi, gyda llaw – yn edrych fel Golum yn ffilmiau *Lord of the Rings*. Penderfynodd ymwrthod â wìg, gan ddefnyddio sgarffiau amryliw yn lle hynny.

Prawf gwaed ar 4ydd Medi; trallwysiad gwaed ar y 6ed.

Os ydi'r gair 'Felindre' yn frawychus, mae'r geiriau 'Holme Towers' – a fynnodd eu lle yn y dyddiadur ar 19eg Medi – yn fwy brawychus fyth. 'Last Chance Saloon' – naci, chwaith; mae pob gobaith a chyfle wedi diflannu. Nid fod neb wedi defnyddio'r gair 'T'; nid dyna'r drefn os nad oeddech yn dymuno hynny. Wrth reswm, mae ganddynt fwytheiriau; yn Felindre, 'we can't offer you any more treatment here'. Felly dyma ddechrau ymweld â'r 'day centre' yn Holme Towers am sesiynau adweitheg, cwnsela ac yn y blaen. Roedd ganddom apwyntiad ar 2il Hydref gyda Dr Adams, yn Felindre – gŵr a fyddai ond yn dŵad yn 'fyw' pan oedd yn sôn am ragoriaethau gwinoedd Ffrainc – ond fe'i canslwyd. Be' fydda'r pwynt?

Er yr holl dreialon, roedd bywyd yn mynnu mynd rhagddo. Ar 13eg Hydref aethom am y diwrnod i ddinas Caerfaddon. Bu Gwen yno o'r blaen; hwn oedd fy ymweliad cynta i. Roedd Gwen yn gwisgo un o'r sgarffiau lliwgar am ei phen – ond 'sa waeth iddi fod wedi croenliwio'i chyflwr ar ei thalcen ddim; anodd oedd peidio sylwi ar yr holl lygadrythu arnom – gan ferchaid bron yn ddiwahân – a'r olwg ar eu hwynebau a ddywedai, 'Dyna fyddai fy hanes i, oni bai am ras Duw.' 'Ofn a thosturi' Aristotle, yn fyw ac iach.

Derbyniodd y cemo olaf ar 7fed Rhagfyr. Roedd cant a naw o ddiwrnodiau'r flwyddyn, rhyw ben bob dydd, wedi cael eu treulio mewn ysbytai, clinigau a sefydliadau meddygol – i ddim diben yn y pen draw.

Trwy ail hanner Tachwedd a'r rhan helaethaf o Ragfyr treuliodd Gwen oriau ar y soffa, a ffôn i'w chlust yn ordro mil a mwy o bethau difyr a dirgel ar gyfer yr ŵyl. Gwyddai mai hwn fyddai ei Nadolig dwytha; roedd yn benderfynol – yn ôl ei harfer – o'i wneud yn Nadolig fel pob Nadolig arall i'r gweddill ohonom.

Gyrru Ems i Langefni ar 20fed Rhagfyr. Am y tro cynta ers wyth mlynedd ar hugain ni fyddai mam Gwen yn treulio'r Nadolig efo ni.

2007

Sgan terfynol ar 5ed Ionawr.

Dydd Mercher, 28ain Chwefror, mae'r dyddiadur yn nodi: 'Bu farw Gwen annwyl heddiw am 2.00 y pnawn, yn 59 mlwydd oed.' Roedd Cet a Llion efo mi wrth y gwely. Cynhaliwyd y cnebrwn yn Amlosgfa Thornhill, a gwasgarwyd ei llwch ym mae Caerdydd a ger ynys Llanddwyn, Môn. Ar y dydd Mawrth cyn y cnebrwn aeth Cet, Llion a fi i gapel gorffwys y trefnydd angladdau, Pidgeons ym Mharc Victoria. Os oedd gweld fy nhad yn ei arch yn brofiad rhyddhaol, nid felly gweld Gwen; profiad arteithiol i'r tri ohonom oedd edrych ar rywun mor fyrlymus yn gwbl lonydd. Nid Gwen oedd yno wrth reswm, ond cragen. Serch hynny, anodd oedd gwahanu'r hyn oedd o'n blaenau oddi wrth realiti'r sefyllfa.

'Mae'r tawelwch yn fyddarol': dyna i mi fu un o brif nodweddion galar – ynghyd â brwshio fy nannedd, achos roedd gwneud hynny, am yn hir iawn, yn fy atgoffa o Gwen, am mai brwshio'i dannedd oedd y peth olaf corfforol y llwyddodd hi i'w wneud pan oedd yn eistedd i fyny yn ei gwely. Pobol, wedyn. Rhyfadd ydi pobol, a does dim obadeia gan y mwyafrif ohonyn nhw sut i gydymeimlo â rhywun yn ei golled. Yn ddidwyll dwi'm yn ama, ond am weld eu bywydau eu hunain yn symud ymlaen, gan ddisgwyl i chi symud ymlaen i'w canlyn; am glywed, yn anad dim, eich bod yn 'o-ce', yn 'iawn' rŵan. 'Tydi rhywun ddim, dyna'r plaendra. Fydd rhywun byth yn 'iawn'. Rhowch honna yn eich cetyn. Y math gwaetha – niferus tu hwnt – ydi'r sawl sydd yn datgan, 'Dwi'n gwbod sut 'ti'n teimlo; gollis i fodryb/tad/mam/chwaer/brawd llynadd.' Nodio'n ddoeth, ond yn ysu i sgrechian i'w hwynebau, 'Ffyc off, 'tydi o ddim 'run peth yntôl!' Dwi wedi colli tad, mam a dau frawd ac mi fedra i ddweud, â'm llaw ar fy nghalon, nad oes cymhariaeth yn nhermau galar.

Gwen

> 'Dwi'n cofio'i chwrdd am y tro cyntaf tu allan i Glwb y BBC, a hithau'n codi'i ffrog liwgar i ddangos tyllau'n ei "tights" coch! Roedd hi fel blodyn gwyllt, hardd, llawn egni, direidi a bywyd.'

Nid fy nisgrifiad i ohoni, ond eiddo'r actores a'r gantores Sioned Mair mewn cerdyn cydymdeimlad ges i ganddi. Mae'r disgrifiad mor berffaith; gwelodd Sioned hi fel oedd y rhan fwyaf yn ei gweld. Mae'n ystrydeb, bron, i ddweud fod rhywun, ar ôl iddo farw, yn 'un o fil', yn 'unigryw', 'yn berson arbennig iawn'. Daeth dros dri chant o lythyrau a chardiau i law, ac mae pob un yn ei ffordd wahanol yn tystio fod y disgrifiadau uchod yn o agos i'w lle.

Collais gariad, ffrind, a gwraig; collodd y plant fam a ffrind; ei mam hithau, ferch a gofalwraig ddoeth, amyneddgar; collodd ei brodyr eu hangor – heb sôn am y golled i'r teulu estynedig, ffrindiau, a chyd-weithwyr. Ochr arall y geiniog, a'r ergyd greulonaf i Gwen heb os, oedd y sicrwydd na fyddai byw i weld yr ŵyr, Jaco, yn tyfu, a fynta erbyn hyn bron yn bump cariadus, direidus. Gwn gymaint o golled iddo fydd peidio â'i hadnabod. Châi hi byth y pleser o ddarllan stori iddo, o sychu ei drwyn, o wneud tost a jam iddo pan fyddai ei rieni yn dal yn eu gwlâu gyda choblyn o benmaen-mawr, na byth roi o bach i'r popo ar ei ben-glin. Cafodd ei geni i fod yn fam; gwnaeth ffawd ddidostur yn siŵr na fyddai'n nain gystal.

Roedd yn un am siarad yn blaen, heb barch i na swydd na choler. Gyrrodd Pete, ei phrifathro, yn benwan ar sawl achlysur, fel arfer pan fyddai hwnnw'n ceisio gwneud rhyw bwynt difrifol, swyddogol yn y stafell staff. Gydag amseru perffaith, llwyddai Gwen i'w daflu oddi ar ei echel, trwy gynnig sylw anaddas neu osgo awgrymog. Pete fyddai fel arfer yn arwain y gwasanaeth boreol, crefyddol ei naws (ysgol yr Eglwys yng Nghymru oedd hi), ond toedd fiw iddo ddal llygaid Gwen. Serch hynny, roedd yn ei haddoli, ac yn hoff o chwarae efo'i thraed, yn fy ngŵydd i, pan fyddai'n galw heibio'r tŷ am banad weithiau ar ei ffordd adra o'r ysgol: panad sydyn am bump o'r gloch; gadael mewn tacsi am un ar ddeg, yn chwil gachu. Nid yn unig y byddai wedi cael ei wala o win, ond garantîd y byddai wedi cael llond ei geubal o fwyd hefyd. Rhyfeddais sawl tro at ei dawn ddihafal o gonsurio prydyn – o ddim, mewn dim – i bwy bynnag ddigwyddai landio'n annisgwyl. Y peth cynta ddôi o'i genau hi, bron, fyddai, 'Wyt ti wedi byta?'

Ydi'r ymdrech werth o? Ildio'n llwyr i un person, i deulu ac amgylchiadau, am y rhan helaethaf o'ch oes, ac wedyn bod yn ddigon anffodus i fyw yn ddigon hir i weld popeth gwerthfawr yn cael ei gipio oddi arnoch yn y modd creulonaf? Gan na ellir ond damcaniaethu ynghylch y dyfodol, yn hytrach na'i rag-weld yn gywir, a chan na ŵyr neb beth sydd rownd y gornel ddiarhebol, onid ydym yn mentro'n ddiawledig, o gofio fod bywyd ei hun – ddi-drefn, bregus, hapddamweiniol – yn milwra yn ein herbyn ar hyd y beit; a chan nad ydi Duw yn bodoli, y cyfiawn, yn amlach na pheidio, sy'n dioddef, a'r anghyfiawn yn ei morio hi, yn yfed a smocio wrth y bar (nes cafon nhw'u hel yn ddiweddar, ac yn gwbl haeddiannol, allan i'r oerfel).

Be' dwi'n drio'i ddweud? 'Pam fi?' ydi'r gri yn aml, byth bron 'Pam ddim fi?' wrth i'r meddyg syber sodro'i gap du am ei ben. Dylid dweud 'Pam fi?' yn uwch o beth uffarn – a'i ateb gyda'r geiriau, 'Oherwydd dy fod yn llawn daioni ac wedi cyfoethogi sawl enaid, ac yn dal i wneud hynny, hyd yn oed o'n cyrraedd pathetig, diymadferth.'

Mae eglwys gyfan yn bodoli sydd wedi'i chysegru i'r pêl-droediwr Maradona; Church of Maradona, dyna'i henw hi, ac mae ganddi dros gan mil – ia, can mil – o aelodau brwd.

Syniad ardderchog: addoli ac uniaethu â rhywun sydd o leiaf yn fyw ac o fewn cof, yn hytrach na'r twyll o dinpwl bod annelwig rywle yn y cymylau, sy'n gwisgo locsyn Siôn Corn ac yn siarad yn chwerthinllyd o debyg i Charlton Heston. Oni fyddai'n well syniad addoli Siôn Corn ei hun? O leia' ma' hwnnw yn ffeind wrth blant.

Treuliodd Gwen a finna un o'r bwrw Suliau olaf (cymharol) ddi-boen yng ngwesty'r Harbourmaster yn Aberaeron, teml odidog Menna a Glyn. Er nad oedd ganddi gynlluniau penodol ar gyfer ei hymddeoliad, gwyddai'r ddau ohonom na fyddai'r achlysur hwnnw yn hir iawn yn cyrraedd. Byddem yn sgwrsio yn aml ynglŷn â'r math o beth fedra hi droi ei llaw ato wedi i'w diwrnod hir, anrhydeddus o waith ddod i ben. Nid am y tro cynta, cododd y posibilrwydd o sgwennu cyfres o lyfrau darluniedig i blant. O daro ar y syniad cywir, syml ac amlwg (Postman Pat, Bob the Builder) gwyddai Gwen, fel athrawes gynradd, pa mor boblogaidd – a phroffidiol – y medra menter debyg fod. Cyd-sgwennu'r stori oedd y bwriad, gan ddod o hyd i ddarlunydd ar gyfer y lluniau a'r delweddau hollbwysig (cafodd enw Alun 'Sbardun' Huws, gyfaill hoff, ei grybwyll fwy nag unwaith).

'Dywedodd y Pysgotwr ...'

Glaniodd y Pysgotwr ar y traeth, ger y dref fechan a dweud: 'Mae rhywun yma angen help. Ble rwyt ti? Pwy oedd yn galw amdana i?'

Dywedodd y cigydd mawr, rhadlon: 'Nid y fi. Cigydd ydw i; dwi'n gwerthu cig.'

Dywedodd y teiliwr tenau: 'Nid y fi. Teiliwr ydw i; dwi'n trwsio dillad.'

Dywedodd y bugail cyhyrog: 'Nid y fi. Bugail ydw i; dwi'n gwarchod defaid.'

Dywedodd y bachgen ffeind, â'r wyneb angel: 'Fi alwodd amdanat. Bwli ydw i; dwi'n bwlio plant ac angen help.'

'Bwli?!' ebychodd pawb. 'Ond 'dwyt ti ddim yn edrych fel bwli, gyda dy wyneb angel, ffeind.'

Dywedodd y Pysgotwr: 'Dydi popeth wastad ddim fel maen nhw'n ymddangos. Nid wrth ei big mae prynu cyffylog.'

Nodiodd y cigydd, y teiliwr a'r bugail eu pennau yn ddoeth, gan addo helpu'r bachgen i ddod at ei goed.

A gyda hynny, fe hwyliodd y Pysgotwr i ffwrdd.'

Yn yr Harbourmaster y noson honno, hanner ffordd drwy'r ail botel o win, roedd y llyfrau wedi'u sgwennu a'u cyhoeddi, ac yn llwyddiant ysgubol mewn sawl iaith ledled y byd, a'r pres wedi'i hen wario. Y noson honno, roedd popeth yn bosib, gan ein bod yn pasa byw am byth ...

DIWEDD